蒋贵友 ◎著

流动期的
社会化

高校博士后
学术职业认同与行动选择

华东师范大学出版社
·上海·

图书在版编目(CIP)数据

流动期的社会化:高校博士后学术职业认同与行动
选择/蒋贵友著. —上海:华东师范大学出版社,
2024. —ISBN 978 - 7 - 5760 - 5576 - 4

Ⅰ. G647.38

中国国家版本馆 CIP 数据核字第 2025441P22 号

流动期的社会化:高校博士后学术职业认同与行动选择

著　　者　蒋贵友
策划编辑　彭呈军
责任编辑　朱小钗
责任校对　饶欣雨　时东明
装帧设计　卢晓红

出版发行　华东师范大学出版社
社　　址　上海市中山北路 3663 号　邮编 200062
网　　址　www.ecnupress.com.cn
电　　话　021 - 60821666　行政传真 021 - 62572105
客服电话　021 - 62865537　门市(邮购)电话 021 - 62869887
地　　址　上海市中山北路 3663 号华东师范大学校内先锋路口
网　　店　http://hdsdcbs.tmall.com

印 刷 者　上海龙腾印务有限公司
开　　本　787 毫米×1092 毫米　1/16
印　　张　20.5
字　　数　266 千字
版　　次　2024 年 12 月第 1 版
印　　次　2024 年 12 月第 1 次
书　　号　ISBN 978 - 7 - 5760 - 5576 - 4
定　　价　68.00 元

出 版 人　王　焰

(如发现本版图书有印订质量问题,请寄回本社客服中心调换或电话 021 - 62865537 联系)

推荐序

　　早在 2020 年时，蒋贵友与我便确定了大学教师学术职业认同这一主题，但当时关于大学教师这一群体的学术成果已是不胜枚举，几近吓退这位初入高等教育领域的学术新人。可长期以来对宏大叙事与微观研究的双重偏好，让他逐渐注意到博士后作为有聘期、可流动的临时科研人员，往往由于受聘高校对其身份定位与分类问题而被置于边缘位置的现象，新的曙光随即照了进来。这似乎与他的学术选题以及所秉持的边缘关怀不谋而合。随后几经讨论，便确定了博士后这一研究对象，寄希望于通过其学术职业认同与行动选择对当前博士后制度改革进行反思与完善。

　　当研究真实地深入到博士后的现实工作中才发现，他们在这个时代所面临的真正危机，不是制度的异化或知识的物化，而是在学术依附的过程中可能丧失了对现实意义的独立发掘能力。在学术进程中，博士后的学术理想与所应肩负的时代责任，可能会在商品化、世俗化与专业化的学术工作中逐渐消解，或许这才是他们面临的最大的且毫无察觉的困境。然而，学术职业是真理探究、专业服务与生计活动的有机统一。在韦伯看来，学者应当坚持学术研究的生命底色，从现实经验的无尽可能中挖掘有待研究的价值意义，以此实现个人的主体发展。对于流动期的博士后而言，只有通向独立与人性的学术道路，学术研究的初始阶段才不再是一种具有物理温度差异的世俗专业与生存经营活动,也不是专业制度与职业规范下的义务与纪律,而是作为知识探索和意义追寻的志业。至少这样看来,书中试图要阐明的博士后制度理应回归人的主体路径,将他们也看作是学术活动中的生命个体,为其打造可持续化的学术支持环境等观点,已经把握住了博士后群体性困境的些许端倪。且不论这一路径是否能够打破当前的困境,至少有助于我们完整理解博士后作为独立身份与知识创新主体的定位问题。

当然,本书选择以博士后学术职业认同与行动选择作为观察流动期的社会化及其困境发生的窗口,讨论制度、组织与学科因素如何影响博士后对于学术职业的理解与博士后制度的改革方向。尽管研究视角选取、群体分类讨论与研究方法整合等方面还有不少值得完善之处,但是这对于当前博士后主题的研究不失为一个有益的探索。可以明确的是,随着高校聘任制度改革的深入,博士后身份定位与结构规模等问题,以及如何基于教育、科技、人才一体化发展推进博士后制度改革,均是未来这一领域的重要议题。

对于一个年轻的高等教育研究者而言,如何寻找职业生活中的学术价值与智识愉悦,是一个不小的挑战。希望贵友能够在高等教育研究的初始阶段不会因为世俗专业与生存经营活动的困扰,而放弃知识探索和意义追寻的目标,也衷心期待其不断有新的研究成果出现。

2024 年 11 月 18 日于桃浦河畔

前　言

进入 21 世纪,由于全球范围内科技竞争的持续增强,以促进科研创新为目标的资助博士后的做法在世界各国得到推广。随着博士后群体规模的日益扩大,以及高校聘任制度的持续改革,博士后日益成为高校师资聘任的主要来源。在这一过程中,博士后的临时、边缘与流动等身份特征不仅使其面临诸多职业不稳定与不确定性挑战,也在一定程度上影响他们对于学术职业的理解、认同与行动差异。纵观我国博士后制度变迁过程,大致经历建构、整合、分化与重组四个阶段,且基于新制度主义、学术职业社会化理论与认同理论搭建分析框架,对探究高校博士后学术职业认同和行动选择的影响机制与作用路径具有重要意义。

本研究采用解释性序列设计的混合研究方法,综合运用文本分析法、问卷调查法与扎根理论,旨在分析制度改革、组织情境与学科共同体对高校博士后学术工作带来的机遇与挑战,以及这些外部变化向内渗透对博士后学术职业认同的影响过程,继而呈现这一群体回应外部挑战的行动策略,从而进一步检视、反思与完善高校博士后制度成效与发展方向。

目前,高校博士后进站流动受到机会限制、学术兴趣、职业发展、社会网络与经济回报影响,在此过程中其对学术职业认同程度整体不高,特别是职业回报认同相对较低。其中,一流大学建设高校、同院校流动与本土博士后具有更高的学术职业认同,而工科、联合培养与二次进站博士后的学术职业认同相对较低。分析发现,制度改革、组织保障、学科支持不仅均可显著正向影响博士后学术职业认同,而且制度改革通过学科支持与组织保障两个中介变量对学术职业认同产生间接影响,其中组织保障通过影响学科支持发挥链式中介效应。

以质量管理、创新驱动与聘用改革为核心的制度改革营造了博士后赖以生存的外部环境,并形塑了"学术临时工""师资生力军""独立研究者"与"边缘学术人"四种不同的博士后身份类型及其差异化的学术职业认同感知。面对制度改革的机遇与挑战,持有不同认同观念的博士后虽然采取规则、生存、学术或对抗导向的多元化应对策略,但其实质仍是沿着制度改革方向的顺应行动。究其缘由,这一现实是经由临时制度身份驱动学术竞逐、制度改革规训诱发顺应行为、个体资源总量决定行动方向三个阶段而逐渐生成的。

在单位制度、聘用改革与管理创新的共同影响下,关涉博士后的组织情境已经向管理主义与绩效主义转型。集体制、管理、文化与评价要素在内的组织情境变革加大了博士后灵活雇佣与职业不确定性的风险,从而对其职业目标、发展前景与认同归属产生了较为负面的影响。这一影响在博士后规模扩张加大学术竞争与组织管理变革引发职业认同分殊的催化下,经由"个体—组织"的协商互动过程决定其行动方向的分殊,从而驱使博士后选择服务、平衡、游离或依附的行动策略回应当前组织管理规定。

学科是制度改革与组织情境向内投射的末梢,也是高校博士后建构学术职业认同的基本单位。在管理主义与专业主义的较量与博弈下,学科范式转型、文化差异、等级分殊与交叉融合使博士后的知识生产与身份建构面临学术资本化与知识商品化的影响,由此削弱了职业精神与学科专业的认同程度。这些影响也藉由学科目标与博士后个体认知的内部激励、学科情境与博士后制度文化的外部驱动两个环节塑造了博士后学科认同与行动选择的差异分殊,使其采取综合、理论、应用或个体导向的行动选择回应当前的学科管理。

不可否认,尚处于学术职业社会化进程中的博士后越来越成为高等教育市场中的临时雇员,促使这一岗位转变为个体实现就业目标的等待阶段,模糊了博士后独有的身份定位,从而使其面临以学术职业认同危机为代表的结构性困境。为此,高校博士后制度改革理应回归人的主体路径,为其打造贯通发展、分类评价、权责分明、合作畅通、团队支持、多元资助、职业培训与组织保障为一体的支持体系,从而增强博士后学术职业认同感并不断激发其学术创新行动。

本书是湖南省教育科学规划项目(XJK24QGD003)的研究成果。作为博士后研究领域的探索性成果,希望在学术职业变革与博士后规模扩张之际,引起管理部门与社会外界对博士后群体的重视。当然,因笔者学识有限,书中难免存在错漏与不足,恳请读者的宽宥谅解。

目 录　contents

| 第三章 |

制度改革如何影响博士后的认同与行动 _107

第一章

认同与行动：理解博士后流动境遇的重要视角

社会科学通过领会人的境遇、忧虑关切与价值希望，集中体现了一种理解世界的关系性方式，也开启了以不同方式思考这个世界的可能性。①

——齐格蒙特·鲍曼

---

① 齐格蒙特·鲍曼，蒂姆·梅.社会学之思（第 3 版）[M].李康，译.上海：上海文艺出版社，2020：18—21.

目前,全球学术劳动力市场与学术职业环境正在发生深刻变革,一方面推动全球博士后规模持续增长,另一方面由于大学教职数量的缩减导致学术职业认同问题凸显,这一群体的职业发展状况正在成为全球高等教育领域的重要议题。

第一节　学术职业变革与博士后研究转型

本节结合博士后的全球实践背景与中国博士后实施中存在的问题,围绕博士后制度的相关概念、研究对象与既有文献进行梳理与概括,探讨高校博士后学术职业认同与行动选择的内在关联与过程。

一、　全球博士后规模扩张及其环境变革加快

自约翰·霍普金斯大学于 1876 年为青年学者设立研究基金开始,一种新的、纯粹提供研究支持的制度形式开始出现。由于首批受资助的 20 人中已有 4 人获得博士学位,这一群体便被称为"博士后"。由于研究资助范围的扩大以及科研条件的改善,大批业已获得博士学位的青年学者从企业回流到大学与

科研机构。到 20 世纪中期，美国哈佛大学、芝加哥大学、普林斯顿大学、约翰·霍普金斯大学与加州理工学院，几乎汇聚了全美近一半的国家科学基金，其项目负责人大多具有博士后经历。随着第二次世界大战后全球冷战与东西方阵营的长期对峙，大大刺激了美国高等教育与科学研究经费的增长，也相应地促进了博士后规模的大幅增长。根据 1974 年美国科学事业数据统计，包含哲学与医学领域内的美国本土与外国人美博士后数量都在显著增加。譬如，在 1975—1995 年间，美国从事自然科学、医学与工程相关领域科学研究的博士后人数从 16 829 人发展到 35 379 人，规模增长率维持在一倍以上。[①]　与此同时，从高等学府获得博士学位并寻求博士后研究经历的人数比例从 1975 年的 25％跃升至 1995 年的 37％，在 2000—2012 年间，美国科学领域的博士后规模增长了近 150％。[②]　随后，由于推动了青年学者的学术发展，这项制度被各国所借鉴，通过设立博士后基金的形式，资助青年学者开展科学研究。

　　在政府推动下，我国也逐步建立了博士后制度。自 1985 年首次设立博士后科研流动站起，全国博士后进站人数已经发生了巨大增长。由图 1－1 可知，博士后进站人数已经从 1985 年的 1 人增至 2019 年的 25 514 人，其中博士后规模增长比例在 1990—1999 年、2000—2009 年、2010—2019 年三个阶段分别为 699.11％、380.72％与 241.63％。[③]　虽然博士后增长速度近年有所放缓，但是整体规模却维持在高位水平。经过三十多年发展，博士后流动站业已成为培

① Jaeger, A.J., Dinin, A.J. *The Postdoc Landscape: The Invisible Scholars* [M]. London: Academic Press, 2017:3 - 9.

② Cantwell B, Taylor B J. Rise of the science and engineering postdoctorate and the restructuring of academic research [J]. *The Journal of Higher Education*, 2015(5):667 - 696.

③ 人社部留学人员与专家服务中心.各年度博士后研究人员进站人数统计[EB/OL]. (2020 - 09 - 10)[2022 - 05 - 26]. https://www. chinapostdoctor. org. cn /website /showinfo_tjfb. html? infoid = c47ccd64-4de3-4f2f-92fb-f05b1b223bd5

养、使用与汇聚高层次人才的载体,而这一群体也逐渐成为较为活跃的学术领军人才,在促进我国教育科技、经济社会发展以及建设创新型国家的进程中发挥着不可替代的作用。

图 1-1　1985—2019 年全国博士后进站人数统计及其比例变化

在全球博士后规模扩张的同时,西方各国旨在通过新公共管理改革重建新的高等教育秩序。首先,随着高等教育大众化进程的加快,高校对国家与市场资源依赖的同时,也进一步加快后者介入到高等教育内部治理的合法化进程,而对既有大学管理体制与自主理念的重构自然成为这场政策改革的首要。其次,以效率、竞争与专业为理念的政策工具与改革手段被强制移植到大学组织与制度框架内部。再次,外部企业与市场管理的绩效控制与技术手段在成为国家对高等教育资源分配与评价手段的同时,也在改变大学自身评价与调整内部组织和结构的基本法则。① 作为高等教育延伸性的制度设计,新公共管理运动

① 荀渊,刘信阳. 从高度集中到放管结合:高等教育变革之路[M]. 上海:华东师范大学出版社,2018:148.

同样主要从意识形态与管理机制两个层面影响高校博士后制度的整体变革。从意识形态而言，新公共管理运动所追求的价值理念延伸至以学术自治为基础的松散耦合的院系知识生产内部，同样成为引导博士后群体科研行为的制度导向。从具体的管理技术来看，以绩效考核、科研评价与项目治理为核心的博士后制度改革成为世界各国大学驱动科研创新、促进竞争的效率机制，但也导致博士后制度目标由人才支持向人才使用过渡。

综上所述，在博士后规模增长的同时，高等教育机构内部的组织形态与结构特征发生了改变，以激励创新为导向的博士后制度愈加演变为以实用与效用为主的逻辑导向，而这种管理主义的行政逻辑与学术自治的传统逻辑之间的张力深刻变革了全球博士后学术发展的外部环境。

二、 高校博士后学术职业认同困境问题凸显

在学术职业环境变革的影响下，作为世界高等教育、科技与人才中心的美国，一方面吸引了来自欠发达地区的青年人才，另一方面又通过有限的签证制度、学术体制将博士后塑造成为不稳定的"学术劳工"。事实证明，西方国家博士后获得终身教职的机会已经下降，仅有十分之一的群体可以成功晋升。[①] 在宏观机会结构限制下，作为学术职业后备人员的博士后的职业认同问题逐渐凸显，并且上升为博士后制度研究领域的全球性议题。

首先，受不同政治经济文化因素的影响，博士后制度建构的价值取向与身份定位差异较大，从而影响着博士后对学术职业的认同。纵观全球图景，一部

---

① Camacho S, Rhoads R A. Breaking the silence: The unionization of postdoctoral workers at the University of California [J]. *The Journal of Higher Education*, 2015(2):295-325.

分国家将博士后工作认定为获得博士学位的青年学者继续从事学术研究以提升独立研究能力与团队管理能力的过渡阶段,但西方国家对该群体定义较为模糊,将初入学术职业的博士青年与终身教职之间的各类临时工作统称为博士后。① 事实上,博士后身份定位与制度目标较为含混,从而导致其权利、义务与责任并没有被清晰界定。与此同时,国际社会没有基于博士后岗位性质达成清晰的共识,那么这一群体对学术职业的认同,自然也成了一个问题。

其次,在博士后学术管理工作中,学术逻辑、行政逻辑与市场逻辑之间的张力是影响博士后学术职业认同的另一因素。第一,当前高校博士后管理体制改革崇尚表现主义与绩效至上取向,特别从科研成果数目、项目等级等方面对博士后出站要求进行评价,从而判断其学术创新能力。这种外部管理的评价取向,增加了博士后群体在职业准备中的压力与担忧,进而加速其转向对评价指标的"经营"。第二,项目制已经成为国家引导研究人员知识生产与学术发展的基本手段,以国家博士后科研基金为主的研究项目需要通过竞争获取,且学术成果与项目成为评判博士后学术潜力的主要依据,其能达到的等级与数量决定了之后教职获得的概率。第三,更加灵活与多元的雇佣关系使博士后面临学术依附危机,特别是在知识商品化进程中,学术资本主义对博士后学术工作的介入直接影响他们对学术职业的认同与理解。② 由此而言,博士后其实身处于多重情境关系的张力中,重塑了他们对于学术职业的认同与理解。

最后,博士后个人层面的学术职业认同并不是先验的存在,而是与外部环境不断互动的产物。随着高等教育普及程度不断加快,博士后招收规模逐渐扩大,学科招收范围逐渐由自然科学扩大到社会科学乃至人文学科,招收院校也

---

① 姚云. 美国博士后制度的特点及其启示[J]. 教育研究,2009(12):85—90.
② 张洪. 灵活雇佣与学术资本主义——在美中国高技术移民的依附性困境研究[J]. 社会学研究,2019(06):41—64 + 243.

由单一的研究型大学走向以研究型大学为主、其他类型院校作为补充的多元格局，以至博士后培养模式也难以固守精英模式。① 在这种背景下，显然已经较难构建一个共有标准，促使博士后对当下的学术工作与未来的学术职业产生一致性认同。对于博士后个体而言，这段临时的学术职业准备阶段存在不同程度的生存问题，知识生产差异与学科地位分化的问题以及学术团队与合作导师支配、歧视问题。多重问题交织构成博士后学术职业所独有的问题域，或将重构博士后对学术职业目标的追求，甚至催生出更多元化的学术职业认同。

三、 高校博士后研究取向及其思路亟须转变

鉴于学术职业在高等教育学与科学社会学领域中的重要性，国内外研究学者近年来亦开始关注博士后这一群体。不过，既有研究将博士后视作临时职业与学术资本积累阶段，遵循了"表现为本"的研究模式。② 从研究轨迹来看，常常集中于制度演变与大规模调查，以数据统计的形式抽取出博士后学术职业的过程性特征与结构性矛盾，特别是与学术职业认同、学术身份建构、工作满意度等概念工具相联系，进一步探究其作为学术职业社会化过程中的生存发展图景。③

不过，从 20 世纪 70 年代开始，受全球学术思潮与社会背景的影响，认识论与方法论开始转向对具体人而非抽象人的关注，这一转变由此也带来了一系列对科学社会学、知识社会学与高等教育社会学新领域的开发与探索，而不同于量化方法的研究取向也日益受到关注，开始强调社会结构下更为具象化的

① 王修来. 中国博士后发展报告(2019)[M]. 南京:江苏人民出版社,2020:23.
② 蔡曙山. 论技术行为、科学理性与人文精神——哈贝马斯的意识形态理论批判[J]. 中国社会科学,2002(02):77—86.
③ 冯支越. 中国博士后制度改革创新的实证研究[M]. 北京:北京大学出版社,2013:32.

"人"。一些学者认为,对学术系统中的等级结构是如何形成的,以及关于公平与正义是如何在大学教育传递与复制等问题,无法通过大规模调查与统计打开这一"黑箱"。① 彼时兴起的新教育社会学运动有效地通过深入高等教育内部探讨学术系统中的权力关系,以及从社会决定论向社会建构论的另一种认识论转向开始出现,愈来愈多学者强调人的能动性以及人与社会的互动过程及其所产生的影响,其根源可以追溯至符号互动论、常人方法学等理论。这种认识论的转向促使研究者开始秉持社会建构观分析高等教育中的人际互动与教育过程,将学生、学术活动与学校元素视作建构大学组织情境的重要内容。

在这一研究革命的助推下,作为博士后的态度、情绪与情感乃至更为抽象的身份被逐渐关注,并随着认知心理学的发展得到进一步加固。换言之,一种关注"人"的本体转向打开通向博士后个体学术世界的钥匙。随后,这类研究进一步拓展至博士后的信念、动机与认同在学术工作中的作用。此后,关于博士后的研究逐渐扩展到身份认同领域,并被置于微观语境下予以探讨,极大丰富了博士后作为群体、个体与制度身份的内涵理解。

但由于 20 世纪 80 年代开始兴起的市场化运动与管理主义革命,学术商品化与绩效问责的盛行刺激了高校表现与能力为本的评价导向。反之,扎根于学术职业现场与知识生产过程的学术风气在问责与绩效文化兴起的同时也逐渐式微。对于这一趋势,诸多学者认为加强学术职业规范与考核评价的举措如若并非根植于博士后真实的经验场景,忽略博士后作为整全生命的经历、信念与认知,这种研究方法必然是无效的。②

---

① Jones S R, Torres V, Arminio J. *Negotiating the Complexities of Qualitative Research in Higher Education: Fundamental Elements and Issues* [M]. New York: Routledge, 2013:56.

② Lörz M, Mühleck K. Gender differences in higher education from a life course perspective: transitions and social inequality between enrolment and first post-doc position [J]. *Higher Education*, 2019(3):381–402.

总体而言，当前越来越多研究关注与讨论博士后的相关议题，本研究亦希望以认同为切口，打开博士后通向学术职业的真实图景以及这一临时学术角色追求独立身份建构的历程，将博士后的经验、感受与认知置于"认同—行动"统一体中予以考察，试图在规范意义与经验层面之间重新找到博士后作为临时与流动身份的学术职业的内在价值。显然，当前博士后研究取向如若持续沿着量化还原的思路并非能够有效地回答这一问题，而是需要通过更加综合的视角，深入到博士后个体学术职业工作与意义世界中，讨论中国高校博士后如何在当前制度管理中构建学术职业认同并做出相应的行动选择。

第二节　我国博士后制度演变与特征分析

在制度变迁过程中，高校博士后的身份定位随着经济体制改革与学术劳动力市场变革而变化，基于身份视角可将博士后制度的演化路径划分为身份建构、身份整合、身份分化与身份重组四个阶段（见图1-2）。四者间的演进成为明确博士后身份定位以及高校与博士后之间关系调整，充分梳理高校博士后制度变迁中的身份逻辑，进而合理设计制度并维系博士后权益的必要前提。

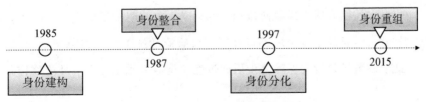

图1-2　我国博士后制度变迁的四个阶段

一、身份建构：制度试点与职业流动灵活化

1984 年，参加中美联合培养物理类研究生计划（CUSPEA，China-U. S. Physics Examination and Application）的 362 位青年将获得物理学博士学位，而如何吸引这批优秀博士回国工作成为改革开放初期人才队伍建设的关键。由于我国在 20 世纪 80 年代仍以单位制为社会运行基础，大部分个体在初次分配后便确定了其终身归属，人员流动与职业更替相对困难。为了让这批研究人员顺利回国，李政道教授计划引进博士后制度打破当时的人事限制。于是，邓小平同志在听取博士后制度设计方案后，表示这一制度能够在培养中发挥人才使用功能，在使用中实现人才培养目的。[①] 1985 年 7 月，国务院便批准了《关于试办博士后科研流动站报告的通知》，实现这项移植制度在中国的扎根。

制度创建伊始，我国博士后被认定为临时流动的国家在编科研人员身份。这一定位对于博士后管理是基础性的，其他制度需要围绕这一基点而展开。譬如，博士后在流动期间的工龄统一参照国家在编人员标准，依据高校中级职称的最低标准发放工资，并享受与编制相关的福利待遇。临时工作期满后，不再选择流动的博士后可以选择固定学术职位，也可以由国家科委根据人才需要安排工作。为了进一步保障博士后的科研工作，国家成立了博士后科研流动站管理协调委员会对博士后科研流动站、科研基金设置与相关评审工作进行日常管理。与此同时，试办博士后科研流动站的制度方案中明确了博士后在站工作期限一般为两年，且规定博士后不得在同一科研流动站工作以避免学术"近亲繁殖"。此项制度设计旨在保障博士后通过差异化与多元化的学术环境建构独立

---

① 庄子健，潘晨光. 中国博士后：1985—2005 [M]. 北京：经济管理出版社，2006：75—82.

的学术身份，①使高校与博士后人才之间能够相互匹配，从而实现人才配置效用最大化。

国家通过制度或法律途径对博士后身份的塑造与保护，以及确定这一群体在学术共同体中的位置，建构了博士后这一身份类别。事实上，以身份建构为核心的博士后制度体系在1985—1987年间逐渐成形，既形成了宏观与微观的二级管理架构，还囊括了博士后科学基金与人员管理为基础的基本框架。它指示了博士后人员的身份归属问题，使其身份具备了更强的社会认同基础，又增进了博士后个体对自我身份意识的觉醒。与此同时，国家将博士后作为高水平教学科研人员的身份定位，又进一步强化了其在国家战略与科技前沿的参与度。归根结底，博士后制度其实塑造了一个群体身份、社会符号与流动机制相一致的身份平台，并与社会主义现代化的高级专门人才建立了密切联系。

二、 身份整合：制度并轨与组织管理规范化

起初，博士后与正式教职工在子女升学、住房保障与工资待遇等方面出现了较为明显的身份差异与利益区分，二者之间的"身份隔离"较为显著。除此之外，不同层级博士后招收单位关于薪资、福利与职业发展等设计了层次不一的制度安排，又反向加固了博士后的身份差异。为了减少博士后的身份矛盾，制度改革开始对碎片化的管理制度进行合并，缓解了博士后招收规模加快所带来的负效应，从而发挥利益协调与身份整合的效果。

就博士后制度而言，身份整合是通过制度并轨发挥身份识别与利益协调作用，避免不同博士后的"身份混乱"，维系学术体系良好运行。第一，高校在扩大

---

① 蒋贵友. 全球博士后学术发展困境的现实表征与生成机理[J]. 比较教育研究，2022(03)：69—77.

博士后招收规模的同时对入站条件与薪酬体系统一化。经过政策试点后,国家开始允许设站单位在完成既有招收目标后可以扩大自筹经费博士后规模。但是,除了住房与资助经费由设站单位自行解决外,对于入站条件、薪酬待遇以及出站流程均需按照国家博士后的统一规定执行。第二,博士后进站、在站与出站管理的制度逐渐体系化与规范化。20世纪90年代初期,为了进一步解决自筹经费博士后被冠以"地方博士后"的身份异化问题,全国博士后管理委员会于1996年分别颁布了《关于博士后进出站管理问题的通知》《关于进一步加强博士后管理工作的通知》,为高校制定系统化、规范化与科学化的进出站管理制度与在站期间的考核评价管理提供了基本遵循。第三,国家开启了二级管理向三级管理体制转型的试点工作。由于央地协调沟通成本与治理负担不断加重,高校对于博士后人员工资上调、职称认定、职务聘任等问题均无法得到最直接的解决,导致制度一统性与基层灵活性之间的矛盾开始出现。[1] 针对此问题,在原有的二级管理体制基础上将省级人事与科技部门纳入其中,以便因地制宜制订行之有效的政策制度。

上述三重举措有效实现了既有体系内博士后研究人员的身份整合与管理规范。不过,制度实践过程中所出现的规模扩张与培养质量之间的矛盾、统一评价与自主创新之间的冲突成为博士后身份整合进程中的潜在风险。[2] 特别是整合不同学科、组织与外部机构之后,博士后群体内部存在的身份阻隔与职业边界其实并没有消除,反而关于分类评价矛盾与培养管理混乱的羁绊愈发明显。

① 姚云,曹昭乐,唐艺卿. 中国博士后制度30年发展与未来改革[J]. 教育研究,2017(09):76—82.
② 李正,吴钰滢,焦磊. 我国博士后人才培养政策的变迁逻辑及其展望——基于历史制度主义的视角[J]. 研究生教育研究,2021(04):78—84.

三、 身份分化：制度探索与利益目标差异化

随着社会主义市场经济体制的推进以及我国单位体制的逐渐解体，高校通过聘任制度改革探索教师"去身份化"与"去终身化"的同时[1]，亦在探索能上能下与进退自如的博士后流动机制。随着整个身份管理体制的松动，高校博士后制度的社会化进程不仅推动不同身份类型的涌现，还加剧了相关群体的身份分化。对于这一阶段的博士后制度改革而言，身份分化代表着博士后制度"社会化"进程中涌现的身份急剧分化与利益多元化格局。

首先，博士后制度的人才使用属性进一步凸显。随着制度改革的深入，博士后开始面临愈来愈严格的考核评价，其劳务报酬、绩效工资与津贴福利开始按照岗位、工作表现与实际绩效综合确定。此外，在博士后"十二五"规划之后，这一制度愈来愈开始扮演为高校雇佣与使用临时科研人员的工具的角色，在一定程度上淡化了制度设计的人才培养定位。其次，博士后制度的社会化助推博士后身份的社会化。自20世纪90年代开始，国家开始淡化博士后的流动编制属性，继而采用合同制取代国家职工的终身制身份。[2] 2001年，全国博士后管委会印发的《博士后工作"十五"规划》明确提出了基于社会主义市场经济体制逐步建立更为高效的博士后分级管理体制，尽可能满足市场经济主体多元与需求多样的现实要求，加速推动博士后由"单位人"向"社会人"转变。再者，不同博士后身份类型林立，利益分化格局进一步加剧。高校开始按照大学功能使命设置了科研、师资、项目、联合培养等名目不一的博士后身份类别，并鼓励设站

---

① 阎光才. 高校教师聘任制度改革的轨迹、问题与未来去向[J]. 中国高教研究，2019(10)：1—9 + 19.

② 王建民. 中国博士后制度的现状与创新[J]. 高等教育研究，2001(03)：20—24.

院系以更加灵活的形式招收雇佣博士后人员。① 但在博士后身份分化的背后，差异化的利益诉求与趋同化的管理制度成为实践中的突出矛盾，而推动分类发展成为高校博士后管理体制改革亟需关注的方向。

在 1998—2014 年间，博士后身份开始在市场化改革、高等教育规模扩张与高校人事制度改革背景下逐渐走向分化。这种分化不仅体现在博士后与大学教师之间的收入与发展差异，而且在博士后群体内部亦不断根据社会变迁演化为多种类型身份。但是，博士后身份制度林立却没有完全将科研博士后、师资博士后、联合培养博士后以及项目博士后的独特性与身份定位区别开来，由此导致身份类型不一的博士后人员在培养管理与利益目标方面存在难以弥合的矛盾。因此，如何解决博士后的身份分化与识别问题，成为下一阶段博士后制度改革的方向。

四、 身份重组：制度创新与贯通发展一体化

2015 年，国务院办公厅发布《关于改革完善博士后制度的意见》，明确表示一流大学招收博士后研究人员的比例应实现大幅增长，关于博士后身份分类与贯通发展的问题开始得到重视。在随后的"双一流"建设中，博士后作为师资补充的身份定位开始得到强化，而博士后招收与教师聘任之间的贯通已经成为"双一流"建设与高校人事制度改革的重要构成。这种贯通将博士后纳入到高校职工管理体系，在统一的学术管理平台实现身份整合或重组。

毋庸置疑，博士后制度在"双一流"建设进程中发挥了较大的人才储备功

---

① 张洪. 灵活雇佣与学术资本主义——在美中国高技术移民的依附性困境研究[J]. 社会学研究，2019(06)：41—64.

能，对于高校将博士后招收与教师聘任置于人事制度框架中进行制度并轨探索提供了制度基础。第一，"双一流"建设高校部分开通了博士后申报专业技术高级职务的渠道，使这一临时岗位人才获得了学术晋升的机会。第二，招收博士后已经成为高校人才选聘的重要方向。特别是"双一流"建设启动后，高校纷纷意识到博士后人员的学术增值效应与创新活力，能够较好地突破高校传统人事管理的人员流动补偿与错配风险，发挥博士后制度在学术人才流动与筛选中的优势功能。第三，博士后学术支持力度逐渐加强，资助体系愈加完备。譬如，国家层面的博士后创新人才支持计划、上海"超级博士后"、北大"博雅项目"等层次多元的资助项目业已形成了较为完善的学术支持体系，切实提升了其薪酬福利与学术独立程度。第四，高校将博士后制度与非升即走制度并轨打通了其学术职业贯通发展路径。事实上，两种制度的并轨实践，旨在强化博士后经历作为教师选聘的前提条件，从而实现博士后招收与师资聘任的身份重组。

可以明确的是，当前博士后制度改革为这一临时科研人员设计了晋升发展的通途。譬如，四川大学将博士后队伍与专职科研队伍并轨，实现两类独立岗位的身份重组，一定程度扩宽了博士后进入教学科研序列的路径。这种并轨虽有效实现了两种制度之间的衔接，但基于身份重组的制度实践其实也隐含着一种身份置换逻辑，即将博士后阶段变相调整为正式教师聘任的预备考察期，从而模糊了博士后的身份属性以及高校在博士后培养与使用过程中的责任义务。① 当然，随着高校博士后规模变得越来越大时，关于博士后身份定位的实践理性或将得到逐步回归，而积极探索博士后人才创新队伍建设将成为高校制度改革创新的重要内容。

---

① 蒋贵友，荀渊. 突破身份藩篱：高校博士后制度的变迁演化与路径创新[J]. 研究生教育研究，2024（03）：54—61.

第三节　学术职业认同与行动选择的研究脉络

随着学术体制与学术职业环境的不断变化，认同研究如同在黄昏起飞的"密涅瓦的猫头鹰"，逐渐在科学社会学与高等教育领域内受到前所未有的关注，强调透过个体认同对自我、制度与组织展开全景式的理性反思。尽管外部环境的转型变化使得"认同"时刻处于动态的流变过程中，但是通过认同的动态流动性为观测学术职业生活提供了绝佳的视角。本节从认同、职业认同与学术职业认同的研究脉络出发，探寻学术职业认同与博士后行动选择之间的内在关联。

一、 认同、职业认同与学术职业认同

（一）认同

认同是一个多样性与流动性的复杂概念。从早期的心理学研究到不同学科对认同的研究，这一概念的涵义出现了差异化的理解。基于词源学、符号互动论与建构主义三个维度，探讨认同的概念含义及其所涵括的意义。

首先，从词源上看，"认同"（identity），作名词时亦可意为"本身""身份""同一（性）"与"相同（性）"，主要包含三个层面的含义。一是"同一"（Sameness），意指事物属性与本质的同源性，是与差异相对的一个概念；二是"归属"与"确认"，即在差异化的社会系统中寻求一种"自我归类""归属"或身份心理的确认；三是"同意"与"赞同"，即个体对外部世界所涉的价值、责任、义务与内涵等诸问题的

一种主观认可。① 不过，由于"identity"所含有的个体/群体的二元结构，决定了认同与身份二者虽同源但绝非同义的理论进路。概言之，作为自我主观的认同强调的是作为承载者的主体性，关乎自我定义的问题，体现出多样性、差异性、流变性与间断性的现实特征。

　　其次，**传统符号互动论认为个人在社会系统中拥有多重角色身份，并根据社会互动中所产生的评价与判断形成差异化的自我理解与认知，因此角色才是个体认同的基础。**随着米德（G. H. Mead）"自我论"②、弗洛伊德（S. Freud）"认同机制的内驱动力"③、埃里克森（E. H. Erikson）"同一性"理论对认同概念的发展④，心理学层面的个体认同逐渐转向了社会互动。譬如，帕森斯（T. Parsons）通过分析个体表现出的需求倾向阐明了认同所具有的社会功能⑤，而哈贝马斯（J. Habermas）则以"交往"与"对话"为窗口，提出产生认同的基础在于共享的生活世界，达成这一共识的路径在于交往行为。⑥ 尽管社会学意义上的认同概念被广泛提出，但缺乏对其作出更为精细的分析与界定。之后的林顿（R. Linton）完善了这一工作，他视认同为特定文化场域提供给行动者的社会规范。这一定义展现了社会规范转化为个体认同的内化机制，高度关注外部环境对个体认同的功能性重塑。不过，这种结构主义观点过分强调社会系统对个体认同的形塑与影响，未能准确把握认同产生过程中的个体能动性与社会互动的事实基础，甚至忽视了自我认同对社会结构的反向作用。为了弥补这一缺憾，戈夫曼（E.

---

① Taylor, C. *Sources of the Self: The Making of the Modern Identity* [M]. Cambridge: Harvard University Press, 1989:34.

② 乔治·赫伯特·米德. 心灵、自我和社会[M]. 霍桂桓, 译. 南京：译林出版社, 2014:23.

③ 弗洛伊德. 精神分析引论新编[M]. 高觉敷, 译. 北京：商务印书馆, 1987:19.

④ 埃里克·H·埃里克森. 同一性：青少年认同机制[M]. 孙名之, 译. 北京：中央编译出版社, 2018: 187.

⑤ 塔尔科特·帕森斯. 社会行动的结构[M]. 张明德, 等, 译. 南京：译林出版社, 2008:34—35.

⑥ 尤尔根·哈贝马斯. 交往行为理论（第1卷）[M]. 曹卫东, 译. 上海：上海人民出版社, 2018:23.

Goffman)通过实地研究创造性地提出了"拟剧论"观点。在他看来,个体行动的日常呈现并非自我认知的被动反应,而在很大程度上体现了行动背后个体认同的多重面向,这有力地突破了结构主义对个体认同的判断。① 不管是此后的凯利(H. H. Kelley)与蒂博(J. W. Thibaut)所提出的"角色期望"②,还是弗里德曼(J. L. Freedman)基于社会互动的心理学探究,皆认识到社会互动中的认同其实是一个变动不居的概念。吉登斯(A. Giddens)对现代性向后现代转向过程的探究,使得认同概念所具备的流动性与多元化属性开始显现。③ 与此同时,传统符号互动论视野下的认同突破了既有的结构观限制,关注认同在社会互动中的形成过程及其对角色建构、行动选择与情感动机的作用影响。由此而言,认同所涉及的涵义总是变动的、语境的、关系的和转换的,进行互动是认同的重要内容。④

再者,建构主义者对认同概念的理解与划分更强调行动者与外部环境的双向互动过程。卡斯特(M. Castells)认为,行动者的外在"身份"通过社会舆论与制度定义产生,并需要行动者内化这种具有外部与公共意义的"身份"且在此过程中建构个体意义,"身份"向"认同"的转换过程才予以完成。⑤ 换言之,认同是个体建构意义的来源,这一意义源于行动者原初的自我认知并与外部环境的共同建构。从认同建构过程来看,一方面既可以来源于历史情境、地理风景、集体记忆等对行动者认知的微观渗透,又有赖于生产与再生产制度、权力机器在认同形成过程中的强力支配。但不可忽视的是,正是个体根据其所内嵌的历史背

① 欧文·戈夫曼. 日常生活中的自我呈现[M]. 黄爱华,冯钢,译. 杭州:浙江人民出版社,1989:45.
② Thibaut J W, Kelley H H. *The Social Psychology of Groups* [M]. London: Routledge, 2017: 109.
③ 安东尼·吉登斯. 现代性与自我认同——晚期现代中的自我与社会[M]. 夏璐,译. 北京:中国人民大学出版社,2016:56.
④ 迈克尔·A·豪格,多米尼克·阿布拉姆斯. 社会认同过程[M]. 高明华,译. 北京:中国人民大学出版社,2011:35.
⑤ 曼纽尔·卡斯特. 认同的力量[M]. 夏铸九,等,译. 北京:社会科学文献出版社,2003:40.

景、社会结构与时空逻辑处理上述要素，才得以重新编织符合个体自我的意义。由于认同具备建构属性，其实延伸了"认同由谁建构"以及"为谁建构"的问题区分，同时指涉了当前存在对于认同接受与拒绝两分的社会事实。事实上，认同的社会建构始终发生在权力关系的制度语境里，按照卡斯特的理解，这一过程由合法化、拒斥与重新规划三个阶段所构成。[①] 换言之，权威制度及其意识形态所支配的认同，只有符合广泛的社会规范基础才能被视为合法化的认同，若当行动者出现认同冲突与错位时，会出现其他认同形式。不过，只有经历拒斥与重新规划的认同过程，方能建构全新的认同形式。

总体而言，认同是个体意义与生命经验的来源，呈现为双向互动的主体性建构过程。[②] 不过，认同本身并不带有价值倾向，只有与国家、公民、职业以及角色等概念嵌套组合时，才会展现出一定的价值倾向。

（二）职业认同

职业是社会经济发展及其分工而缔造的结果，同样是国家建构进程中被间接塑造的产物。[③] 从其词义来看，可以从三个维度对其进行把握与理解。第一，职业是个人获取物质生活的一般社会活动；第二，职业是从事不同社会活动的个体所划分的工作类别与劳动集体；第三，职业在社会分工系统中所强调的是工作方式、社会关系与角色规定。一个职业从最初的社会团体与集体劳动中分化出来，并从稚嫩走向成熟离不开职业活动的专业化与制度化，这个与其他职业活动互斥与发展的过程被称为"职业化"。在安德鲁·阿伯特（A. Abbott）看来，这是一般性行业向特殊的行业控制的结构形态与文化形态的演变过程，而不同的结

① Castells M. Globalisation, identity and the state [J]. *Social Dynamics*, 2000(1):5 - 17.
② 李兰芬. 国家认同视域下的公民道德建设[J]. 中国社会科学，2014(12):4—21 + 205.
③ 埃米尔·涂尔干. 社会分工论[M]. 渠东，译. 北京:生活·读书·新知三联书店，2013:26.

构与文化形态塑造了不同的职业,使其占据着不同活动领域的专业"管辖权"。①
职业对专业活动的管辖程度决定了其发展的阶段及其对外部其他职业的支配
地位,对内则规定了从业者所应达到的知识、价值以及由其他规范所形成的职
业精神与职业共识。② 换言之,从事某一职业的基础是必要的知识训练与技能习
得,其所指向的是社会价值而不是从业者单纯的谋生需求,而公共价值成为衡量
个体与集体职业成功的一般性标准。由此而言,职业既具有价值特征,又蕴含专
业属性与物质意义,其必然囊括了个体生存的物质认同、专业工作层面的归属认
同与价值层面的规范认同,可以将职业认同大致划分为以下三个维度。

第一,职业的价值属性认同。在职业主义看来,职业认同的"内核"涉及价
值理性,凸显的是职业在人类社会中所具有的内在价值,这不仅关乎知识与技
术,更强调职业精神、伦理、责任与信念在人类秩序与道德实践中的作用。个体
对职业本质与功能的理解是职业认同的决定性要素,在个体职业同一性的形成
过程中,基本由对职业角色、功能与特征的认识与理解,过渡到价值、伦理与声
望的规范性认同,从而融入职业群体。③ 唯有在职业伦理与价值的认同驱动下,
个体职业实践才会追求职业实践的创造与超越,并继而获得满足。

第二,职业的专业属性认同。职业认同的"外围"则属于工具理性的范畴,
由此在理想型职业的知识价值与实践层面的专业技术价值之间搭建对话桥梁,
形塑个体对职业的专业认同。④ 具体而言,职业的专业属性维度由其所占据的

---

① 安德鲁·阿伯特.职业系统:论专业技能的劳动分工[M].李荣山,译.北京:商务印书馆,2016:
172.

② 张英丽,沈红.学术职业:概念界定中的困境[J].江苏高教,2007(05):26—28.

③ Young, R. A., Domene, J. F., & Valach, L. *Counseling and Action: Toward Life-enhancing
Work, Relationships, and Identity* [M]. New York: Springer, 2014:56.

④ 安德鲁·阿伯特.职业系统:论专业技能的劳动分工[M].李荣山,译.北京:商务印书馆,2016:
101.

知识或专业"管辖权"来定义对社会发展与人类福祉的贡献程度。在这一维度，个体所认同的职业是其所内含的专业属性与实践价值，而认同程度与职业为社会进步和人类福祉所作贡献相关联。

第三，职业的一般属性认同。职业在某种意义上是人们获取持续性物质报酬所从事的连续性实践活动，并逐渐在社会分工体系下获取的劳动身份类别。可以说，个体所获得的职业报酬、职业地位与社会声望皆是职业的一般构成，成为社会识别不同职业的外部属性。① 这种外部属性不完全等同于一般属性，在很大程度上也是专业属性的显现，并决定了职业回馈个体的物质意义程度。因此，这一层的职业认同牢牢地与收入、福利与地位等要素联结，而个体的认同程度则关系到职业的合法性与合理性，以及个体公共价值的达成。

总体而言，职业认同是从业者个体与职业群体、组织情境、社会规范以及传统秩序等外部结构协商建构而成，且随着时间流变，个体的职业认同会随着职业发展与变迁呈现出动态连贯性。因此，对于个体职业生活而言，职业认同具有重要的身份归属意义，从而使价值理性与工具理性在职业生活中融合，这意味着职业对个体的期望与规范，同时也内含个体对职业的反思与接受。

（三）学术职业认同

在韦伯（M. Webber）看来，学术职业不仅包括一般职业的生计与专业属性，而且蕴含某种"精神特质"。② 在学术祛魅并逐渐世俗化的时代，学术仍被视为一种有别于一般谋生工作的知识服务社会的事业，内含多重维度。

---

① 李春玲. 当代中国社会的声望分层——职业声望与社会经济地位指数测量[J]. 社会学研究，2005（02）：74—102＋244.
② 马克斯·韦伯，等. 科学作为天职：韦伯与我们时代的命运[M]. 李康，译. 李猛，编. 北京：生活·读书·新知三联书店，2018：45—67.

1. 学术职业的概念内涵与基本维度

从职业的内涵维度出发,学术职业亦可以从理想职业、专业事业与生计活动三个方面予以把握与理解。

一是以探究真理为使命的理想职业。古典时期的学术活动是生命化的,学者的生命气象与其所塑造的学术局度相一致,使学术研究自发端起便具备了一种卓越而又展现人性的理想品格。[1] 这一切近人性与探究真理的学术活动随着中世纪大学占据思想与文化的高地,以及学者作为基督教教义的布道者而被推向了更加神圣的地位。正是在这一特定的历史情境下,一方面学者出于智识的愉悦与好奇探究世界的本质,而另一方面他们又带有浓厚的宗教色彩与神职意蕴,从而使学术职业愈加纯粹与神圣。[2] 特别是在洪堡创办柏林大学后,重拾古典意义的学术理想与哲学精神成为现代学术职业批判自我与靶向重构的重要方向。[3] 概言之,为真理而探究的精神已成为学术职业最为纯粹的底色。

二是以知识为中介的社会服务事业。根据韦伯的诊断,大学俨然走上了一条制度化经营的道路,而其背后的经营原则也随即成为学者学术生活的普遍遵循。当学术成为一项具体事业与经营活动时,远非指一般世俗的物质回报,而是以专业精神渗透到每个学术工作者的职业生活。学术本身代表着无尽的前沿,每一项学术工作与科学成果以创新的形式挑战与超越现有的工作。[4] 以知识为中介的专业性活动将学术人置身于学术结构系统,而科学事业经营将学术转变为工作,从而帮助学者实现了"知识就是力量""知识即权力"的现代转型。

① Clark, Burton R. *The Academic Profession: National, DisciplinAry, and Institutional Settings* [M]. University of California Press, 1987:54.

② 熊华军,丁艳. 中世纪大学学术职业的变化[J]. 大学教育科学,2011(02):69—74.

③ 荀渊. 关于柏林大学创建与洪堡教育观念的历史叙事[J]. 华东师范大学学报(教育科学版),2021(07):62—71.

④ 范内瓦·布什,拉什·D.霍尔特. 科学:无尽的前沿[M]. 崔传刚,译. 北京:中信出版社,2021:54.

当下的学术职业谱写了学术如何以知识为中介参与到社会服务事业的现实图景，以及如何从知识生产者转变为"专家"的过程。因此，当专业化渗透到系科内部，加剧了学科之间的细化与分化，也反向削弱了学术职业的公共属性。

三是维持个体生存开展的生计活动。除了道德精神与专业属性外，学术职业还具备作为职业所应包含的一般共性——生计。当知识成为个体服务社会的内在驱力后，势必使其自身更接近于世俗化的生存职业。马克斯·韦伯对近代知识专业化与学科化，以及由此所形成的学科制度体系中学术作为物质经营层面的职业进行深刻洞察。[①] 这意味着学术职业的物质属性已然不断强化，甚至挤压了学术作为天职的神圣品行的空间。作为衍生后果，学术职业群体逐渐将目光由学术生涯的内在精神转向了外部条件，并在现代性的影响下，忽视了学者学术研究对道德与人性的坚持与关照。因此，当学术世界开始以资本与物质为核心进行知识生产，应该警醒与反思学术劳动关系变为新的压迫与剥削。

2. 学术职业认同的基本概念与价值主张

可见，学术职业随着时代变迁愈加学术专业化与世俗化，并由此走上发表至上的"学术卡里斯玛"。[②] 即使学术职业认同的形成源自历史与制度的偏好，但某种程度尚属个体对学术工作的自我理解，是在公共场域中不断冲突、协调与弥合予以建构的。

首先，从"同一性"出发，学术职业认同既需要在外部规范对学术职业的界定与个体所经历的学术工作所形成的主观理解之间达成一种共识与平衡，又由于偏好、经历与价值观的个体差异而变得较难统一。其次，从符号互动论而言，学术职业认同是嵌入学术网络的学者个体在处理社会外界与学术组织对学术

---

① 马克斯·韦伯. 学术与政治[M]. 钱永祥，等，译. 上海：上海三联书店，2019：35.
② 威廉·克拉克. 象牙塔的变迁：学术卡里斯玛与研究性大学的起源[M]. 徐震宇，译. 北京：商务印书馆，2013：109.

职业所赋予的规范与期待而形成的关于学术及其工作的伦理、精神与价值判断。再者，从认同建构视域出发，学术职业认同是学者个体与其所处的环境进行互动并内化学术职业所涵括的公共意义，从而建构个体意义才能使个体对学术职业保持持续性的认同。

面对差异化的理解，那么个体应该建构或者秉持何种学术职业认同观？在韦伯看来，现代人最为内在的便是信仰与价值理念中最为个人的、终极性的公理。这些事关人性品格的终极价值，并非源于世俗化或专业化的学术职业活动，也与经验科学无关。[①] 至少在当时德国大学中存在一个共识，那便是学术职业的前提不是专家共同体，而是"文化人"共同体。[②] 学者的使命在于坚持学术研究的生命底色，从现实经验中的复杂现象与无尽可能中挖掘持续深化的生活意义，并以此来抵挡外部制度僵化的力量。[③] 目前，学术职业在面对时代危机与文化停滞不前的问题上，必须应该建构一种具有共识的认同与价值。那就是突破专业化与世俗化的壁垒，重新找到学者与其所处道德与文明世界之间的伦理关系。

总体而言，学术职业认同只有在个体定位、组织协商与群体互动中找到科学通向人性的道路，于学者而言，学术才不再是一种刻板与冰冷的世俗与专业化问题，不是获取物质回报的生计事业，亦不是职业规范与专业制度下的责任与义务，而是作为人性思考与意义追寻的快乐与价值。

二、 博士后学术职业认同的影响因素

现今所讨论的博士后（post-doc）主要是指已获得博士学位，并期待通过临

---

① 郑飞.学术为业何以可能——论韦伯对现代学术体系的反思[J].学术研究,2021(03):22—27 + 177.

② 马克斯·韦伯.经济与社会(第1卷)[M].阎克文,译.上海:上海人民出版社,2010:78.

③ 费希特.论学者的使命、人的使命[M].梁志学,沈真,译.北京:商务印书馆,1984:47.

时流动的工作继而实现学术职业社会化与学术独立的研究人员。在学术等级中，博士后处于学术金字塔的较低层级，尚未真正进入学术职业范畴。随着现代化进程的加速，身处学术系统的博士后群体，对学术工作的认同既与上述学术职业认同具有同构性，但由于其社会化与独立性程度不高而有所区别。

（一）博士后学术工作性质与特征指向

何谓博士后？这在创立初始出现了诸多含混不清的解释，一是将其视作博士教育阶段的延伸与补充，通过学术培养使博士后研究人员获得更多的学术资本；二是置于学历层次的最高级，代表着一种教育信号与经过学术筛选而被赋予的学历价值；三是作为一种纯粹的学术工作，通过短期且灵活的学术工作经历实现有序的人才流动。博士后制度发展至今，其共性特征主要包含以下四个方面。

一是博士后工作的临时过渡性。根据美国大学联合会博士后教育委员会（CPEAAU，Committee on Postdoctoral Education of Association of American Universities）与全美博士后协会（National Postdoctoral Association，NPA）对博士后身份做出的界定：博士后是在相关专业领域业已获得博士学位的研究人员，在一个或多个临时研究工作中积累经验从而塑造青年学者从早期学术身份成功转向独立的团队负责人。[1] 从这里可以看出，博士后具有临时与过渡的双重属性。在临时性方面，日本规定博士后所从事的研究工作为不具备终身教职的博士毕业生或青年学者进行的暂时性工作。在过渡性方面，法国将博士后定位为学生教育转向正式研究人员的过渡，而德国则将博士后视作为教授资格考试做准备的临时阶段，且存在明确的时间期限。[2] 因此，临时过渡的研究经历是

---

① Ferguson K, Huang B, Beckman L, et al. *National Postdoctoral Association institutional policy report* 2014 [R]. Rockville: National Postdoctoral Association, 2014:77.
② 刘宝存, 袁利平. 博士后制度的国际比较[M]. 北京:党建读物出版社, 2016:25.

博士后工作最大的特征。

二是博士后工作的独立创造性。博士后是博士教育与正式学术职业之间的过渡阶段,其目的在于实现学术创新与独立。第一,研究内容的前沿性。由于博士后工作是成为独立研究者的预备阶段,其学术工作与研究内容需要遵循大学科研实践的高深知识逻辑,其所从事的科研活动具有颇强的学术性与创新性。第二,研究环境的先进性。这既是由研究内容的高深逻辑所决定,又受到研究设备、学术团队以及学术资助等外部保障条件的影响。第三,研究成果的创造性。这是研究内容、研究环境与博士后学术能力多方条件综合的结果,相关学术成果体现出此阶段应有的学术性、创造性与前沿性。因此,博士后工作的独立创造性主要是指通过差异化的学术训练与科研实践完成学术职业的社会化。

三是博士后工作的合作指导性。上述所言的博士后独立创造并不是完全意义的独立自主,而是在合作导师指导下的有限独立。合作指导属于一种独特的人才培养路径,而博士后是在系统的合作指导训练下完成学术资本与学术能力的积累。尽管外部对这一观点有所存疑,但不可否认的是合作导师在博士后学术职业社会化阶段着实扮演着举足轻重的作用。西方社会大都认可博士后其实是在学术导师的指导监督下进行的学术研究,二者之间并不是隶属关系,而是基于学术活动的平等合作关系。① 只是当前博士后学术能力与学术经费的限制,需要在权威的学术导师监督下才能确保学术研究的顺利进行,这既保障了政策制度对博士后研究人员独立性的定位,又加强了学术组织对其学术工作的监督。

---

① Gloria C T, Steinhardt M A. The direct and mediating roles of positive emotions on work engagement among postdoctoral fellows [J]. *Studies in Higher Education*, 2017(12):2216 - 2228.

四是博士后工作的聘用资助性。在法律层面，博士后与合作导师、学术组织间的学术支持、资助与指导由学术契约所规定。[①] 除法律层面所形成的权利义务外，博士后雇佣受聘更是一份经济意义上的学术生产劳动合同。譬如，美国博士后协会规定博士后在工作期间享受应有的福利待遇及其各项基金会的资助，而法国博士后在与学术组织签订劳动合同后可获取补助。博士后聘用合同包括了博士后所应履行的学术职责及其具体的考核指标，同时也规定了学术组织与导师所应提供的学术支持与资金保障。因此，博士后与学术机构之间是聘用关系，后者需要对前者提供基本工资、福利、医疗、教育与学术保障，而后者在接受资助的同时需要完成学术劳动合同所规定的学术任务与考核。

总体而言，基于身份定位与工作属性的综合概括，博士后是已获得博士学位的早期研究人员在合作导师指导与学术组织支持下进行独立创造的工作阶段，它具有临时与过渡的双重属性，从而保障博士后研究人员在既定周期与物质条件下完成"学术依附"向"学术独立"的转换，为从事学术职业奠定基础。

（二）博士后学术职业认同的意义来源

博士后工作是为独立从事学术职业而准备的，不仅具有学术职业属性，而且涵括了特殊的意义与功能。因此，从博士后所处的层级与环境而言，学术理念、外部情境、学术组织、学科群体以及个体特征均是其学术职业认同的意义来源。

第一，传统学术理念作为学术职业的意义来源，深刻影响博士后对学术职业认同的建构。纵观全球民族国家及其历史文化对学术工作、文化传承及其制度传统的差异化形塑，不同群体对学术职业的认知也存在一定的差异。高校博

---

① 高建东.培养抑或用工：我国高校博士后制度的现实与反思[J].河北师范大学学报（教育科学版），2020(04)：109—117.

士后作为未来进入学术职业的群体,其制度建构与变迁同样带有历史文化与社会变迁的陈迹。一方面,博士后作为西方学术制度移植与本土化改造的产物,携带了西式学术体制的精神内核,其崇尚自由与独立的学术理念为众多在学术系统爬梯的青年学者所肯定。另一方面,该制度在嵌入本土情境时又一定程度上受到国家逻辑与市场逻辑的支配,其发展与学术制度一样在学术、国家与市场的多角关系中寻求平衡。事实上,早期青年学者选择博士后岗位受到学术理念与职业精神的影响①,这些精神内核与意义追求成为个体学术职业认同的意义基础。

第二,高等教育变革与制度环境变迁同样影响博士后对学术职业的认同与理解。自 20 世纪 50 年代以来,西方高等教育先是经历了大众化与市场化的挑战与洗礼,并受到新自由主义的影响与干预,尔后在 20 世纪 80 年代以降的新公共管理运动中开启了大刀阔斧的治理改革。就外部关系而言,高等教育在"学术—市场—国家"的动态平衡中朝更加市场本位与管理本位的趋势发展,而学术作为独立系统的牢固边界开始松动,并受到其余两种力量的干扰。② 就内部而言,外部学术环境体系的变化与市场竞争的加大催生了大学内部一系列与管理主义、市场机制相配套的技术管理制度与效率控制体系。由此,大学受到市场竞争与资源配置的强力驱动,无法纯粹且不计成本地资助博士后群体,自然将博士后制度转变为大学参与竞争的手段与工具。那么,身处其中的博士后在个体发展、环境变迁与制度规制的张力间不断寻求学术职业的意义与价值。

第三,学术组织事关博士后个体在学术系统的定位,既规定了其所应享有的权利,也具象了其所应承担的义务。在韦伯看来,组织如同一部理性机器,通

① 许士荣. 新时期我国省级博士后政策改革的特点与趋势[J]. 中国高等教育,2021(19):56—58.
② Zajda, J. *Globalisation, Ideology and Neo-liberal Higher Education Reforms* [M]. Dordrecht: Springer, 2020:134.

过社会化手段使非正式与潜在的个体行动理智化与秩序化。[①]　在秩序所建构的理性世界里，组织通过文化、观念与制度塑造个体对身份的认同与再造。其一，大学组织文化是博士后学术职业意义获得的重要来源。其二，院校属性与层次决定了博士后所处的学术层级及其目标定位，由此也决定了学术资源、管理文化与制度实施等方面的差异，而这些差异在资源配置与制度实践中潜移默化地成为一种制度性思维，并影响着博士后对学术职业的看法与理解。其三，系所作为基层学术单位，不仅是制度实施的末梢，亦是基于身份共识而建立的学科共同体，为博士后提供一套规范、文化与观念。由此而言，组织情境及其所内含的文化价值与运行规则同样是博士后学术职业认同的意义来源。

第四，学科文化及其制度体系是博士后学术职业认同的直接来源。在传统科学时代，学科在学术体系中被划分为不同的学术部落[②]，这种差异不仅规定了研究对象、经验认知的不同，而且决定了其所承担的学术角色、自我定位、观念认知与互动方式的分殊。譬如，学科对博士后个体学术职业认同的影响主要体现在：知识本体论、方法论与认识论上的差异；学术成果评价内容与方式的差异；博士后与合作导师及其学术团队互动的差异；雇佣方式与学术合作的差异以及所属学科在外部市场的认可机制差异等。与此同时，学科层面所形成的博士后与导师的学术合作，成为前者学术生活最重要的双边关系。因此，学科其实规定了博士后在学术工作、文化与合作关系等微观层面更为细致的安排，直接影响博士后学术职业认同的自我建构进程。

第五，个体属性影响了博士后对学术职业的认同差异与意义感知。作为个体的博士后与作为群体的博士后是两条泾渭分明的研究路径。但不可否认，由

---

① 马克斯·韦伯.经济与社会(第1卷)[M].阎克文,译.上海:上海人民出版社,2010:99.
② 托尼·比彻,保罗·特罗勒尔.学术部落及其领地:当代学术界生态揭秘(第二版)[M].唐跃勤,等,译.北京:北京大学出版社,2015:73.

于性别差异、阶层差异、学科差异与院校差异,决定了博士后群体是由高度异质的个体所组成,他们以个体身份嵌入实验室与学术团队中进行知识生产、合作与创新。譬如,在性别方面,女性博士后研究人员受到学术发展与家庭压力的双重影响,其职业认同与工作满意度感知更低。[1] 在流动方式上,本土博士后对学术职业认同感知相对单一,而跨国博士后在学术资本主义、学术民族主义与临时签证的多重限制下对学术职业的意义感知亦更为复杂。[2] 因此,不论是先赋属性差异还是后天经历不同,均会影响博士后学术工作的情感、态度与体验,并与个体观念、信念与感知到的压力共同作用构建的学术职业意义。

(三) 博士后学术职业认同的影响因素

博士后并非单纯以教学、科研与社会服务为工作内容的从业者,其是在使用中培养、培养与使用相结合的特殊后备学术群体,其大致面临来自组织、学科与制度三个层面的影响。

第一,在组织层面,新公共管理运动与聘用改革。随着公共部门"管理主义革命"不断蔓延,高等教育领域同样受到新公共管理运动的波及。在新公共管理运动影响下,市场化、竞争与绩效等新自由主义的话语体系得以在全球范围内普及与宣扬,而高等教育公司化、市场化、一流大学竞争与知识流动成为全球高等教育的普遍原则。面对新公共管理运动的冲击,早期以培养为主的博士后制度也难逃管理变革的影响而变得更为强调人才使用的逻辑,这便要求博士后的工作价值需要通过更加新颖、有效与应用的成果加以证明。在学术竞争加速

① Lodish H F. Accommodating family life: mentoring future female faculty members [J]. *Trends in Cell Biology*, 2015(3):109 – 111.

② Cantwell B, Lee J. Unseen workers in the academic factory: Perceptions of neoracism among international postdocs in the United States and the United Kingdom [J]. *Harvard Educational Review*, 2010(4):490 – 517.

的时代中,大学组织必须在学术产出、人才培养与社会服务方面符合外部问责的标准,而这种外部变革与效率转型的压力反向塑造了大学公司化管理或创业型大学的产生。作为转型结果之一,博士后被组织或研究团队置于市场化中,围绕大学的核心目标与战略价值采取行动。因此,博士后在追求学术发展与独立时,还需要思考这些学术实践是否满足或回应了未来学术职业的变革要求。

第二,在学科层面,学术资本主义与知识商品化。当政治经济全球化掀起了高等教育变革的同时,也改变了学术职业的激励方式。[①] 在新自由主义政策影响下,流向大学的财政支持与公共资金逐渐减少,各个学科不得不展开对学术以外资源的竞逐。在学术资本主义影响下,知识生产方式与流通方式发生着不可逆转的变化,而教学、科研与社会服务成为流通中的知识商品,其数量、质量与价格由市场需求所决定。对于博士后而言,学术资本主义亦正将这一群体塑造为短期流动的人才商品,也即学科团队通过大范围、低保障的灵活雇佣使博士后的学术工作完全为市场服务。[②] 在这一过程,博士后作为学术等级秩序中的较低一环,必须依赖合作导师与学科团队才能开展上述实践。那么,知识资本化不仅建构了学科团队内部的等级秩序,而且还以首席科学家(Principal Investigator, PI)为代表的"学术资本家"与普通教授、青年教师、博士后以及研究生建构了一个以经济关系为纽带的学术层级结构。[③] 博士后必须要依靠先进试验平台、外部资金与合作导师支持才能完成预期的学术任务,其认同建构面临着学术资本主义的引导与影响。

第三,在制度层面,面临绩效主义所带来的压力。由外而内的管理变革与

---

① 布莱登·坎特维尔,伊尔·科皮伦. 全球化时代的学术资本主义[M]. 殷朝晖,译. 北京:中国社会科学出版社,2018:37.

② 黄亚婷. 聘任制改革背景下我国大学教师的学术身份建构——两所研究型大学的个案研究[M]. 杭州:浙江大学出版社,2019:130.

③ 晏成步. 大学教师学术职业转型:基于知识资本的审视[J]. 教育研究,2018(05):148—153.

市场化竞争,推动大学绩效管理成为考核评价组织成员的基本法则,包括博士后在内的正式或非正式学术人员均面临因外部问责与学术竞争所带来的制度性压力。当管理主义僭越甚至挤压传统的学术理念并在大学组织内日渐昌隆时,单纯以考核结果作为资源分配依据的绩效主义则变成行政干预学术的有力手段。在高等教育领域,由西方世界主导的世界一流大学排行及其相关实践创造了一套具有普遍主义的理念与价值话语体系,而这同样渗透到政府与高校对博士后的角色期待与制度要求中。① 譬如,博士后的聘用合同规定了学术论文与科研项目的数量以及等级,这成为他们出站甚至是获得正式教职的必要条件。不论是理工学科还是人文学科的博士后,均被置于统一的绩效管理之下,这给尚未进入到学术职业中的他们带来了巨大的挑战与压力。除此之外,在宏观制度与微观实践之间,博士后身份定位、聘用方式、晋升发展等制度性差异催生了差异化的学术职业认同观。因此,制度是除组织与学科因素外又一影响学术职业认同的关键因素。

综上所述,组织、学科与制度三者构成了影响博士后学术职业认同的主要因素。但于他们而言,处于不同"世界"中的个体也有被理解与阐述的意义。正因如此,高校博士后对于未来学术职业的准备与认同,不能停留在学术职业的外部标准,而是要从个体学术世界内部的精神、使命、认知与感受层面予以把握,才能识读与反思个体行动与宏观制度之间的偏差。

三、 学术职业认同与行动选择的脉络关系

高校博士后学术职业认同过程反映了其职业建构阶段,意味着博士后的职

---

① 蒋贵友.一流大学规划中的社会参与治理及其现实困境[J].中国高校科技,2021(10):21—26.

业认同与个体行动高度关联。

（一）学术职业认同影响博士后行动选择

在泰勒（C. Taylor）看来，认同是理解"我是谁"抑或"我们是谁"的关键所在。[①] 在社会学语境下，认同多被描述成一种群体性特征或意识，往往忽视了作为个体的认同其实是作为职业身份的基础，它更强调个体如何对职业身份与工作责任进行感知与选择。由此而言，认同就成为行动者建构意义、应对压力与平衡冲突的核心环节，而博士后学术职业认同是其行动的意义来源。

第一，伦理学意义上的认同意味着合道德化的行动。作为行动者的博士后及其学术职业认同应指向道德意向行动，这种有目的的行动本身体现出博士后作为学术生产者的价值与意义的"人的存在"，即博士后学术职业认同建构的道德价值意向行动。[②] 因此，对于博士后学术职业认同的完整阐释就必定要落实在以"学术职业认同"为表达的经验世界中，而经验现实世界里的伦理道德合理性就成为追问博士后学术职业或博士后制度的"根底"。

第二，作为具象个体的博士后拥有独特的认同与行动单位。所谓博士后的认同单位，是指博士后所属的群体及其所构筑的意义世界均成为其认同归属的基本单位。当然，这一群体并不具备完全一致的认同单位，由此导致制度背景下的个体认同及其行动意愿与选择是不同的。那么，学术职业认同作为连接学术体制与个体行动的关键中介，一方面是通过不同元素互相建构才得以产生，另一方面也是行动选择发生的前提条件。在此过程中，考察博士后学术职业认同与行动选择需要考虑其认同凸显（identities salience）。按照斯特赖克（S.

---

① 查尔斯·泰勒. 自我的根源：现代认同的形成[M]. 韩震，译. 南京：译林出版社，2008：45.
② 汉娜·阿伦特. 人的境况[M]. 王寅丽，译. 上海：上海人民出版社，2017：89.

Stryker)的观点,认同在学术系统中的重要次序决定了个体的行动选择方向,而这种认同层级直接表现为不同资本结构特征,譬如博士后在行动时至少可能面临学术、经济、文化与社会四种资本形式。① 正是不同资本对于行动者重要性的优先次序与等级结构,直接决定着博士后行动选择的差异分殊。

第三,博士后学术职业认同其实涉及个体卷入与认同凸显的程度。博士后个体的行动逻辑并非如外界所设定的那般,他们的认同与行动在很多时候大相径庭。譬如,对学术职业经济资本过度追求的博士后会淡化对学术职业精神与专业的认同,其行动也与外部的制度激励方向保持一致;对文化与学术资本认同的博士后则会重视学术职业专业与精神的规范。与此同时,学术职业认同影响行动选择的线性过程或许亦可逆,具体表现为一定环境所强调的行动模式会强化某种认同凸显,而强化的认同凸显会决定博士后学术职业认同的建构进程。这就取决于博士后所凸显的认同是否为学术本身,很大程度上由博士后个体的动机所决定。因此,博士后学术职业认同影响行动选择的基本假设是成立的。

(二)博士后行动选择重塑学术职业认同

面对技术发展与现代性的加速,阿伦特(H. Arendt)重申了人之为人的三个要素:劳动、制作与行动。前两类要素虽然体现了人的基本状态,但并不足以彰显"我是谁"以及塑造认同的经典意义。② 只有在行动中,人们才能在物质世界中展现个性,使自身个体化并成为具有身份标识的独特个体,进而找到认同

---

① Stryker S. Identity theory and personality theory: Mutual relevance [J]. *Journal of PersonaLity*, 2007(6):1083 – 1102.

② 文兵. 劳动与工作,可以是"政治的"吗? ——阿伦特《人的境况》批判解读[J]. 教学与研究,2017(06):93—97.

归属的个性诠释。可以说，认同是个体与其行动的结果达成的某种和解，从而彰显"我是谁"的过程。①

首先，当博士后行动选择受到组织制度、学科群体的肯定性评价，或者与学术职业标准相趋近时，他们对当前制度情境中的学术职业期望积极接受并践履，这可以归为合法性认同。这种认同其实是在组织制度与博士后行动一致的逻辑基础上被构建与强化的，而博士后研究人员行动合乎组织制度的规范与要求，才能被组织进一步认可与承认。譬如，管理机构在博士后流动的每个时间节点与程序上设置了相应的标准与考核，包括项目数量、论文数量与工作积分等可计量的外显化行动实践。因此，如若博士后可以内化外部的制度标准并积极实践时，其所秉持的便是一种经过个体与组织和谐统一的合法性认同（见图 1-3）。

图 1-3　行动选择重塑学术职业认同的三种机制

其次，当博士后行动难以与组织制度达成一致时，前者会产生拒斥性认同。当外部学术环境与博士后行动选择相冲突时，可能对学术职业所规定的身份、属性与前景持有否定或怀疑的态度，那么便会引发逃避、对抗等消极认同的产生，这可以称为拒斥性认同。既有研究表明，当博士后的行动选择与组织制度

① 颜玉凡，叶南客. 认同与参与——城市居民的社区公共文化生活逻辑研究[J]. 社会学研究，2019（02）：147—170 + 245.

所规定的行动标准相异时,个体会选择以脱离甚至逃离的行动来避免个体与组织之间的冲突,而这种职业脱离建立在个体与环境的动态互动中,反映了博士后的学术职业意义与工作价值追求。① 长此以往,博士后与学科、组织层面的行动错位会导致前者产生拒斥性认同,不断强化他们的"消极"态度与"边缘"归属,继而导致他们对未来学术职业的拒斥与认同冲突。

再次,受机会引导或强制支配的行动选择,或许会驱动博士后由拒斥性认同变为妥协与接受的规划性认同。博士后在制度影响下会将拒斥性行动变为一种适应制度的规划性行动,以期在个体认同与制度规范之间做出更多平衡。譬如从 20 世纪 90 年代以来,高等教育领域学术人员接触市场合作与成果转化的行动开始逐渐增多,其中既有博士后为了学术生存而不得不妥协迎合学术考核的行动实践,也有与社会市场相近的博士后主动追求学术资本以外的行为。不论是主动为之还是被动顺应,均强调了博士后面对制度改革与环境变迁所采取的规划性行动。不论如何,部分博士后开始在市场化行动中更加认同学术创业者的身份与知识应用的价值,充分说明行动选择也会塑造与更新学术职业认同。

总体而言,高校博士后学术职业认同与行动选择的学术史梳理主要从"认同"这一最小概念出发,经过词义辨析与向外延展逐渐推论到"职业认同",并将其置于学术系统进一步梳理学术职业的概念内核与基本维度,从而确定学术职业认同的意义来源与价值立场。就目前而言,此类研究尚存在以下三个方面特点与发展方向:一是博士后工作议题不断深入,但研究路径有待创新拓展;二是博士后主题类型不断增多,但鲜有综合分析视角讨论;三是博士后实证分析不断增多,但本土经验研究亟需加强。因此,本研究采取混合研究设计路径,尝试

① Woolston C. Why a postdoc might not advance your career [J]. *Nature*, 2019(7737):125 - 127.

在多个层面进一步推动博士后研究的纵深。

第四节　博士后认同与行动的理论审思

当前认同研究在微观层面有效解释了宏观制度与个体行动之间的关系，但并不能将此扩大到更大的制度分析中进一步分析学术职业认同、行动选择与博士后制度之间的脉络关系，亦不能将博士后作为临时经历的职业社会化过程予以展现。如若要建构起博士后学术职业认同与行动选择之间的理论关联，则需要分别从制度视角、个体视角与过程视角揭示认同与行动的内部结构。

一、 新制度主义理论的借鉴与融合

近几十年以来，社会科学在批判行为主义将宏观政治经济行动纯粹视为个体选择集合结果的过程中，逐渐关注到制度因素在社会变迁与发展中的作用与影响。其中，以诺斯(D. C. North)为代表的经济史学家开创并繁荣了新制度经济学分析传统，[①]业已扩散至不同的学科领域，并逐渐发展为颇具效力的不同分析路径。[②] 其中，克拉克(W. R. Clark)以结构为基础与以行动为中心的两分法，似乎更能站在制度与行动者之间的交融点，从而进一步回答本研究所关心的结构性问题。

---

① 道格拉斯·C. 诺思. 制度、制度变迁与经济绩效[M]. 杭行，译. 上海：格致出版社，2014：5—10.
② 张永宏. 组织社会学的新制度主义学派[M]. 上海：上海人民出版社，2008：56.

(一) 宏观制度分析的限制与拓展

宏观制度分析理路源于结构功能主义,其强调博士后制度结构对个体行动的决定性作用。譬如,理性选择制度主义以"算计途径"与"理性假设"为前提,更多关注"成本—收益"视角下学术组织与博士后个体在制度实施中的利益博弈过程。[①] 实际上,这一分析路径将博士后行动策略还原为被动的制度反应,虽能够部分地预判组织或个体在预期激励结果下的行动选择,能较好地解释职业发展过程中的薪酬激励效应议题,但过度强调制度管理对个体行动的影响效应,将迥然不同的博士后行动者还原为无差别的原子式个体,缺乏对社会运行过程中权力结构、互动关系与特定情境的内在剖析,忽视制度结构因博士后个体差异而产生的非预期性结果。

为了弥补宏观分析的缺陷,迈耶(J. W. Meyer)与罗文(B. Rowan)通过权变理论看到了制度情境对行动者的影响。[②] 在技术环境与效率机制之外创造性地提出了合法性机制视角,内在论证了合法性亦能帮助组织行动者提高其竞争与生存能力。这一分析路径强调制度环境在组织与个体认知与行动中的重要作用,但在论述两种环境的意义时过分简单化了二者的逻辑关系与内在过程,以致从理论迈向经验的过程中难以对更为复杂的组织间关系进行有效诠释。

针对此问题,迪马吉奥(P. J. DiMaggio)与鲍威尔(W. W. Powell)从内部关系出发推进了对于合法性机制的理解与思考,并提出了解释组织趋同的三类机制。[③] 具体而言,一是强迫性机制,即只有接受政策规范的组织才能获得相应的机会与利益。二是模仿机制,即在不确定环境下模仿同类组织的经验与做法。

① 道格拉斯·C. 诺思. 经济史中的结构与变迁[M]. 杭行,译. 上海:上海人民出版社,1994:76.

② 周雪光. 组织社会学十讲[M]. 北京:社会科学文献出版社,2003:74—78.

③ DiMaggio P J, Powell W W. The iron cage revisited: Institutional isomorphism and collective rationality in organizational fields [J]. *American Sociological Review*, 1983(3):147 - 160.

三是社会规范机制，即社会规范所形成的共享观念对组织或个体行为的规制约束。上述观点弥补了功能主义对主体行动发挥决定性作用的研究假设，继而发现效率或合法性机制并非在个人行动中发挥非此即彼的决定性影响，而是在天平两端达成动态平衡。因此，借鉴宏观制度的分析框架时既要考察博士后所处的技术环境，又应把握其所面对的制度环境，才能对博士后职业认同与行动选择做出准确判断。

（二）微观制度分析的局限与修正

以福柯为代表的后结构主义所提出的权力理论与话语理论高举反传统与反权威的思想旗帜，从社会底层的经验世界出发，生动使用权力话语解构宏大制度结构的内在机理。[1] 这一研究路径所采取的底层视角具有鲜明的意识形态以及与组织制度相对的价值立场，并透过社会弱势群体的边缘人身份批判性地剖析宏观制度对行动者的规训机制与价值同化，进而得出当前制度理应以支持行动者发展为中心的改革建议。实际上，以行动者为中心的分析路径忽视了宏观制度与微观实践之间的互动过程以及制度在塑造认同时的复杂性设计，从而导致微观制度分析同样会造成研究结论上的偏颇。

为了更加综合分析情境、规则与个人信念对制度选择或变迁所发挥的作用，格雷夫（A. Greif）将制度视作完整的系统并建立了更具解释效力的综合分析框架。除了法律政策与社会习俗等制度规则外，他认为制度信念以及传播这种规则信念的组织也应纳入到制度范畴内，三者共同维护了制度实施过程中的公共秩序。将信念作为制度元素的积极意义在于将行动者的能动性与主体性

---

[1] 斯蒂芬·J. 鲍尔. 教育改革：批判和后结构主义的视角[M]. 侯定凯，译. 上海：华东师范大学出版社，2002：13—15.

带入了制度分析框架中,更大范围地关注到除了制度规范对个体行动发挥作用以外,信念亦能在激励行动并使之持续化的过程中具备同样效力。规则、认知规范、组织三者构成了彼此关联的制度系统,并维系制度所隐含的行动秩序。

在格雷夫看来,其所推进的制度分析架起了个体信念与组织规则之间的桥梁,但由于过度强调文化信念等非正式制度对个体行动选择的影响,往往导致相关研究忽视了物质因素在行动选择中的力量与作用。对此,诺思认为制度需要从正式规则与非正式约束两个方面思考,才能理性地剖析其对个体行动约束过程中更为丰富的内在层次。[①] 因此,微观制度分析不仅要整合信念、规范与组织等制度要素,而且还应将博士后的内部信念与利益偏好有机结合起来,从而为深入分析博士后制度提供更趋完善的解释框架。综合而言,聚焦到博士后学术职业认同与行动选择这一话题,同样需要自上而下的宏观视角与自下而上的微观视角的结合,进而剖析博士后制度、学术职业认同与行动选择三者间的逻辑关系(见图1-4)。

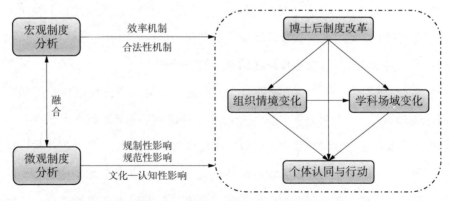

图1-4　新制度主义视角下博士后认同与行动的基本框架

---

① 道格拉斯·C.诺思.经济史中的结构与变迁[M].杭行,译.上海:上海人民出版社,1994:76.

二、 不同认同理论的比较与反思

认同理论是根据个体认知、群体分类与社会结构之间的互动关系来解释个体行动意义的分析视角，它可以将博士后的个体特征与大学的组织情景、学科文化等结构性因素勾连起来，以此作为分析博士后学术职业认同与行动选择的理论工具，厘清二者之间的作用机制。因此，本研究比较了不同认同理论（见表1-1）。

表1-1 三大认同理论的基本观点比较

理论分支	代表人物	基本立场
社会认同理论	塔菲尔（H. Tajfel）与特纳（J. C. Turner）	社会类化、社会比较与积极区分三个过程促成社会认同，也即个体只有经过内群体归属与外群体比较才能获得更为积极的社会认同，从而提升意义感与自我尊严。
角色认同理论	斯特赖克（S. Stryker）与布鲁尔（M. B. Brewer）	个体所扮演的角色或赋予的身份才是认同的基础，根据互动中的意义规范、价值判断与外部评价做出行动，在此过程中形成极具个人特征的自我认知。
个体认同理论	奥尔波特（G. W. Allport）、米德（G. H. Mead）与埃里克森（E. H. Erikson）	关注个体自我在多重认同中的地位，并侧重分析外部因素对自我概念与认同过程的影响。个体认同的关键在于真实内在的自我与周遭社会认可的观念、规范与惯例需要走向统一。

（一）社会认同理论

社会认同可以探究博士后个体对其所属的职业群体的认同感知，以及这种感知对个体行动所产生的影响。该理论强调群体是博士后建构认同的基础，并试图将博士后个体内在的认知与心理过程与社会外部的结构力量相结合,关注共同体所持有的共享观念对博士后成员行动选择的影响过程。① 整个社会认同由社会类化、社会比较与积极区分三个过程组成。不过,传统观点认为社会认同是各种静态要素的集合,但德鲁里(J. Drury)与瑞切尔(S. Reicher)认为应动态看待认同与行动之间的联系,应根据个体与其所处的社会环境以及关系结构理解个体的认同过程与行动选择。在理论的发展中,社会认同通过个体认知、态度与情感工具逐渐延伸到集体行动领域,强调群体社会互动对博士后认同与行动的影响,继而提出了更为精细化的理论模型。② 总体而言,身处社会群体中的博士后个体会依据社会观念、组织分类、群体比较或群体区分进一步标定自我与其他群体之间的界限与差异,从而采取与之不同的行动选择。

(二)角色认同理论

在角色认同理论看来,个体所扮演的角色或赋予的身份才是认同的基础,个体根据社会互动中的角色规范、价值判断与他人评价做出行动,在此过程中形成极具个人特征的自我认知。③ 这一理论试图为理解组织制度结构如何影响博士后的自我认同,进而通过自我影响其行动选择提供一条解释路径,而制度为博士后所扮演的角色身份提供了自我实现与认同的意义基础,由此推动实现自我认同的博士后成为学术创新与知识生产的积极创造者。不过需要清晰地意识到,博士后在学术生活中扮演多重角色,而不同角色中具有

① Hogg M A, Terry D J. *Social Identity Processes in Organizational Contexts*［M］. London: Psychology Press, 2014:89.

② Drury J. The role of social identity processes in mass emergency behaviour: An integrative review［J］. *European Review of Social Psychology*, 2018(1):38－81.

③ Stryker S. Identity theory and personality theory: Mutual relevance［J］. *Journal of Personality*, 2007(6):1083－1102.

自我成分的程度越多,那么其角色认同感也会越强。足以证明,角色身份的存在正是博士后学术职业认同存在的前提条件,而整个角色认同犹如博士后行动的调节中枢,实现个体与外部环境的一致。由此看来,角色认同在一定程度上能将制度结构与博士后行动有效连接,进而成为分析制度内在运行机制的重要概念。

(三) 个体认同理论

任何社会角色与身份均离不开个体对自我的理解与阐释,而个体认同理论关注个体自我在多重认同中的地位,并侧重分析外部因素对自我概念与认同过程的影响。在个体认同理论范畴,主要包含自我发展理论、自我同一理论与符号互动论等基础。其中,自我发展理论将个体认同视作不断认识世界、理解与完善自我的过程,自我同一性理论强调自我概念持续性与统一性的心理过程,而符号互动论认为外部的价值规范与期待目标应内化于自我。① 综合而言,个体认同的关键在于真实内在的自我与周遭社会认可的观念、规范与惯例需要走向统一,才能防范博士后对承认的追求所导致的认同斗争,进而由高度认可的自我概念逐渐上升到身份认同,个体才可与共同体联系起来。

若将三类认同理论置于高等教育问题域中,可以更好地对应组织认同、学科认同与个体认同。其中,社会认同更善于从组织角度分析博士后的自我归类如何激发个体的身份情感,角色认同则强调可从学术共同体中重要他人的价值评判建构与投射自我的职业意义,而个体认同则注重个体在制度系统的意义确

---

① Keeling M J, Danon L, Vernon M C, et al. Individual identity and movement networks for disease metapopulations [J]. *Proceedings of the National Academy of Sciences*, 2010(19): 8866 – 8870.

认与道德养成,其形成过程应是个体根源于自我道德认知而自愿建构认同的结果。事实上,博士后学术职业认同涉及个体认同、角色认同与社会认同,在学术职业生活中通过接受组织与学科信息以及进行自我概念的反复操演实现组织、学科与制度认同,进而强化学术职业认同感,可以作为一个解释框架审视博士后在组织、学科与制度层面对学术职业的认同(见图1-5)。

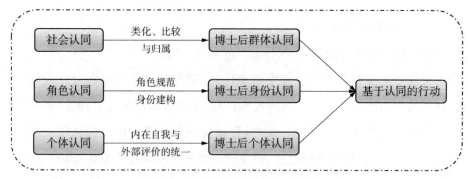

图1-5 三种认同理论在博士后研究中的应用

三、 职业社会化理论的丰富与拓展

博士后岗位并不属于正式的学术职业,而是一段临时学术工作经历,旨在通过学术流动进一步促进博士后学术职业社会化进程,从而塑造知识创新的独立品质与综合能力。以职业社会化理论为基础,可进一步以过程视角审视高校博士后在临时流动中的学术职业认同建构状况。

(一)职业社会化的内涵定义

社会化(Socialization)是社会科学领域的重要概念,其早期被用来描述群体形成的过程，而后主要是指个体在社会系统的互动中，对既有职业、身份与角色规范的接受、学习与内化，掌握角色身份背后的精神品性、责任使命与专业技能并适应社会环境变迁对此提出更高要求的过程。[①] 这一概念由于较强的理论解释效力，被广泛应用到人类学、教育学等领域。

在学术领域，学术职业社会化是即将进入学术职业领域的个体以高深知识为基础学习知识并收获技能，从而达到组织与专业团体的许可并胜任学术职业角色，将学术职业精神使命、职业伦理、专业技能与公共价值内化为自我内在的一部分，从而实现学术职业认同与身份使命的过程。对此，魏德曼（J C. Weidman）等人[②]对美国博士生的调查研究初步建立了职业社会化的理论框架，并认为学术职业社会化并不是简单的线性过程，而是由于学术职业的高深知识逻辑与知识创新特性决定了复杂、动态甚至是非线性的过程。随后，他将博士生专业社会化划分"知识获取、投入与参与"三要素以及"预期、正式、非正式与个人"四阶段为一体的模型框架，形象描述这一群体从学生群体与社会环境互动并不断内化角色规范，最终建构职业身份的过程。但按照密尔（S E. Miller）等人的看法[③]，职业社会化由前社会化、正式社会化与职业实践三个阶段组成，似乎这一划分依据更加符合博士后作为职工而非学生身份的定义。

纵观博士后"进站—在站—出站"的工作过程，其需要通过招收录取、分类资助、研究开题、中期考核与出站评审等程序，才能获准出站并被认可为"独立

① Baumrind D. New directions in socialization research [J]. *American Psychologist*, 1980(7): 639.
② Weidman J C, Stein E L. Socialization of doctoral students to academic norms [J]. *Research in Higher Education*, 2003(6):641－656.
③ Miller S E. A conceptual framework for the professional socialization of social workers [J]. *Journal of Human Behavior in the Social Environment*, 2010(7):924－938.

的研究者"(如图1-6)。其中,工作协议签订这一节点规定了博士后在临时学术工作中的考核标准与权利义务;学术资助与科研启动节点代表博士后作为独立身份的研究工作者开始进行学术研究,正式进入博士后研究阶段;项目申请与成果发表是指博士后开始以准学术职业人的角色身份通过竞争与合作开展工作实践与创新;出站答辩与资格考核节点是指通过回顾博士后的在站经历与学术积累判断其是否达到学术职业的从业资格与独立创新能力。因此,结合社会化框架模型以及博士后管理的具体程序分析,可将博士后学术职业社会化划分为预期阶段、正式阶段与认同阶段。

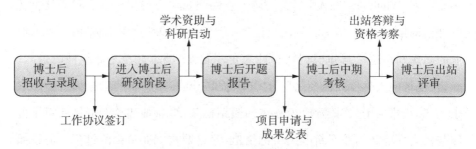

图1-6　博士后进站、在站与出站管理流程与关键节点

(二)博士后学术职业社会化的框架应用

高校博士后介于博士生与大学教师之间,其工作性质决定了这一经历仍处于学术职业的准备期,旨在通过互动、整合与实践过程完成学术职业社会化,从而达到学术职业的资格要求。本研究将魏德曼的社会化框架与博士后学术工作特征予以整合,重新建构了博士后学术职业社会化框架(见图1-7)。

这一框架证明了博士后学术职业社会化在促进学术职业认同与学术身份建构中的作用,强调了这一临时阶段的复杂、动态与持续的职业发展特征。位

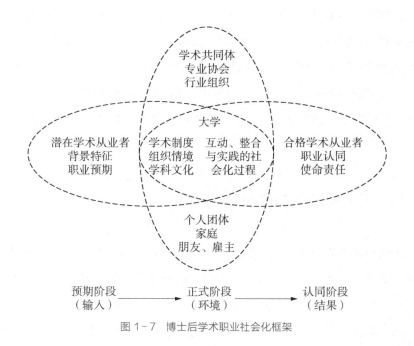

图 1-7　博士后学术职业社会化框架

于框架中心的是博士后学术职业社会化的正式阶段，由高校学术制度、组织情境、学科文化及其核心的社会化过程组成。分布框架四周的是博士后学术职业社会化的四个要素①：潜在学术从业者（背景特征、职业预期）；学术共同体（专业协会、行业组织）；个人团体（家庭、朋友与雇主）；合格学术从业者（职业认同、使命责任）。在博士后迈向正式学术职业的过程中，这些要素与博士后社会化过程发生相互作用，从而对其独立创新、综合能力与职业认同产生影响。整个学术职业社会化需要经过预期、正式与认同三个阶段，完成"输入—环境—结果"的影响过程，并最终成为合格的学术工作从业者。

---

① Weidman J C, Twale D J, Stein E L. *Socialization of Graduate and Professional Students in Higher Education: A Perilous Passage?* [M]. San Francisco: Jossey-Bass, 2001:38.

但需注意的是，魏德曼等人认为这一框架并不是因果机制模型，而是代表不同要素相互作用的模型。框架模型中的虚线代表要素之间的可渗透性与动态性，也强调了不同模块之间的相互依赖与互动特征。故此，博士后学术职业社会化也可视为一个动态、复杂且持续的过程，其对学术职业认同的程度会随着外部环境的变化而持续深化，这一观点对于当前高校博士后研究具有重要价值。

四、 三种理论视角的融合与应用

聚焦到高校博士后学术职业认同与行动选择这一话题，需要将中国博士后制度所建构的总体性情境与当下高校博士后的个体性感受相结合。当博士后制度与"双一流"建设进行联姻时，前者便不单单蕴含学术逻辑，而是在国家学术创新行动推动下与社会、市场与政治等诸方面发生紧密联系。那么，国家对博士后制度的总体性设计自然不会直接对博士后研究人员产生直接作用，而是需要通过高校对博士后管理制度的再脉络化环节，才能将宏观战略目标转变为由个体所组成的集体行动。由此而言，探究高校博士后学术职业认同及其行动选择不能忽视其所嵌入的制度环境。除此之外，研究还需要进入博士后个体的微观世界，透过博士后对群体、角色与个体的理解与认同，审视博士后学术职业社会化的进程。

综合"制度—组织—学科"的社会化过程、"自我—角色—群体"认同理论和微观与宏观"结构与行动"的新制度主义理论观点，建立了本研究的分析框架（如图 1-8），有力地将"内在视角"与"过程分析"揉进制度脉络中，从而赋予更强的解释力与生命感。

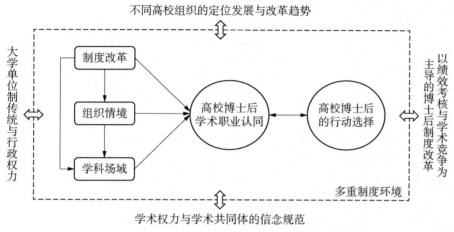

图 1-8　高校博士后学术职业认同与行动选择研究的分析框架

| 第二章 |

高校博士后学术职业认同：现实图景与影响路径

认同既是理解制度的一把钥匙，又可以说是社会制度变迁的一个缩影，还是国家治理逻辑在新时期、新场景下的具体结晶。[①]

——弗朗西斯·福山

---

① 弗朗西斯·福山.历史的终结与最后的人[M].陈高华,译.桂林:广西师范大学出版社,2014:90.

第一节　研究设计

本研究采取混合研究中的解释性序列设计,预先通过调查问卷了解高校博士后学术职业认同的基本现况与影响因素,并通过深度访谈了解博士后研究人员不同的认同类型与行动选择。

一、 问卷编制与调查取样

(一) 问卷设计

本研究所涉的博士后学术职业认同问卷是在文献梳理与成熟认同量表基础上编制而成。问卷主要划分为三个部分,共计 58 个题项。第一部分旨在调查高校博士后研究人员的学校属性、学科类别、身份类型、研究经历、学缘关系、工作动机与科研成果,共计 12 个题项。第二部分为高校博士后学术职业认同的影响因素,包括组织保障因素(Q14—Q18)、学科支持因素(Q19—Q24)与制度改革因素(Q25—Q30),共计 17 个题项。第三部分为高校博士后研究人员对学术职业的认知理解、情感态度与行为倾向，通过博士后学术职业精神（Q31—Q39）、学术工作制度（Q40—Q48）与学术职业回报（A49—Q57）三个维度反映博士后学术职业认同的基本概况，共计 27 个题项。

问卷计分采用李克特（Likerts）五级量表，依次赋予 1—5 分。在问卷最后设置了非必答开放题"非常希望您可以接受我们关于博士后学术职业主题的研究访谈，若您愿意，请通过微信或邮箱联系我"，邀请高校博士后参与后续访谈研究。问卷编制后，选取 K 大学与 H 大学为案例高校进行测试，共收回 491 份问卷，经筛选后得到 452 份有效样本。

（二）项目分析

预调查结束后进行了项目分析，检验预测问卷题目设计的适切程度。项目分析与信效度检验不同，前者旨在分析不同题目在整体问卷中的可靠性与适切性，而后者则是在整体层面对问卷量表的可靠性进行检验。在项目分析过程中，首先对参与调查者的总分进行降序排列，其次根据得分排序结果将前 27% 与后 27% 的被试分为高分组与低分组，再采用独立样本 t 检验对问卷结果中未达到 0.05 显著水平的题目进行修正或删除。根据独立样本 t 检验结果，问卷中博士后学术职业认同量表与外部因素量表所涉题目的 t 值均达到显著水平。

为了进一步核对所有题目的适切性，还应用相关系数法对题目与总分的相关性进行检验，相关系数越大则代表该题与总体问卷的同质性较高，反之亦然。如若 Pearson 相关系数未达到 0.4，则说明该题项与整体问卷呈现为低度相关，应将该题从总量表中删除。基于本问卷的相关系数分析，尽管总问卷与各题之间的相关性呈现为显著水平，但题 Q17_3 与总分之间的相关系数为 0.344，最终在问卷中删除 Q17_3 这一题项，以保证量表的适切性。

（三）问卷效度分析

项目分析进一步确认了预测问卷中符合量化分析的题项，而后需要对问卷的效度进行分析。问卷效度分析可以分为内容效度与结构效度两个方面，前者主要是指题目表述对量表内容的合理性与科学性，后者则表示实际测量的理论结构程度。在内容效度方面，研究者邀请高校博士后管理人员、教育学者、博士后研究人员对量表题目设置与表述进行审查，并对不同意见进行比对后重新对问卷进行调整与修正。与此同时，预调查中还邀请参与调查的博士后研究人员对问卷内容进行评价与建议。

在结构效度方面，主要采取探索性因子分析对题项进行分析。由于量表问卷由个体信息、影响因素与认同量表三个部分组成，后两者属于问卷的主体部分，旨在调查博士后学术职业认同的基本情况与影响因素。因此，须单独对这两个部分进行探索性因子分析。

随后，对"影响因素量表"与"学术职业认同量表"进行主成分分析。既有观点认为，因子分析应该兼顾研究的实际情况与数据统计结果选取共同因素，为此以陡峭检验与分析框架为依据限定这一部分的因子个数。根据统计结果，"影响因素量表"的 KMO 值为 $0.940 > 0.9$，Bartlett 球形检验近似卡方值为 $6\,630.764$；"学术职业认同量表"的 KMO 值为 $0.964 > 0.9$，Bartlett 球形检验近似卡方值为 $11\,777.722$，结果均达到显著性水平。这一结果表明两个量表题目间存在共同因素，可进行因素分析。

因子分析可由三个步骤判断相关题项是否保留或删除，首先根据解释变异量确定是否保留因素数量，其保留的判断依据主要是因素解释方差以及因子下辖题项数是否大于 3；其次基于因子载荷量情况将小于 0.4 的因子进行删除；最后对同时在两个因素中超过 0.4 的双负荷因子进行判断，如若双负荷量之间的差值小于0.2,则代表该题存在归类模糊问题,可酌情删除。如图2-1所示,根据"影响因素量表"因素碎石图,共存在三个特征值大于1的共同因素,其特征值占比分别为25.803%、24.426%、24.024%,累计方差贡献率为74.253%,具有较好的结构效度。基于旋转后成分矩阵情况,删除了"影响因素量表"中小于0.4的题Q16_5,最终保留了16道题目。

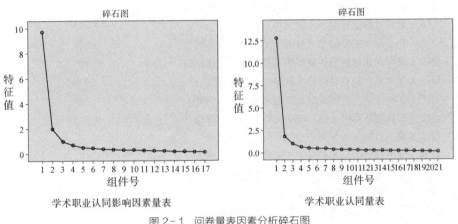

图2-1 问卷量表因素分析碎石图

从表2-1可以发现,三个因素维度共囊括16个题项。第一个因子包含5个题项,主要涉及高校对博士后生活福利、薪酬待遇、学术条件、制度设计与晋升发展的保障情况,可将其进一步归纳为组织保障。第二个因子包含6个题项,主要反映学科或学术共同体对博士后研究资助、人文关怀、硬件设备、学术自主以及学术氛围的支持情况,由此将其命名为学科支持。第三个因子共含5个题项,表征当前改革对博士后身份定位、工作前景、压力平衡、评价考核的影响情况,将其归为制度改革维度。

表 2-1 "影响因素量表"旋转后的成分矩阵(N=452)

题项	负荷量		
	因子1	因子2	因子3
Q14_3 所在单位为博士后提供了良好的生活福利保障	0.848		
Q14_2 所在单位为博士后提供了合理的薪酬待遇标准	0.815		
Q14_4 所在单位为博士后提供了有利的学术工作条件	0.738		
Q14_5 所在单位为博士后设计了清晰的晋升发展路径	0.732		
Q14_1 所在单位对博士后管理制度体系设计比较完善	0.704		
Q15_6 合作导师能够给予人文关怀与心理指导		0.829	
Q15_5 合作导师能够给予充分的学术指导与合作机会		0.822	
Q15_4 研究团队能够提供良好的工作支持与合作网络		0.705	
Q15_2 学科平台拥有良好的实验设施与研究氛围		0.639	
Q15_1 学科团队支持博士后独立自主开展学术研究		0.619	
Q15_3 学科团队提供了额外的研究资源与经费支持		0.564	
Q16_1 博士后制度改革对当前学术身份定位清晰			0.844
Q16_4 博士后制度改革促进了学术独立与学术创新			0.815
Q16_6 我认为自己能胜任制度改革所规定的任务要求			0.800
Q16_2 博士后制度改革对工作发展前景明确			0.764
Q16_3 博士后制度促进了学术与生活之间的平衡			0.752

如图 2-1 所示,根据"学术职业认同量表"因素碎石图,共存在三个特征值大于1的共同因素,其特征值占比分别为 27.820%、23.752%、22.979%,累计方差贡献率为 74.551%,具有较好的结构效度。基于旋转后成分矩阵情况,删除了"影响因素量表"中小于 0.4 的 Q17_2、Q18_9、Q19_1、Q19_5 与 Q19_9,共5 个题目,最终保留了 21 道题目。

从表 2-2 可以发现,16 个题项共分布于三个因素。第一个因子包含 7 个题项,主要涉及博士后对学术职业精神在认知、情感与行为方面的认同情况,可将其进一步归纳为学术职业精神认同。第二个因子包含 6 个题项,主要表征博士后个体对学术职业回报在认知、情感与行为方面的认同情况,将其归为学术职业回报认同。第三个因子共含 8 个题项，主要反映博士后对当前学术工作制度在认知、情感与行为方面的理解情况，由此将其命名为学术工作制度认同维度。

表 2-2 "学术职业认同量表"旋转后的成分矩阵(*N* = 452)

题项	负荷量		
	因子 1	因子 2	因子 3
Q17_6 我会履行博士后学术人员学术责任与职业操守	0.843		
Q17_5 我认为我有责任义务进行学术探索与知识服务	0.809		
Q17_9 我会践行学术使命对博士后所提出要求与规范	0.782		
Q17_7 我了解所属学科博士后工作的学术使命	0.747		
Q17_4 我了解作为博士后研究人员的学术责任	0.732		
Q17_8 我认为从事博士后学术工作具有重要价值意义	0.717		
Q17_1 我认为自己属于博士后学术群体中的一员	0.576		
Q19_3 我会愿意向他人推荐博士后工作		0.847	
Q19_6 我会很乐意向他人提及我从事博士后工作		0.794	
Q19_4 我了解博士后研究人员所具有的学术声望		0.758	
Q19_2 我认为当前的工资薪酬与福利待遇整体较好		0.716	
Q19_8 我认为博士后是学术职业阶梯中重要阶段之一		0.714	
Q19_7 我了解博士后研究人员的职业地位		0.618	
Q18_7 我了解博士后研究工作的评价标准与考核内容			0.716
Q18_6 我会按时完成博士后工作范畴内各项学术任务			0.699
Q18_5 我认为当前各项工作安排能够顺利开展			0.691
Q18_4 我了解博士后在站期间的各项工作内容			0.691
Q18_3 我会主动认真按照要求完成出站任务			0.673
Q18_1 我了解博士后出站所应达到的业务要求			0.672
Q18_2 我认为目前博士后出站要求是合理的			0.629
Q18_8 我认为当前学术评价机制能够促进学术工作			0.599

（四）问卷信度分析

信度代表着问卷量表内在的一致性，并可以进一步划分为内在与外在两类信度。由于问卷处于试测阶段,故暂不评估其外在信度,而对于分析结果稳定性的内在信度,本研究通过克隆巴赫系数(Cronbach's Alpha,简称 α 系数)予以检验。根据《高校博士后学术职业认同及其影响因素》问卷信度分析,学术职业认同量表信度的 α 系数达到 0.966,而影响因素量表达到 0.948(见表 2-3),充分说明经过问卷试测与调整后的维度结构清晰,内容设计合理,题目设计与各因子之间的一致性程度较高。

表 2-3   问卷分维度与整体信度(N=452)

维度		信度	
		分维度 α 系数	总量表 α 系数
学术职业认同量表	学术职业精神	0.944	0.966
	学术工作制度	0.942	
	学术职业回报	0.915	
影响因素量表	组织保障	0.913	0.948
	学科支持	0.929	
	制度改革	0.899	

(五)问卷发放与回收

经过上述分析后,问卷《高校博士后学术职业认同及其影响因素》的各项指标均已达到合格标准,正式问卷进入到发放环节。

由于高校博士后作为小规模群体等因素影响,决定了研究并不能开展线下实地调查与大规模的分层抽样。为此,基于研究者自身能力与研究可行性考量,决定采取网络在线与最大便利两种调查方式。第一,研究者通过搜集"双一流"高校在站博士后研究人员邮箱信息,自建了高校博士后调查人员信息数据库,共含 2 429 条人员信息。为了快速发送问卷,研究者基于 Python 编程语言自带的 E-mail 邮件库编写自动化的邮件发送程序,向 2 429 个博士后邮箱进行大规模即时问卷发放。第二，为了获得更多的调查样本，研究者通过邮件、电话方式向自建数据库未覆盖高校人事处主管老师发出求助，对其阐明了本研究的基本概况、内容与数据流向，最终得到了部分高校的支持与转发。经过两轮问卷发放与回收，本研究共收回 1 409 份问卷，并对重复选项或作答时间小于 150 秒的样本予以作废处理，最终产生有效样本为 1 312 份(见表 2 - 4)。

表 2 - 4　高校博士后研究人员参与调查的基本信息(N = 1312)

维度		频数	占比
性别	男性	856	65.24%
	女性	456	34.76%
学校类型	一流大学建设高校	1 063	81.02%
	一流学科建设高校	156	11.89%
	普通高校	93	7.09%
学科类别	人文学科	149	11.36%
	社会科学	192	14.63%
	自然科学	479	36.51%
	工程科学	492	37.50%
博士后经历次数	首次进站	1 225	93.37%
	两次进站	87	6.63%
身份类别	科研博士后	1 020	77.74%
	师资博士后	196	14.94%
	项目博士后	40	3.05%
	联合培养博士后	56	4.27%
工作阶段	第一年	407	31.02%
	第二年	540	41.16%
	第三年	254	19.36%
	第四至六年	111	8.46%
博士与博士后工作是否为同一院校	同一院校	500	38.11%
	不同院校	812	61.89%
婚恋状况	已婚已育	415	31.63%
	已婚未育	353	26.91%
	未婚单身	305	23.25%
	未婚非单身	239	18.22%

二、 访谈设计与资料编码

本研究所使用的问卷调查旨在整体上反映当前高校博士后学术职业认同的现实状况,但这些答案并不能完整、深入且有效地回答本研究所关切的问题,需要更为丰富的访谈资料与制度文本予以支撑。

(一) 访谈提纲设计

结合前期问卷调查中博士后学术职业认同量表及其影响因素量表,本研究进一步在此基础上深化了组织、学科与制度对博士后学术职业认同影响的挖掘,并在三个维度中增加了博士后行动选择这一关键内容。总体而言,本研究从职业选择、制度感知、个体认知、组织保障、学科支持与总体评价六个方面设计访谈提纲,共计23道半结构化访谈题目(见表2-5)。

表2-5　访谈提纲维度划分与研究内容

提纲维度	研究内容
职业选择	①博士后工作动机;②博士后身份类型与差异;③博士后经历评价;④博士后预期落差及其原因
制度感知	①博士后管理流程;②博士后管理制度及其满意度评价;③博士后教学科研任务情况
个体认知	①博士后角色认同以及自我评价;②博士后进站前后的认同差异比较;③认同差异所带来的影响以及博士后所采取的行动
组织情境	①组织中对博士后的功能定位以及博士后的自我定位;②博士后对组织的归属程度;③组织评价与组织支持情况;④博士后的组织认同类型;⑤博士后个体的行动策略

续　表

提纲维度	研 究 内 容
学科场域	①博士后与合作导师的合作关系；②研究团队对博士后的支持；③博士后的学科认同类型；④学术共同体对博士后发展困境；④博士后个体的行动选择策略
工作评价	①博士后个体的就业前景；②离开或留任学术职业的现实归因；②博士后当前困境及其所需的支持帮助

（二）访谈对象选择

由于博士后群体在高校组织系统中的边缘性、流动性与临时性特征，本研究秉着代表性、独特性、多元性原则选择访谈对象，最大限度扩大既有研究的视域边界。根据上述原则并结合研究问题的具体所指，本研究主要基于以下六个因素选择访谈对象。具体而言，一是学校类型因素，本研究将高校划分为一流大学建设高校、一流学科建设高校与普通大学三种类型；二是学科类型因素，主要将十四大学科门类进一步归纳为人文学科、社会科学、自然科学与工程科学四种类型；三是身份类型因素，本研究主要通过选择科研、师资、项目与联合培养四种类型博士后呈现身份类型对博士后学术职业认同以及行动选择的影响；四是学缘关系因素，主要从"博士与博士后工作是否为同一院校"与"是否来自境外高校"等方面进一步了解博士后对学术职业认同与行动实践的差异；五是延期退站因素；六是职业选择因素。

基于以上原则与考量因素，研究者以目的性抽样为主，重点从院系、学科、身份、学缘、延期退出与职业选择六个方面选择访谈对象。在问卷设置部分，研究者设置了开放题"非常希望您可以接受我们关于博士后学术职业主题的研究访谈，若您愿意，请通过微信或邮箱联系我"，邀请参与调查的博士后接受进一步访谈研究。由于问卷调查主要是通过邮件方式点对点发送，使整个过程具有较强的针对性,最后 1312 名调查者中有 570 名高校博士后通过邮件或者短信表达了参与访谈研究的初步意愿。甚至,部分博士后收到邮件后对研究者关注这一群体感到欣喜并回复邮件表达其对研究进一步走向深处的看法与建议。

　　上述程序其实进一步拉近了研究者与受访者之间的信任关系,同时亦保证了受访者均是秉持自愿、主动目的接受访谈工作,由此保证了研究资料的真实性与可靠性。最终,研究者结合访谈对象遴选原则选取了 46 名高校博士后进入到访谈阶段(见表 2-6)。

表 2-6　受访高校博士后的基本信息与编号概况

序号	性别	类型	一级学科	学校类型	累计年限	退站经历	学缘关系	编号
A01	男	联培	材料科学	普通高校	3	否	本土外校	A01-M-J-MS-D3-3-N
A02	女	联培	化学	普通高校	2	是	本土外校	A02-F-J-CE-D3-2-Y
A03	男	科研	教育学	一流大学建设高校	2	否	境外学校	A03-M-R-PE-D1-2-N
A04	女	师资	教育学	普通高校	2	否	本土外校	A04-F-T-PE-D3-2-N
A05	男	科研	生物学	一流大学建设高校	2	否	本土外校	A05-M-R-BI-D1-2-N
A06	男	师资	材料科学	普通高校	3	否	本土本校	A06-M-T-MS-D3-3-N
A07	女	科研	法学	一流大学建设高校	2	否	本土外校	A07-F-R-LA-D1-2-N
A08	女	科研	工商管理	一流大学建设高校	2	是	境外学校	A08-F-R-BA-D1-2-Y
A09	女	科研	哲学	一流大学建设高校	2	否	本土外校	A09-F-R-PH-D1-2-N
A10	女	科研	教育学	一流大学建设高校	2	否	本土外校	A10-F-R-PE-D1-2-N

续　表

序号	性别	类型	一级学科	学校类型	累计年限	退站经历	学缘关系	编号
A11	女	师资	公共管理	一流大学建设高校	2	否	本土本校	A11 - F - T - PA - D1 - 2 - N
A12	男	科研	基础医学	一流大学建设高校	2	否	本土外校	A12 - M - R - FA - D1 - 2 - N
A13	男	科研	社会学	一流大学建设高校	1	否	本土外校	A13 - M - R - SC - D1 - 1 - N
A14	男	联培	地理学	一流大学建设高校	2	否	境外学校	A14 - M - J - GE - D1 - 2 - N
A15	男	科研	作物学	普通高校	1	否	本土本校	A15 - M - R - CS - D3 - 1 - N
A16	女	师资	中国史	一流学科建设高校	3	否	境外学校	A16 - F - T - CH - D2 - 3 - N
A17	女	科研	图书情报	一流大学建设高校	4	否	本土本校	A17 - F - R - LS - D1 - 4 - N
A18	男	项目	材料科学	一流学科建设高校	2	否	本土外校	A18 - F - P - MS - D2 - 2 - N
A19	男	项目	生物学	一流学科建设高校	2	否	本土本校	A19 - F - P - BI - D2 - 2 - N
A20	女	科研	戏剧影视	一流学科建设高校	1	否	本土外校	A20 - F - R - DF - D2 - 1 - N
A21	男	师资	软件工程	普通高校	3	否	本土本校	A21 - M - T - SE - D3 - 3 - N
A22	女	科研	临床医学	一流大学建设高校	2	否	本土外校	A22 - F - R - PS - D1 - 2 - N
A23	男	科研	心理学	一流学科建设高校	2	否	境外高校	A23 - M - R - PS - D1 - 2 - N
A24	男	项目	物理学	普通高校	1	否	本土外校	A24 - M - P - PY - D3 - 1 - N
A25	女	师资	新闻传播	普通高校	2	是	本土本校	A25 - F - T - JC - D3 - 2 - Y
A26	女	联培	化学	一流大学建设高校	1	否	本土本校	A26 - F - J - CE - D2 - 1 - N

序号	性别	类型	一级学科	学校类型	累计年限	退站经历	学缘关系	编号
A27	男	师资	理论经济	一流学科建设高校	3	否	本土外校	A27 - M - T - PL - D1 - 3 - N
A28	男	项目	兽医学	一流大学建设高校	1	否	本土外校	A28 - M - P - VM - D1 - 1 - N
A29	男	联培	草学	一流学科建设高校	1	否	本土外校	A29 - M - J - AT - D2 - 1 - N
A30	男	师资	畜牧学	一流大学建设高校	2	否	本土本校	A30 - M - T - ZT - D1 - 2 - N
A31	女	师资	政治学	一流学科建设高校	1	否	境外学校	A31 - F - T - PO - D2 - 1 - N
A32	男	科研	土木工程	一流学科建设高校	1	是	境外学校	A32 - M - R - CE - D2 - 1 - Y
A33	男	项目	教育学	一流大学建设高校	1	否	本土外校	A33 - M - P - PE - D1 - 1 - N
A34	女	项目	理论经济	一流大学建设高校	2	否	本土外校	A34 - F - P - PL - D1 - 2 - N
A35	男	联培	机械工程	一流学科建设高校	2	否	本土外校	A35 - M - J - ME - D2 - 2 - N
A36	女	科研	中药学	一流大学建设高校	2	否	本土本校	A36 - F - R - TM - D1 - 2 - N
A37	男	项目	生态学	一流学科建设高校	1	否	本土外校	A37 - M - P - EC - D2 - 1 - N
A38	女	师资	新闻传播	普通高校	2	否	本土本校	A38 - F - T - JC - D3 - 2 - N
A39	女	联培	数学	一流学科建设高校	2	是	本土外校	A39 - F - J - MA - D2 - 2 - Y
A40	男	师资	社会学	一流大学建设高校	3	否	本土外校	A40 - M - T - SC - D1 - 3 - N
A41	女	科研	临床医学	一流大学建设高校	2	否	本土外校	A41 - F - R - CM - D1 - 2 - N
A42	男	联培	地理学	一流大学建设高校	2	否	本土外校	A42 - M - J - GE - D1 - 2 - N

续　表

序号	性别	类型	一级学科	学校类型	累计年限	退站经历	学缘关系	编号
A43	男	科研	环境科学	一流大学建设高校	2	是	境外学校	A43 - M - R - ES - D1 - 2 - Y
A44	女	项目	化学	一流大学建设高校	1	否	本土外校	A44 - F - P - CE - D1 - 2 - N
A45	男	师资	地质学	普通高校	2	否	本土本校	A45 - M - T - GO - D3 - 2 - N
A46	男	师资	化学	一流学科建设高校	1	否	本土外校	A46 - M - T - CE - D2 - 1 - N

出于研究伦理与隐私保护的考虑，本研究隐去了受访博士后的个人信息并对其进行编号处理。其中，编号信息由序号、性别、身份类型、高校类别、工作年限与学缘关系组成，并以英文字母简写表示。其中，序号由 A01 - A46 表示，性别由 M/F 表示男/女，字母 R/T/P/J 表示科研/师资/项目/联合培养博士后，一级学科由英文字母简写表示，D1/D2/D3 分别表示一流大学建设高校/一流学科建设高校/普通高校，数字区间 1—4 表示进站工作年限，字母 Y/N 表示是否具有"退站"经历。譬如，博士后编号"A32 - M - R - CE - D2 - 1 - Y"表示在一流学科建设高校土木工程学科点工作 1 年且具有退站经历的男性博士后。

（三）质性资料收集

在问卷收集完毕之后，研究者开启了为时一个月有余的访谈工作。由于全球新冠疫情危机此起彼伏，导致研究者无法前往不同城市、高校开展实地调查，故此采用在线会议方式进行深度访谈，同时收集各校的博士后管理制度及其新闻文本，对访谈工作进行补充。

一是深度访谈。首先，本研究采取半结构化访谈提纲进行逐项提问，不过具体访谈问题会根据访谈对象的情况差异进行灵活调整,甚至会对受访者特殊表达与主观概念进行追问,譬如"学术民工""临时工""很后悔"等词语表达。面对不同的访谈对象,研究者将会采取不同的访谈策略与访谈内容。比如,访谈拥有两次进站经历或者淘汰退出的博士后,主要侧重探究这一行动发生的过程与缘由,以及问题背后所体现出的职业认同与价值观念。其次,访谈环境虽为在线虚拟场景,但每一次访谈之前研究者都会向受访者征求视频连线,以增加彼此在场的空间感。再者,访谈时间大多维持在 60 分钟左右,最短的访谈仅为43 分钟,而最长的访谈时间达到 125 分钟。

二是文本资料。为了深入理解高校博士后学术职业生活的真实样态,本研究还收集了国家、省市与高校三个层面关于博士后在站管理与工作评价的政策制度。为了最大限度还原博士后的管理流程,本研究从各高校人事处博士后管理办公室官网、新闻媒体、学术论文与研究报告四个方面收集关于博士后学术职业的文字资料,并将其转换为统一格式的文本信息以便后期进行编码归类。其中,国家层面政策文本 66 份,地方省市政策文本 27 份,高校制度文本 84 份。除此之外,在中央人民政府、全国博管办网址与《人民日报》等渠道获取新闻报道共计 59 份,所有文本信息超过 10 万余字。

(四)资料编码分析

本研究基于质性访谈与扎根理论旨在挖掘高校博士后学术职业认同与行动选择背后的动因与逻辑。本研究资料编码分析程序如图 2-2 所示。

图 2-2　资料编码分析程序

一是理论抽样阶段。本研究基于 Nvivo 12.0 软件从 46 个高校博士后案例样本中随机抽取 32 个案例样本，对所涉样本的背景与访谈资料采取开放式、主轴与选择性三级编码，并据此提炼和概括与各研究问题相匹配的关键信息，在各章节问题下建立相关的分析框架。然后，利用剩余的 14 个博士后访谈信息进行理论饱和度检验，从而验证与确定最后的分析路径。

二是概念与范畴化阶段。格拉塞(B. G. Glaser)和斯特劳斯(A. Strauss)认为，开放式编码是基于研究问题的具体情境进一步对高校博士后所涉的原始素材进行提炼与概括，进而形成研究所需的初始概念与基本范畴。[①] 缘此，除A02、A05、A09、A10、A13、A14、A20、A23、A27、A30、A34、A39、A42、A45 未入选外，其余 32 个样本资料进入正式分析阶段。由于研究所涉及的概念与范畴化过程条目较多，故不系统枚举，仅将部分章节示例予以展现。譬如，在"高校博士后制度改革趋势与特征"的概念与范畴化过程中，共析出 24 个初始概念，并合并为 6 个副范畴，示例如表 2－7 所示。

表 2－7　"高校博士后制度改革特征与趋势"概念与范畴化过程(示例)

初始范畴	代表性原始语句(初始概念)
学术支持	A32：当前学校不仅提供项目资助，还鼓励我们申报国家项目。(a11：项目支持)
……	……
非升即走	A12：如果不能达到优秀等级，出站后就只能重新求职了。(a23：淘汰转换)

注："a11"表示信息为 A32 案例中的第 11 条编码。

三是主范畴提炼及其关系梳理阶段。主轴编码基于概念与范畴化过程将初始概念的内涵与外延的逻辑关系予以厘清，以确定不同概念之间的类属关系

---

① Glaser B G, Strauss A L. *The Discovery of Grounded Theory: Strategies for Qualitative Research* [M]. New York: Routledge, 2017:23.

并进一步范畴化,从而生成以博士后学术职业认同与行动选择为中心的框架雏形。具体而言,本研究形成了制度改革、组织情景与学科场域对博士后学术职业认同与行动选择的主轴编码结果。以"组织情境对博士后学术职业认同的影响"主范畴提炼过程为例,最终将 12 个副范畴归纳为 4 个主范畴,示例如表 2-8 所示,所有主轴编码结果均在具体章节予以呈现。

表 2-8 "组织情境对博士后学术职业认同的影响"主范畴提炼过程(示例)

主范畴	副范畴	关系内涵
组织属性影响	组织目标转向 大学单位属性 学术自治传统	行政属性、经费竞争与实用取向引导博士后学术职业方向 财政依赖、资源分配与市场转型影响着学术职业认同进程 学术角色、共同体实践与信仰标准促进学术职业认同建构
……	……	……
……	……	……
学术团队影响	科层式学术团队 扁平式学术团队 开放式学术团队	晋升流动、资源支持与等级结构带来认同与依附的双重影响 扁平结构与平等观念促进学术职业精神与专业认同 目标多元、成员异质与结构松散难以形成职业归属与认同

四是主范畴验证与框架建构阶段。主范畴验证依托于选择性编码程序,将前期所涉的相关概念进行归类并建立内在关联,以此整合与归纳出统一的分析脉络框架。[①] 这便需要将所有信息、概念与编码结果置于研究问题之下,继而明确概念、范畴与问题之间的逻辑关系,并最终将所有概念在"认同—行动"范畴进行串联。以组织情境影响高校博士后学术职业认同为核心范畴示例,衍生出组织属性、组织管理、组织文化与学术团队四个主范畴。

五是理论饱和度检验阶段。理论饱和度检验旨在通过新增样本检验既有概念、范畴化与编码过程是否随着案例扩充而得到更新,如若未产生新的解释,

---

① 朱丽叶·M. 科宾,安塞尔姆·L. 施特劳斯. 质性研究的基础:形成扎根理论的程序与方法[M].
朱光明,译. 重庆:重庆大学出版社,2015:159.

那么则表明基本理论框架已经接近于饱和可以停止抽样。① 基于此,本研究将未入选的剩余 14 个博士后案例导入分析程序再度进行系统编码,发现既有框架、概念与类属并未发生改变,也未产生新的信息,由此证明此前的框架范畴通过了饱和度检验,具有较强的分析解释力。

三、 研究可靠性与研究伦理

社会科学研究需要做到规范而又科学,离不开研究的可靠性与研究伦理的规范。其中,研究可靠性可以通过信效度检验与三角互证加以检验。但伦理是规范的原理与准则,旨在调和研究过程中的价值冲突并约束行动。在这样一套道德准则下,需要形成系统的操作程序,才能缩小社会与科学之间的差距,处理专业问题以及科学对待研究被试。② 源于此,本研究进行了可靠性与伦理分析工作。

本研究在调查问卷与文本分析基础上,主要采取深度访谈与扎根理论方法关注高校博士后对学术职业的理解和认同以及博士后叙述所能反映社会事实与行动选择的真实情况。由此可见,混合研究中的定量研究质量可以通过数据的信效度分析加以判断,而质性研究主要通过研究的真实性(authenticity)与可信赖性(trustworthiness)两个指标加以验证。③ 具体而言,研究真实性旨在解释研究对象所叙述的真实性,而非问题背后的真相,主要体现在以下三个方面。一是客观性真实,即接受调查与访谈的博士后所陈述的内容确系个体自身的真

---

① 凯瑟琳·马歇尔,格雷琴·B. 罗斯曼. 设计质性研究:有效研究计划的全程指导(第 5 版)[M]. 何江穗,译. 重庆:重庆大学出版社,2015:263.
② Israel M, Hay I. *Research Ethics for Social Scientists* [M]. New York: Sage, 2006:78.
③ 克雷斯尔. 定性、定量与混合研究的路径[M]. 崔延强,译. 重庆:重庆大学出版社,2007:10.

实经历;二是建构性真实,即在高校博士后所陈述的真实经历中其实已经加入了个体主观认知、情感态度与环境变化感知等因素;三是存在性真实,即在建构真实的基础上进一步获取每位研究对象对学术职业认同的感知,这种存在的真实其实不仅关注高校博士后的事实阐述,更希望其在叙述访谈中建构关于个体完整的生命形象。在研究可信赖方面,它代表整体研究资料与分析所能揭示问题背后的真相程度。

由于研究者在"窥探"与"掌握"博士后个体生命中的经验与意义世界时确系一种入侵角色,因而需要在访谈关系中要努力遵循关系型伦理原则,构建与受访者之间的平等、互助与联结的研究关系,尽可能地在分析探究中承担彼此生命关照的学术责任。[①] 本研究通过遵循自愿客观、匿名保密与公平互惠三大原则,不仅在于揭开高校博士后学术职业认同与行动选择的现实图景,更在于通过"求真""求善""求美"的学术信念指引研究者不断遵循"人是目的"的研究理路,从而引发更多关于博士后制度及其"边缘群体"学术职业认同的讨论。

第二节 高校博士后进站工作动机与职业选择

在整个博士后工作历程中,前端其实体现的是博士后入站行动的工作动机,后端则是出站行动的职业选择,二者与学术职业认同一道建构了"行动—认同—行动"的连续统一体。本节从博士后入站的动机类型与出站的职业选择两个行动端口,对当前博士后对学术职业认同的现况进行审视。

[①] 梅拉尼·莫特纳,等. 质性研究的伦理[M]. 丁三东,王岫庐,译. 重庆:重庆大学出版社,2008:67.

一、 高校博士后入站工作动机的类型分析

事实上，韦伯早已在社会行动理论中基于理想类型进行了四种行动划分，①一是行动者基于周遭环境而进行理性算计后的目的合理性行动；二是行动者遵循伦理、道德与宗教等信念价值而采取的价值合理性行动；三是行动者基于当下情感态度而作出的情感性行动；四是风俗、惯习所决定的传统行动。根据文献梳理与数据调查，高校博士后入站行动主要分为以下五种类型（见表2-9）。

表 2-9　高校博士后进站工作的原因及其分类

进站原因	个案数	个案百分比	百分比	行动类别
难以获得合适教职	524	39.94%	14.47%	机会限制驱动
内部科研兴趣驱动	531	40.47%	14.66%	学术兴趣驱动
延续学术研究需要	815	62.12%	22.50%	职业发展驱动
提升综合竞争实力	802	61.13%	22.14%	职业发展驱动
满足重要他人期望	275	20.96%	7.59%	社会网络驱动
获得更好职业待遇	675	51.45%	18.64%	经济回报驱动

一是机会限制驱动型进站行动。选择"难以获得合适教职"共 524 人次，占比 14.47%，体现出博士后进站背后的被动选择，代表其无法找到与其工作预期相一致的教职岗位而不得不选择临时工作进行就业缓冲。面对愈加自由与灵活的学术劳动力市场，高校通过设置类型多元的临时学术岗位雇佣大量的高学历学术劳动力，相反却缩减了稳定且长期的教师岗位。对此，劳动力市场分割

① 马克斯·韦伯. 经济与社会(第 1 卷)[M]. 阎克文,译. 上海:上海人民出版社,2010:99.

理论对博士后机会限制、廉价雇佣与权力对抗进行了剖析,其在学术等级系统中处于弱势与边缘位置,由此导致他们只能在临时性的学术岗位中频繁变换。[①]其实,这一行动类型置于中国政策背景中,解释了众多青年学者机会限制的现实困境,他们需要通过博士后岗位流动到更高的平台,从而获得一般平台难以企及的基金资助机会与学术网络支持。

二是学术志趣驱动型进站行动。选择"内部科研兴趣驱动"共计531人次,占比14.66%,代表该部分群体的工作动机更为纯粹,也更贴近博士后制度初衷。学术志趣驱动强调学术价值与学术认同,而秉持强烈的求知欲望与探求真理的博士更有可能进入到差异化的工作环境与学科领域探索符合自己兴趣与价值的学术领域。就目前而言,具有博士后经历的科学家大多表示对于学术研究的偏好以及投身于学术职业的无悔,特别是对于那些具有强烈的学术使命感与责任感以及在某一知识领域持续深耕的博士后研究员而言,他们常常定义自己为推进学术创新的知识群体。

三是职业发展驱动型进站行动。职业发展驱动包含了主观上的自我学术延续与客观上的综合能力竞争两个方面,其中"延续学术研究需要"选择占比22.50%,"提升综合竞争实力"占比22.14%。一方面,前者其实反映了当前学界对于博士后身份定位的理解与思考,他们认为博士教育仅为学历教育的结束,而非个人能力教育的终点,尚未独立的青年学者需要经过几年的系统学术训练继续推动学术职业社会化进程。另一方面,竞争其实诉诸的是个体在博士后阶段获得更多的学术资本、知识技能与综合能力,以便能够在学术劳动力市场具备更大的创新实力。随着新自由主义理念的扩张,学术体制内稳定且清晰

---

① Brosi P, Welpe I M. Employer branding for Universities: what attracts international postdocs? [J]. *Journal of Business Economics*, 2015(7):817-850.

的晋升通途开始变得模糊与紧缩，博士后经历成为众多学科研究人员进入学术赛道的必经阶段。因此，上述两种类型证明博士后进站工作的最大原因在于实现职业发展需要。

四是社会网络驱动型进站行动。选择"满足重要他人期望"选项占比7.59%，表明社会网络因素在博士后进站动机中占据一定份额。社会网络建基于社会资本理论，对于解释博士后进站工作具有一定解释效力。这主要源于社会网络不仅能够驱动博士后的职业动机、增加博士后对于不稳定学术阶段收益的同时，降低对于未来学术职业竞争的成本与风险，而且还是博士后学术发展得以持续的重要机制。在博士后工作动机研究中，影响其进入这一临时工作的社会网络主要有三类：一是博士后研究人员的家人与朋友；二是开展博士后研究且取得成绩斐然的先期人员；三是社会网络中的重要学术个体，譬如博士后合作导师、博士生导师等，他们的意见对博士后进站工作决策发挥着重要影响，并且在博士后临时性工作中提供强有力的支持。

五是经济回报驱动型进站行动。选择"获得更好的职业待遇"人次达到675人次，占比高达18.64%。就目前而言，经济驱动是诠释博士后进站、国际流动与学术移民中最为成熟与贡献较大的研究视角，其中涉及结构功能主义、新古典经济迁移等理论体系。其中，新古典经济迁移理论认为，在当下的学术劳动力市场结构中，从博士到博士后的行动选择其实是一次学术迁移，其目的在于从学术资本相对贫瘠、收入较低的位置流入学术资本相对充裕、收入较高的高水平大学，从而追求个人利益的最大化。不过，人力资本理论也对博士后进站工作背后的教育投资、工作经验与学术培训进而发展新的学术知识与能力进行了剖析，这也是博士后进站工作投资的回报体现。此外，结构主义学派认为博士后进站受到宏观产业结构与地区经济发展的双重影响，这批高学历人才在京津冀、江浙沪与粤港澳大湾区等国内发达区域的集聚效应较为明显。[①]

综合而言,职业发展驱动与经济回报驱动的行动选择最多,社会网络驱动行动最少。如若将此均视作理性算计行动,那么无疑会掉入先验主义的陷阱,难以准确回答这些行动动机背后真实的学术职业认同现况。尽管当前还不能够透过博士后进站行动动机全面掌握其学术职业认同,但是多元化的行动类型背后其实隐含了一个业已存在的多元且差异化的高校博士后群体形象。

二、 高校博士后出站职业选择的基本情况

除了高校博士后进站工作动机外,其出站职业选择似乎更能体现出博士后对于学术职业的认同与坚持。毕竟作为前置行动选择,进站工作动机与行动类型仅能反映其在进站前阶段对博士后工作与学术职业的期待,而出站职业选择则是博士后历经了短暂临时学术工作后所作的综合考虑,是博士后对于学术职业理解与认同后所作出的行动选择。通常而言,进入博士后工作阶段已经代表其对学术职业有了较为深刻的认知与情感归属,否则博士毕业后便可以离开学术系统。因此,青年学者选择博士后岗位一定意义上代表他们对学术职业的期待与认同。

调查数据显示(见表 2-10),74.09%的博士后出站后会继续在高等学府延续学术职业,15.78%会在科研机构从事学术研究,5.41%会选择进入企业工作,3.58%选择其他事业单位,而仅 0.61%与 0.53%会选择自主创业与党政机关工作。尽管选择企业并不代表从事的是非研发工作,况且诸多科技型企业已

---

① 黄永春,邹晨,叶子.长三角人才集聚的非均衡格局与一体化协同发展机制[J].江海学刊,2021
(02):240—248+255.

经具备良好的实验条件、研发平台与薪资回报逐渐吸引高学历人才投身其中，但是从博耶对学术内涵的定义来看，很难将企业工作归为学术职业范畴。基于此，高校博士后出站仍旧选择学术职业的为89.87%，而选择非学术职业的占比10.13%。从数据可以看出，近九成的博士后仍会从事学术职业，这代表了当前高校博士后对学术职业的认同与坚持，但超过一成的博士后决定逃离学术职业，这似乎是一个值得关注的问题，也受到国际学界的持续关注。[1]

表2-10　高校博士后出站职业选择的基本情况

选项	个案数	个案百分比
A. 高等学府	972	74.09%
B. 科研机构	207	15.78%
C. 企业	71	5.41%
D. 自主创业	8	0.61%
E. 党政机关	7	0.53%
F. 其他事业单位	47	3.58%

为了分析正处于"离开"阶段的博士后学科特征，将博士后学科与职业选择意愿进行描述统计（见表2-11）。分析发现，选择企业、自主创业与党政机关的博士后主要集中在理学与工学两个学科领域，而选择其他事业单位主要集聚在医学与理学两个学科。从学科来看，医学博士后出站后较多选择在大学（40%）、医疗科研机构（35.56%）延续工作，人文社会科学博士后出站选择主要为学术职业，且集中在大学与科研机构两类组织，而自然科学与工程科学博士后出站后的职业选择较为多元，并不完全仅限于学术职业。但是，这并不能说人文社会科学博士后对于学术职业认同一定比理工科博士后高，毕竟后者

[1] Dorenkamp I, Weiß E E. What makes them leave? A path model of postdocs' intentions to leave academia [J]. *Higher Education*, 2018(5):747-767.

与外部市场与经济发展联结紧密,一定程度扩大了这些学科博士后的就业选择。

表2-11 高校博士后所属学科与出站职业选择意愿的描述统计

学科\意愿	高等学府	科研机构	企业	自主创业	党政机关	其他事业单位
理学	330(68.89%)	103(21.50%)	28(5.85%)	3(0.63%)	1(0.21%)	14(2.92%)
工学	263(74.93%)	45(12.82%)	27(7.69%)	3(0.85%)	5(1.42%)	8(2.28%)
经济学	15(71.43%)	2(9.52%)	4(19.05%)	0(0.00%)	0(0.00%)	0(0.00%)
农学	12(50%)	8(33.33%)	3(12.5%)	1(4.17%)	0(0.00%)	0(0.00%)
法学	58(92.06%)	5(7.94%)	0(0.00%)	0(0.00%)	0(0.00%)	0(0.00%)
医学	36(40%)	32(35.56%)	5(5.56%)	1(1.11%)	0(0.00%)	16(17.78%)
管理学	49(84.48%)	2(3.45%)	2(3.45%)	0(0.00%)	1(1.72%)	4(6.90%)
教育学	45(93.75%)	2(4.17%)	0(0.00%)	0(0.00%)	0(0.00%)	1(2.08%)
文学	82(96.47%)	2(2.35%)	0(0.00%)	0(0.00%)	0(0.00%)	1(1.18%)
历史学	31(86.11%)	3(8.33%)	0(0.00%)	0(0.00%)	0(0.00%)	2(5.56%)
哲学	22(95.65%)	1(4.35%)	0(0.00%)	0(0.00%)	0(0.00%)	0(0.00%)
艺术学	5(100%)	0(0.00%)	0(0.00%)	0(0.00%)	0(0.00%)	0(0.00%)
交叉学科	22(81.48%)	2(7.41%)	2(7.41%)	0(0.00%)	0(0.00%)	1(3.70%)

综合而言,比较高校博士后进站动机与出站职业选择发现,一方面高校博士后出站职业选择学科差异较大,但是在性别、学科、身份、阶段等方面的差异能对学术职业认同产生多大程度的影响,还需要进一步的数据分析。另一方面,欧美博士后将博士后经历视作职业选择与准备阶段,但中国博士后似乎较多将此视作变相求职的渠道,寄希望于经过博士后工作增加留任的可能性。[①] 那么,在"行动—认同—行动"的连续统一体中已经对两端的行动有所考察,随后将对高校博士后学术职业认同的真实状况进行详尽的数据分析。

---

① 李福华,姚云,吴敏.中美博士后教育发展的比较与启示——基于北京大学和哈佛大学的调查 [J].教育研究,2014(12):143—148.

第三节　高校博士后学术职业认同的现状分析

在本研究中，从精神、制度与回报三个维度分析博士后学术职业的认同状况。精神认同从学术责任、学术使命与身份归属三个维度考察博士后对学术职业精神是否认可；制度认同从考核标准、工作任务与评价制度三个层面衡量博士后对学术专业制度是否认可；回报认同从薪酬福利、学术声望与职业地位三个方面评价博士后对学术职业收益的认可情况。各分维度认同量表亦按照认知、情感与行动维度进行划分，与精神、制度与回报构成了系统的调查量表。

一、高校博士后学术职业精神认同现况

职业精神是职业的内核与本质，规定了外部制度与职业活动的操守、精神与责任。构成职业精神的总体范畴由多种要素所组成，它们既从特定方面反映着职业精神的基础与本质，又共同支撑形成职业的精神统一体。本研究从身份归属、学术责任与学术使命三个维度解构学术职业精神。数据显示（见表2－12），三个分维度的认同得分分别为 4.04、4.20 与 4.14，整体得分高于中位数，表明高校博士后能够清晰理解并认同学术职业身份背后的学术责任与学术使命。其中，身份归属在学术职业精神认同中的得分最低，学术责任维度得分最高。

表 2-12　高校博士后学术职业精神认同各维度情况

子维度划分	个案数	最小值	最大值	平均值	标准差
身份归属认知	1 312	1	5	4.04	0.833
学术责任认同	1 312	1	5	4.20	0.772
学术使命认同	1 312	1	5	4.14	0.829
有效个案数（成列）	1 312				

　　为了进一步分析高校博士后学术职业精神认同的内部情况,须从具体题项的得分情况进行分析(见表 2-13)。

表 2-13　高校博士后学术职业精神认同的总体情况

题项	个案数	最小值	最大值	平均值	标准差
我认为自己属于博士后学术群体中的一员	1 312	1	5	4.04	0.833
我了解作为博士后研究人员的学术责任	1 312	1	5	4.05	0.818
我认为我有责任与义务进行学术探索与知识服务	1 312	1	5	4.19	0.784
我会履行博士后学术人员的学术责任与职业操守	1 312	1	5	4.37	0.715
我了解所属学科博士后工作的学术使命	1 312	1	5	4.14	0.820
我认为从事博士后学术工作具有重要价值与意义	1 312	1	5	4.02	0.919
我会践行学术使命对博士后所提出的要求与规范	1 312	1	5	4.27	0.777
有效个案数（成列）	1 312				

　　在身份归属维度,"我认为自己属于博士后学术群体中的一员"得分较高,为 4.04,总体反映了博士后将自己归为学术研究人员的认知情况。在学术责任维度,"我了解作为博士后研究人员的学术责任""我认为我有责任与义务不断进行学术探索与知识服务"与"我会履行博士后学术人员的学术责任与职业操

守"三者反映了博士后对学术责任的认知、态度与行动情况。其中,学术责任认知得分为三者中的最低,为4.05;履行学术责任与职业操守的行动得分最高,为4.37。这或许反映了博士后对于学术责任与职业操守的态度、行动维度具有较高的认知,但是对于具体学术责任的内容缺乏清晰的认识。

在学术使命维度,"我了解所属学科博士后工作的学术使命""我认为从事博士后学术工作具有重要价值与意义"与"我会践行学术使命对博士后所提出的要求与规范"三个题目构成了博士后对学术使命的认知、态度与行动情况。其中,博士后学术使命认知、态度与行动得分为4.14、4.02与4.27,学术使命认知与行动得分更高。既有研究表明,在学术世俗化、专业化与资本化的相互交织背景下,博士后对于学术职业价值与意义的理解与认识已经发生了偏差,且在流动性与临时性的学术经历中部分博士后逐渐改变了其对学术职业的整体认知。①

二、 高校博士后学术工作制度认同现况

中国博士后制度是在制度移植基础上演变而来,并通过进站、在站与出站三个环节整体保障博士后培养质量,涉及博士后考核标准、工作内容与评价制度等基本内容。数据显示(见表2-14),考核标准、工作任务与评价制度三个分维度的认同得分为4.09、4.06与3.89,博士后学术工作制度认同平均得分为4.01,整体表明,博士后能够较好理解学术工作制度对其所提出的要求与行动规范。其中,评价制度在博士后学术工作制度认同中的得分最低,或许代表了博士后对当

---

① Standing G. Labour market policies, poverty and insecurity [J]. *International Journal of Social Welfare*, 2011(3):260-269.

前评价机制的认可态度正成为影响博士后学术工作制度认同的关键性因素。

表2-14　高校博士后学术工作制度认同分维度情况

维度	个案数	最小值	最大值	平均值	标准差
考核标准认同	1312	1	5	4.09	0.859
工作任务认同	1312	1	5	4.06	0.836
评价制度认同	1312	1	5	3.89	0.930
有效个案数（成列）	1312				

从高校博士后学术工作制度认同来看（见表2-15），博士后对于出站要求的情感态度得分为3.74，且标准差为1.050，高于认知与行动两个方面。这其实反映了尽管博士后对于出站要求持有相对消极的态度且内部差异性较大，但面对制度的刚性规制与柔性激励，他们仍然会主动认真地按照制度要求完成出站任务，并将外部的学术锦标赛制度转化为博士后内在的文化观念认知，从而完成外部制度到内部认同的高效转化。与此同时，博士后的工作主要围绕学术生产与知识创新展开。但是，在项目化生存与量化考核的学术生态中，博士后的学术生产愈来愈受到项目竞争与市场因素的引导，并且在两年为期的博士后阶段可能较少关注原始创新与基础研究，且围绕考核指标开展学术工作。[1]

表2-15　高校博士后学术工作制度认同的总体情况

题项	个案数	最小值	最大值	平均值	标准差
我了解博士后出站所应达到的业务要求	1312	1	5	4.25	0.785
我认为目前博士后出站要求是合理的	1312	1	5	3.74	1.050
我会主动认真按照要求完成出站任务	1312	1	5	4.27	0.741

---

[1] 连宏萍，王梦雨，郭文馨. 博士后如何选择职业？——基于扎根理论的北京社科博士后择业影响机制探究[J]. 东岳论丛，2021(04):36—45.

续　表

题项	个案数	最小值	最大值	平均值	标准差
我了解博士后在站期间的各项工作内容	1 312	1	5	4.16	0.799
我认为当前各项工作安排能够顺利开展	1 312	1	5	3.93	0.877
我会按时完成博士后工作范畴的各项学术任务	1 312	1	5	4.08	0.831
我了解博士后研究工作的评价标准与考核内容	1 312	1	5	4.12	0.810
我认为学术考核评价机制能够促进我的学术工作	1 312	1	5	3.66	1.050
有效个案数（成列）	1 312				

在博士后在站工作方面，"我了解博士后在站期间的各项工作内容""我认为当前各项工作安排能够顺利开展"与"我会按时完成博士后工作范畴内的各项学术任务"三者构成了博士后对工作任务的认知、态度与行动情况。其中，工作任务的态度得分仅为3.93，而博士后了解在站期间的各项工作内容得分为4.16与博士后按时完成在站期间的各项学术任务得分为4.08，而两者评分相对较高。因此，博士后对顺利完成当前各项工作安排的情感态度相对较低。

在评价制度方面，"我了解博士后研究工作的评价标准与考核内容""我认为当前学术考核评价机制能够促进我的学术工作"构成了博士后对评价制度认同的整体情况。数据显示，博士后了解博士后工作的考核标准得分为4.12，但是他们认为当前评价机制对于学术发展的促进效果仍然有限，得分仅为3.66且标准差较大。这说明在当前博士后对学术评价过程中的量化评价与结果评价持有消极态度，这成为博士后学术工作评价未来改进的方向。

三、 高校博士后学术职业回报认同现况

职业回报不仅是囊括物质报酬与薪资待遇,而且也包括非物质层面的职业声望与职业地位。博士后作为学术职业的亚类,具有学术职业所享有的物质报酬、学术声望与职业地位。但又由于他们处于学术金字塔底端,对学术职业回报的感知评价往往较低。数据显示(见表2-16),博士后薪酬待遇、学术声望与职业地位三个分维度的认同得分为3.33、3.59与3.70,博士后职业回报认同得分为3.54,在总认同中得分最低。其中,薪酬福利在博士后学术职业回报认同中的得分最低且标准差较大,或许反映了博士后对于基本薪资、福利保障等方面支持不足,以及不同学科或类型博士后对于薪酬福利的认同评价具有较大的差异。

表2-16 高校博士后学术职业回报认同各维度情况

分维度	个案数	最小值	最大值	平均值	标准差
薪酬福利认同	1 312	1	5	3.33	1.096
学术声望认同	1 312	1	5	3.59	0.997
职业地位认同	1 312	1	5	3.70	0.986
有效个案数(成列)	1 312				

在薪酬福利方面(见表2-17),博士后对当前工资薪酬与福利待遇满意感知得分为3.42,因为待遇向他人推荐博士后工作的意愿得分为3.24。在学术声望方面,博士后了解其所具有的学术声誉程度为3.61,且由于这一群体的边缘与临时工作属性,导致博士后向他人提及从事博士后工作的得分仅为3.57。在职业地位方面,博士后研究人员对职业地位的认知同样模糊,且该群体将博

士后经历视为学术职业阶梯中最重要的阶段之一的评价得分为 3.60。

表 2-17　高校博士后学术职业回报认同的总体情况

题项	个案数	最小值	最大值	平均值	标准差
我认为当前工资薪酬与福利待遇整体较好	1312	1	5	3.42	1.041
我愿意因为待遇向他人推荐博士后工作	1312	1	5	3.24	1.151
我了解博士后研究人员所具有的学术声望	1312	1	5	3.61	0.971
我会很乐意向他人提及我从事博士后工作	1312	1	5	3.57	1.023
我了解博士后研究人员的职业地位	1312	1	5	3.80	0.853
我认为博士后是学术职业最重要的阶段之一	1312	1	5	3.60	1.083
有效个案数（成列）	1312				

　　整体而言，高校博士后学术职业精神认同、学术工作认同与职业回报认同实际评分分别为 4.13、4.01 与 3.54，表明博士后对探索真理与知识服务的学术职业精神更为认同，对学术职业回报以及学术工作制度认同感则相对较低。学术职业精神是博士后自博士教育阶段起便开始养成的，具有持续稳固且不易变更的特征，但是学术职业回报中部分题目的得分较低，其实反映了博士后需求与当前现况之间存在的矛盾与冲突，因此，未来制度改革应予以重点关注。

第四节　高校博士后学术职业认同的群体差异

　　本节从分析框架的路径出发，从院校、学科与个体三个层面比较不同博士后对于学术职业认同的差异表现，基于方差分析与最小显著性方法的组间多重比较，较为全面地展现我国高校博士后学术职业认同的基本概况。

一、 院校类型层面的认同差异

在新一轮"双一流"建设方案中，尽管博士后被明确为高校师资补充的重要来源，但不同类型院校对博士后群体的功能定位亦不完全一致。基于此，不同院校经历的博士后对学术职业的识读与理解也存在差异。

(一) 一流大学建设高校博士后学术职业认同高于其他博士后

数据显示（见表 2-18），一流大学建设高校博士后与一流学科建设高校博士后在学术职业精神认同、学术工作制度认同以及整体的学术职业认同方面均存在显著差异（$P<0.01$）。其中，一流大学建设高校博士后学术职业精神认同、制度认同与总认同程度分别为 4.180、4.054、3.953，均高于一流学科建设高校博士后。与此同时，普通高校博士后与"双一流"建设高校博士后学术职业认同之间的差异并不显著，但从均值得分来看，普通高校博士后学术职业认同得分同样低于一流大学建设高校博士后，但高于一流学科建设高校博士后。

表 2-18　高校类别对博士后学术职业认同的事后差异比较

维度	院校类型	M	SD	F 检验	事后比较
学术职业精神	一流大学建设高校	4.180	0.656	3.919**	一流大学建设高校>
	一流学科建设高校	4.038	0.733		一流学科建设高校
	普通高校	4.061	0.845		
学术工作制度	一流大学建设高校	4.054	0.694	4.536**	一流大学建设高校>
	一流学科建设高校	3.900	0.697		一流学科建设高校
	普通高校	3.910	0.884		
学术职业认同	一流大学建设高校	3.953	0.636	3.487**	一流大学建设高校>
	一流学科建设高校	3.823	0.689		一流学科建设高校
	普通高校	3.837	0.763		

注：*、**、*** 分别表示 P 值在 0.05、0.01、0.001 水平上显著，下同。

究其缘由，一流大学建设高校的博士后制度供给、薪酬福利与平台机会均高于其他高校博士后。多数受访博士后表示，博士后进站工作的目的就在于到高层次平台拿到"青基"，而这一机会的获得与学术平台的高低存在紧密关系。与此同时，一流大学中的博士后规模更加庞大且为此建立了更加系统化的制度体系，有利于博士后进站开展学术创作，促进其学术职业社会化进程。

（二）"土著"博士后学术职业认同高于"外来"博士后

近年来，近亲繁殖与学术创新之间关系的讨论不绝于耳。[①] 在我国博士后制度创立之初明确鼓励博士后跨领域、跨单位与跨学科流动，原则上博士后进站流动与博士教育阶段不能为同单位的相同学科。

基于此，本研究将博士毕业与博士后工作是否为同一院校为分组变量，发现同一院校经历博士后的学术工作制度认同、学术职业回报认同与整体学术职业认同与不同院校历经的博士后具有显著差异（$P < 0.05$），但在学术职业精神认同方面无显著差异（见表 2 - 19）。其中，在制度、回报与总体认同三个方面，同一院校流动博士后得分为 4.075 5、3.610 0 与 3.976 4，不同院校流动博士后得分为 3.994 5、3.495 3 与 3.900 6。由此而言，同一院校博士后在上述三个方面的认同得分恒高于不同院校经历博士后。

表 2 - 19　博士后毕业与工作是否同一院校的差异性分析

维度	院校经历	个案数	平均值	标准差	t 检验	显著性
学术职业精神	同一院校	500	4.177 1	0.678 4	0.939	0.348
	不同院校	812	4.140 7	0.684 0		

[①] 刘琳.大学教师"近亲繁殖"会抑制学术生产力吗——以东西部两所"双一流"建设高校 H 学科为例[J].中国高教研究,2019(12):76—83.

维度	院校经历	个案数	平均值	标准差	t 检验	显著性
学术工作制度	同一院校	500	4.075 5	0.693 6	2.008*	0.045
	不同院校	812	3.994 5	0.720 0		
学术职业回报	同一院校	500	3.610 0	0.804 5	2.458*	0.014
	不同院校	812	3.495 3	0.831 3		
学术职业认同	同一院校	500	3.976 4	0.651 4	2.042*	0.041
	不同院校	812	3.900 6	0.653 7		

　　这一点其实支持了"近亲繁殖"正向影响学术职业认同的论述。从学术共同体、交易成本与信息不对称角度来看，同单位流动有利于博士后适应学科组织管理并快速转变身份角色，促进其学术职业社会化进程。在熟悉的学术环境中，博士后对既有学科范式、团队合作与学术创新均有共同的理解，有效促进博士后对于学术职业的理解。与此同时，近年来博士后招收规则对是否在同单位同学科流动这一规定进行了松绑，足以证明当前数据所呈现的观点。

（三）本土博士后学术职业回报认同高于海归博士后

　　为了检验博士后进站之前的学术经历是否会对学术职业认同存在差异，本研究将博士后毕业院校划分为境外院校与境内院校两类。数据显示（见表 2-20），毕业于境内与境外院校的博士后对学术职业精神、学术工作制度与学术职业认同均无显著性差异（$P > 0.05$），但是学术职业回报认同存在显著差异（$P = 0.000\,5 < 0.01$）。毕业于境外高校的博士后学术职业回报认同均值为 3.375 0，而境内高校博士后为 3.563 7，后者高于前者约 0.2。

表 2-20 博士毕业院校(境内/外)的差异性分析

维度	毕业院校	个案数	平均值	标准差	t 检验	显著性
学术职业精神	境外院校	172	4.1246	0.6541	-0.620	0.536
	境内院校	1140	4.1591	0.6861		
学术工作制度	境外院校	172	3.9717	0.6401	-1.063	0.288
	境内院校	1140	4.0334	0.7209		
学术职业回报	境外院校	172	3.3750	0.8137	-2.812**	0.005
	境内院校	1140	3.5637	0.8216		
学术职业认同	境外院校	172	3.8522	0.6027	-1.665	0.096
	境内院校	1140	3.9411	0.6604		

境外高校博士选择回国进行博士后流动,旨在通过这一临时工作适应本土学术制度环境并建构密集学术网络。但根据《自然》全球学术界薪酬满意度调查显示,超过 50% 的美国科研人员薪资超过 8 万美元,这一数字在英国达到了 16%,但在中国只有 6%。[1] 由此证明,国内学术职业的薪酬回报要低于主要发达国家,由此导致具有境外教育经历的博士后学术职业认同低于境内经历的博士后。

二、 学科经历层面的认同差异

受到新公共管理运动与学术资本主义影响[2],不同学科与外部市场的亲疏远近,决定了不同学科研究人员在专利出让、技术入股与项目合作领域的参与程度。除此之外,工作经历、年限与知识生产方式等学科特征对于博士后学术

[1] Woolston C. Stagnating salaries present hurdles to career satisfaction [EB/OL]. (2021-11-16)[2022-9-15]. https://www.nature.com/articles/d41586-021-03041-0.

[2] Johnson D R. The boundary work of commercialists in academe: Implications for postdoctoral training [J]. *The Journal of Higher Education*, 2018(4):503-526.

职业认同同样会产生差异性影响。

（一）工科博士后学术职业认同显著低于其他学科博士后

基于研究取样与分类的便利性目的,将 14 大学科门类归为人文学科、社会科学、自然科学与工程科学四个类别,以此分析不同学科间博士后研究人员学术职业认同的差异情况。数据显示(见表 2 - 21),不同学科博士后研究人员学术职业精神、学术职业回报与学术职业认同具有显著差异($P<0.001$),学术工作制度认同同样具有统计学意义上的显著($P<0.05$)。在学术职业精神认同方面,工程、人文、社科与自科博士后均值分别为 4.072 5、4.320 2、4.197 7 与 4.168 2,工科博士后的认同得分显著低于人文、社科与自科博士后,且与人文学科之间的学术职业精神认同评分差距最大;同时,人文学科博士后学术职业精神认同显著高于自然科学博士后。在学术工作制度方面,工程科学博士后学术制度认同得分为 3.964 9,要显著低于人文学科博士后的 4.148 5。在职业回报方面,工程科学博士后学术职业回报认同均值为 3.431 9,同样显著低于均值分别为 3.712 5 的人文学科与 3.583 2 的自然科学。在学术职业认同方面,工科博士后学术职业认同均值为 3.849 4,显著低于其余学科博士后,且人文学科博士后认同程度高于自然科学。

表 2-21　博士后学科类别对其学术职业认同的事后差异比较

维度	学科类别	个案数	平均值	标准差	F 检验	事后比较
学术职业精神	工程科学	492	4.075 2	0.702 5		人文学科>工程科学
	人文学科	149	4.320 2	0.674 7	5.52***	社会科学>工程科学
	社会科学	192	4.197 7	0.585 9		自然科学>工程科学
	自然科学	479	4.168 2	0.689 5		人文学科>自然科学

续　表

维度	学科类别	个案数	平均值	标准差	F 检验	事后比较
学术工作制度	工程科学	492	3.9649	0.7065	2.907*	人文学科＞工程科学
	人文学科	149	4.1485	0.7224		
学术职业回报	工程科学	492	3.4319	0.8341	5.58***	人文学科＞工程科学
	人文学科	149	3.7125	0.8729		自然科学＞工程科学
	自然科学	479	3.5832	0.7945		
学术职业认同	工程科学	492	3.8494	0.6524	5.55***	人文学科＞工程科学
	人文学科	149	4.0812	0.6860		社会科学＞工程科学
	社会科学	192	3.9677	0.5929		自然科学＞工程科学
	自然科学	479	3.9496	0.6596		人文学科＞自然科学

　　值得探究的是,市场化与应用化程度最低的人文学科博士后对于学术职业认同的评分最高。由此证明,学术资本化与商品化进程确实影响了博士后对于学术职业认同的整体感知,与市场较远的学科博士后对未来学术职业的精神认同、制度认同与回报认同持更加积极的态度,而与市场较近的学科博士后则相反。甚至有研究表明①,过度的知识商品化与资本化进程会将博士后与合作导师的关系塑造为更加市场化的雇佣关系,衍生出劳动剥削与学术异化的问题,进而误导博士后对于学术职业的认同方向。

(二) 一次进站博士后学术职业认同高于两次进站博士后

　　由于机会结构限制与项目申请需要,愈来愈多博士后开始选择二次进站开展研究工作。② 根据全国博士后管理委员会规定,博士后一般在站时长为两年,

---

① Cantwell B. Academic in-sourcing: International postdoctoral employment and new modes of academic production [J]. *Journal of Higher Education Policy and Management*, 2011(2):101－114.

② 蒋贵友,郭志懿. 博士后工作满意度及其影响因素的实证分析:基于《自然》全球博士后的调查数据[J]. 科技管理研究,2022(12):117—124.

一般不超过三年,最多可以两次进站,但在站时间不能超过六年。缘此,本研究将博士后进站次数分为一次与两次,继而比较进站次数多寡是否对博士后学术职业认同具有显著差异。

数据显示(见表 2-22),一次进站博士后在精神、制度、回报以及总体认同四个方面的均值得分为 4.160 4、4.032 9、3.549 9 与 3.937 4,而二次进站博士后为 4.041 3、3.884 0、3.321 3、3.775 7。在学术职业精神与学术工作制度认同两方面不存在显著性差异($P > 0.05$),但是在学术职业回报认同与学术职业总体认同方面具有显著差异($P < 0.01$),一次进站经历的博士后对于学术职业回报认同与学术职业总体认同程度要显著高于两次进站的博士后群体。这或许由于超过 2 年期限的博士后被视为"延期出站",其工资待遇与福利或许面临递减甚至取消的境况,一定程度上影响他们对于学术职业回报认同的感知。

表 2-22　博士后经历次数对其学术职业认同的差异性分析

维度	进站次数	个案数	平均值	标准差	t 检验	显著性
学术职业精神	一次	1 225	4.160 4	0.674 9	1.540	0.124
	两次	87	4.041 3	0.770 8		
学术工作制度	一次	1 225	4.032 9	0.707 0	1.848	0.065
	两次	87	3.884 0	0.754 8		
学术职业回报	一次	1 225	3.549 9	0.819 7	2.460**	0.014
	两次	87	3.321 3	0.817 2		
学术职业认同	一次	1 225	3.937 4	0.652 1	2.187**	0.029
	两次	87	3.775 7	0.649 2		

(三) 不同工作阶段博士后学术职业认同比较

为了验证不同年限阶段的博士后是否存在学术职业认同差异,将其划分为第 1 年、第 2 年、第 3 年与第 4—6 年四个阶段,其中后两个阶段可能为延期出站或二次进站。结果显示（见表 2-23），四个阶段博士后学术职业精神、学术工作制度以及整体学术职业认同无统计学意义（$P>0.05$），但博士后学术职业回报认同存在显著差异（$P=0.003<0.01$）。

表 2-23　博士后工作阶段对其学术职业认同的事后差异比较

维度	博士后阶段	个案数	平均值	标准差	F检验	显著性	事后比较
学术职业精神	第1年	407	4.1885	0.6271	0.875	0.453	n.s.
	第2年	540	4.1463	0.6344			
	第3年	254	4.1052	0.8354			
	第4—6年	111	4.1840	0.7081			
学术工作制度	第1年	407	4.0461	0.6873	0.470	0.703	n.s.
	第2年	540	4.0213	0.6685			
	第3年	254	3.9857	0.8115			
	第4—6年	111	4.0597	0.7541			
学术职业回报	第1年	407	3.6540	0.8257	4.603**	0.003	第1年>第2年；第1年>第3年
	第2年	540	3.4846	0.7699			
	第3年	254	3.4495	0.8788			
	第4—6年	111	3.5871	0.8870			
学术职业认同	第1年	407	3.9815	0.6339	1.793	0.147	n.s.
	第2年	540	3.9096	0.5942			
	第3年	254	3.8723	0.7731			
	第4—6年	111	3.9661	0.6950			

根据上述情况，进一步对不同年限阶段博士后的学术职业回报认同进行事后差异比较，结果表明：按照年限阶段由小到大的博士后认同均值分别为 3.6540、3.4846、3.4495 与 3.5871，由此证明第 1 年博士后学术职业回报认同显著高于第 2 年、第 3 年博士后，但与第 4—6 年阶段期博士后之间无显著差异。这可能因为我国仅资助两年内在站的博士后研究人员，而延期出站博士后在薪酬福利、晋升发展等方面受到较大影响。值得一提的是，从第 1 年到第 3 年博士后的学术职业认同评分逐级递减，但第 4—6 年博士后认同评分却不降反升，这确

实是一个值得关注的现象。其中原因或许与当前博士后制度与教师聘任制度接轨有关,部分"双一流"大学会在第3年开始筛选优秀博士后进入到第二个聘期考察,继续提供研究资助,由此影响博士后对学术职业回报认同的阶段性波动。

三、 个体身份层面的认同差异

随着高校博士后聘用制度逐渐改革创新,博士后身份类型亦由单一走向多元,包括科研博士后、师资博士后、项目博士后多个类别,而不同身份类型决定了博士后在学术系统的身份定位与认同归属。[①] 除此之外,既有研究对性别、流动方式与工作满意度之间的关系进行探究发现,女性博士后对学术工作的不满程度显著高于男性,这其实与国际学术界关于性别与学术认同之间影响的既有结论大体一致。为此,本研究通过分析不同性别、身份类别博士后对于学术职业认同的情况,整体反映不同个体身份是否存在认同差异。

(一)不同性别博士后学术职业认同无显著差异

根据表2-24所示,男性博士后在学术职业精神、工作制度、职业回报与总体认同四个方面的均值为4.1348、4.0223、3.5284、3.9187,而女性博士后依次为4.1917、4.0310、3.5588、3.9497,性别作为组别变量并无显著差异($P >$0.05)。比较全球博士后调查数据而言,女性博士后由于难以在学术、家庭与生活之间寻求平衡以及其所面对的考核压力,导致女性博士后比男性博士后更容易对学术工作感到不满,甚至逃离学术职业。[②] 在本研究中,性别变量在学术职

---

① 徐东波. 论博士后角色冲突:理论·诱因·调适[J]. 中国科技论坛,2019(11):164—171.
② Woolston C. Postdoc survey reveals disenchantment with working life [J]. *Nature*, 2020 (7834):505-509.

业认同中并不存在显著差异，但比较数据发现，男性博士后甚至略低于女性博士后的学术职业认同感知，这一点确实值得思考。

表 2-24　博士后学术职业认同的性别差异分析

维度	性别	个案数	平均值	标准差	t 检验	显著性
学术职业精神	男性	856	4.134 8	0.710 6	−1.440	0.150
	女性	456	4.191 7	0.623 3		
学术工作制度	男性	856	4.022 3	0.734 9	−0.209	0.834
	女性	456	4.031 0	0.664 2		
学术职业回报	男性	856	3.528 4	0.834 3	−0.638	0.524
	女性	456	3.558 8	0.801 2		
学术职业认同	男性	856	3.918 7	0.673 3	−0.816	0.414
	女性	456	3.949 7	0.615 1		

（二）不同身份类别博士后学术职业认同具有较大差异

除此之外，高校博士后身份类型较为多元，且名称亦未统一。为了更加科学合理地对博士后群体的聘用类型进行分类，根据其工作内容、聘用类型与资助方式大致概括为科研博士后、师资博士后、项目博士后与联合培养博士后四种身份类型。数据分析发现（见表 2-25），不同身份类型博士后在学术职业精神、学术工作制度与学术职业认同方面具有显著差异（$P<0.05$），但是在学术职业回报认同方面并无显著差异（$P>0.05$）。

为了进一步比较不同类型博士后之间的认同差异，基于 LSD 事后检验分析发现：在学术职业精神方面，科研、师资、项目与联培博士后的认同均值分别为 4.180 8、4.147 2、3.914 3 与 3.851 3，科研博士后的认同程度要显著高于项目博士后与联合培养博士后且与联合培养博士后之间的差值最大，而师资博士后的认同程度要显著高于联合培养博士后；在学术工作制度方面，科研、师

资、项目与联培博士后的认同均值分别为 4.049 6、4.012 8、3.791 7 与
3.841 8,科研博士后的认同程度显著高于项目博士后与联合培养博士后。在
学术职业认同方面,科研、师资、项目与联培博士后均值分别为 3.955 9、
3.880 7、3.750 8、3.770 7,科研博士后的认同程度显著高于项目博士后与联合
培养博士后。

表 2 - 25　博士后身份类别对其学术职业认同的事后差异比较

维度	身份类型	个案数	平均值	标准差	F 检验	显著性	事后比较
学术职业精神	科研博士后	1 020	4.180 8	0.673 9	4.100**	0.003	科研博士后>项目博士后;科研博士后>联合培养博士后;师资博士后>联培博士后
	师资博士后	196	4.147 2	0.622 6			
	项目博士后	40	3.914 3	0.870 7			
	联培博士后	56	3.851 3	0.796 4			
学术工作制度	科研博士后	1 020	4.049 6	0.701 7	3.117*	0.015	科研博士后>项目博士后;科研博士后>联合培养博士后
	师资博士后	196	4.012 8	0.674 2			
	项目博士后	40	3.791 7	0.930 4			
	联培博士后	56	3.841 8	0.753 8			
学术职业认同	科研博士后	1 020	3.955 9	0.653 7	2.617*	0.034	科研博士后>项目博士后;科研博士后>联合培养博士后
	师资博士后	196	3.880 7	0.597 4			
	项目博士后	40	3.750 8	0.870 2			
	联培博士后	56	3.770 7	0.627 9			

究其缘由,当前"双一流"高校对于博士后身份类别的资助程度与管理方式
均有所差异,譬如项目博士后主要是由合作导师课题资助,联合培养博士后由
校、企两方联合管理,而这两类博士后的学术职业支持力度及其保障体系要低
于高校全职科研博士后。由此而言,在薪酬、保障与晋升方面的差异造成了不
同类型博士后对于学术职业认同程度的分化。

第五节 高校博士后学术职业认同的影响路径

上述分析表明，不同高校类型、学科类别、聘用身份、境外流动经历以及学缘关系的博士后对学术职业存在差异性认同，这些结果为后续影响因素分析提供了前置性条件。随着中国博士后群体规模愈加庞大，诸多研究开始从组织保障、制度环境等角度分析博士后学术职业认同及其作用效应，关注博士后在临时工作阶段所面临的生存困境与发展障碍。譬如，《自然》杂志的全球博士后调查规模较大，但是关于中国博士后的有效样本仅为247个，并不能有效反映我国高校博士后学术职业认同的现实图景，在结论的推广性上有待进一步考察。[①] 因此，本节基于既有研究结果建立理论假设模型，进一步分析博士后制度改革、组织保障与学科支持对学术职业认同的影响。

一、 研究假设与模型建构

提出研究假设是实证研究的基础，其应符合研究目的并尽可能地具备更大的推广性与适应性，以准确反映既有数据对社会事实的解释。为此，基于既有文献梳理与分析框架，结合此前对博士后学术群体差异性分析的事实基础，提出高校博士后学术职业认同影响因素的基本假设。

---

① Woolston C. Postdoc survey reveals disenchantment with working life [J]. *Nature*，2020 (7834)：505 - 509.

（一）制度改革与博士后学术职业认同的关系

博士后制度改革其实规定了其学术身份的定位、发展前景、考核评价与学术合作等方方面面。研究表明，博士后的学术身份定位由制度所规定，决定了博士后在学术系统中的位置排序，而博士后能否建立强认同的学术职业观念关键在于他们如何看待自我的身份定位。[①] 与此同时，博士后制度改革通过优化学术合作环境与促进学术独立，显著影响博士后在临时性的职业社会化过程中的知识获得、创新合作与组织参与，从而对学术职业认同产生不同的作用。

由此可见，职业前景、身份定位与环境优化由博士后制度改革所规定，均是影响博士后学术职业认同的重要因素。随着制度改革不断完善，越来越庞大的博士后规模使得原本相对固定的学术职业发展渠道变得愈发拥挤，博士后"轻培养重使用"的工具主义倾向愈发显著，由此影响博士后对未来学术职业价值与认同的基本判断。那么，当前的博士后制度改革与高校教师聘任制度已然接轨，一方面扩大了博士后的资助力度与招收规模，但另一方面将博士后纳入到师资储备的蓄水池中，进一步将这一群体塑造为等待教职的"博士候"。由此而言，制度改革成为博士后对于学术工作的认知、理解乃至认同的首要因素，这对于重塑博士后自我身份定位、预示学术职业前景以及促进学术合作创新均有显著影响。

因此，在综合既有文献基础上，将博士后制度对学术身份定位、工作发展前景、学术工作与生活日常之间的平衡、学术创新与学术考核制度的规定归为博士后制度改革内容，并提出如下假设：

H1. 制度改革对博士后学术职业认同具有显著正向影响。

---

① 郭瑞迎,牛梦虎. 西方博士后职业发展的境遇与启示[J]. 中国高教研究,2018(08):94—99.

（二）组织保障、学科支持与学术职业认同的关系

通常而言，博士后受聘于院校，由政府、院系、合作导师三方资助支持，而除了常规科研支持外，高校原则上为博士后建立了与在职教师等同或更高的薪酬福利与生活保障体系，只不过不同类型高校所实施的力度与贯彻执行标准有所不同。既有研究表明，面对新公共管理运动所带来的管理变革，高校为了筛选更加优秀的博士后人才并保证学术产出，灵活雇佣业已成为学术劳动力市场的惯用举措。不过，良好的组织保障着实影响着他们对学术职业的理解与认同，而为其设计有效的管理制度、薪酬标准、生活福利、学术条件与晋升路径成为高校博士后质量保障不可或缺的内容。[①]

在学术生产层面，博士后研究人员其实嵌入在不同的学科部落，并与合作导师、学术团队一起开展学术合作，从而建构独立的学术身份。不过，学科团队的支持与管理模式并不相同，特别是在工程科学、自然科学等大科学团队作业中，往往以权力与资源为核心建构了研究生、博士后、讲师、副教授、教授为一体的学术等级结构，而人文学科则往往相反。[②] 其实，无论是自然科学还是人文学科，博士后对于学术职业的理解与认同受到与学术团队以及合作导师学术互动的影响。既有研究表明，如果学科团队能够支持博士后独立自主开展学术研究，往往能够正向影响其对学术职业的积极评价。[③] 除此之外，良好的学

① Altbach P G. Patterns in higher education development: Toward the year 2000 [J]. *The Review of Higher Education*, 1991(3):293 – 315.

② Vekkaila J, Virtanen V, Taina J, et al. The function of social support in engaging and disengaging experiences among post PhD researchers in STEM disciplines [J]. *Studies in Higher Education*, 2018(8):1439 – 1453.

③ Arthur M B, Khapova S N, Wilderom C P M. Career success in a boundaryless career world [J]. *Journal of Organizational Behavior: The International Journal of Industrial, Occupational and Organizational Psychology and Behavior*, 2005(2):177 – 202.

术氛围与实验设备也为博士后建构独立学术身份与积极职业认同提供前提条件。

因此,在综合有关文献基础上,将博士后组织管理、薪酬待遇、工作福利、学术条件与晋升发展统称为组织保障;将学科团队支持、学科平台设备、学术经费支持、合作导师支持等统称为学科支持,并提出如下假设:

H2. 组织保障对博士后学术职业认同具有显著正向影响。

H3. 学科支持对博士后学术职业认同具有显著正向影响。

(三) 组织保障、学科支持及其组合的中介作用

综合组织保障与学科支持对博士后学术职业认同影响的研究发现,组织保障与学科支持均会对博士后学术职业认同产生正向显著作用。譬如,国内研究人员基于《自然》全球博士后调查数据将组织系统细分为经济支持、学术职业发展支持、专业成长支持、生活保障支持与人文心理关怀,分析发现五个维度均能正向显著预测博士后学术职业认同。[①] 不过,这里的组织系统并不是单纯的院校维度,而是将学科与院校共同纳入到系统这一整体,从而模糊了组织与学科之间的界限。此外,另有研究将合作导师支持的变量单列,分析其与学术职业发展之间关系,证明了合作导师支持对能够显著缓解博士后的职业焦虑,重塑其对未来学术职业前景的看法与自信。[②] 由此证明,组织保障与学科支持能够发挥影响博士后学术热情、从业意愿的正向引导作用。

---

① 梁会青,李佳丽. 组织系统对博士后学术职业认同的影响研究——基于 Nature 2020 年全球博士后调查的实证分析[J]. 江苏高教,2022(02):82—92.
② 肖灿. 导师支持对博士后学术职业选择的影响研究——基于 2020 年 Nature 全球博士后调查的实证分析[J]. 高教探索,2021(11):51—59.

不过，组织保障对学科支持的中介作用往往容易忽视。基于生态系统模型理论，个体所处的环境由宏观、外层、中层与微观四层系统组成，而微观系统是个体联系外界最为直接的环境。[①] 既有研究将这一模型迁移至学术系统，提出了微观、中观与宏观系统的三分法剖析博士后所处的各层环境系统。在微观系统层面，主要是指博士后与其直接接触的学术群体所构成的生态系统，譬如博士后与其他教师、合作导师、研究生等群体的交往互动决定了其独立身份建构的进程以及学术职业发展的具体活动。[②] 因此，组织是制度化的中观实体，学科是基于学术合作与知识生产活动而形成的共同体。组织系统对博士后个体进行干预、管理与支持的过程中，学术共同体往往也发挥着重要的作用。以博士后为例，组织保障与学科支持在工作期望与学术职业满意度之间发挥中介作用。[③] 其中，学科支持比组织保障对学术职业满意的影响效应更大，从而证明了在博士后学术职业发展中组织保障与学科支持之间的关系。基于此，围绕制度改革、组织保障、学科支持与学术职业认同之间的关系提出如下研究假设：

H4. 组织保障在博士后制度改革与学术职业认同间发挥中介作用。

H5. 学科支持在博士后制度改革与学术职业认同间发挥中介作用。

H6. "组织保障—学科支持"在博士后制度改革与学术职业认同之间发挥链式中介作用。

综合上述研究假设关系，本研究的假设关系路径如图 2-3 所示。

---

① Myer R A, Moore H B. Crisis in context theory: An ecological model [J]. *Journal of Counseling & Development*, 2006(2):139-147.

② Ålund M, Emery N, Jarrett B J M, et al. Academic ecosystems must evolve to support a sustainable postdoc workforce [J]. *Nature Ecology & Evolution*, 2020(6):777-781.

③ 陈玥,张峰铭.导师支持、工作满意度与博士后职业前景——基于 Nature2020 全球博士后调查数据的中介效应分析[J].中国高教研究,2022(08):90—96.

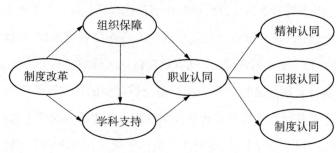

图2-3　研究假设关系的模型与路径

二、　模型评价与假设检验

为了验证假设之间的路径关系,故采用结构方程模型分析博士后制度改革、组织保障与学科支持对学术职业认同的影响,以及组织保障与学科支持可能存在的中介影响。其中,博士后制度改革主要从身份定位、工作前景、工作生活平衡、学术创新以及考核评价五个方面进行测量;组织情境主要从管理制度、薪酬待遇、福利保障、学术条件与晋升路径方面进行评价;学科场域从团队支持、学科氛围、经费支持、合作网络与合作导师支持五个方面进行评价。随后,研究通过Amos软件建立结构方程模型,采用验证性因子分析构建潜变量与测量值之间的关系模型,再建立变量间的结构关系模型,并通过极大似然法进行参数估计。

在模型评价阶段,本研究建构的二阶结构方程模型路径系数进行了显著性检验,所有题目的路径系数均达到了显著性水平。根据假设模型的拟合指标显示(见表2-26),χ^2/Df 为 4.913,RMSEA = 0.055<0.06,CFI = 0.942>0.90,SRMR = 0.051<0.11,各项拟合指标均通过检验,由此证明当前模型的拟合效果良好。

表 2‑26 研究模型拟合指标情况

拟合度指标	建议值	模型	符合度
χ^2	相对小	2 923.037	—
Df	相对大	595	—
χ^2/Df	$1<\chi^2/Df<10$	4.913	通过检验
CFI	>0.90	0.942	通过检验
SRMR	<0.11	0.051	通过检验
RMSEA	$<0.06(N\geqslant250),<0.08(N<250)$	0.055	通过检验

经过系数测算后,高校博士后学术职业认同影响机制的最终变量模型如图 2‑4 所示,图中数据为制度改革、组织保障、学科支持与学术职业认同及其子认同维度之间的路径系数值。其中,博士后制度改革($\beta=0.663,P<0.001$)、组织保障($\beta=0.137,P<0.001$)与学科支持($\beta=0.149,P<0.001$)均能够显著正向预测学术职业认同感知,且制度改革的影响程度较高。组织保障($\beta=0.697,P<0.001$)感知能够显著正向预测学科支持感知。在博士后学术职业各维度,上述变量对学术职业精神认同($\beta=0.859,P<0.001$)、回报认同($\beta=0.730,P<0.001$)与制度认同($\beta=0.907,P<0.001$)均有影响。

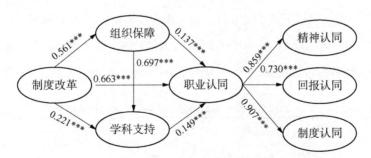

图 2‑4 高校博士后学术职业认同影响因素的路径系数图

三、 实证结果分析与讨论

本研究在既有文献基础上探究博士后制度改革、组织保障、学科支持与学术职业认同之间的影响路径,以及组织保障、学科支持在博士后制度改革与学术职业认同之间的中介效应。这一实证结果不仅能够证明既有分析框架的适切性,而且为组织保障、学科支持与制度改革对博士后学术职业认同影响的后续研究提供了前提性基础。

(一) 制度改革、组织保障与学科支持显著影响学术职业认同

实证数据显示(见表2-27),博士后制度改革能够正向显著提高学术职业认同($\beta = 0.663, P < 0.001$),也即博士后对身份定位、工作前景、工作生活平衡、学术创新以及考核评价五个方面的制度改革感知会对学术职业认同产生影响,假设1得到验证。职业认同的意义来源之一是制度对博士后既有身份的规定,而博士后研究人员由于不同的学术境遇、价值观念、文化认知而对制度改革持有不同的看法。实际上,制度改革能够影响博士后在学术职业社会化阶段的职业身份认同,既包括在站期间的身份定位以及对工作前景的看法,也包括对自身能力基础与制度要求之间的评价判断。由于博士后作为能动的个体,他们面对当前的博士后制度改革会展现出较大的观念差异,从而塑造博士后不同的学术职业认同类型。

表2-27 各变量之间影响路径系数的显著性检验结果

IV	DV	Estimate	S. E.	C. R.	P	Std Estimate	R^2
制度改革	组织保障	0.653	0.035	18.689	***	0.561	0.315
	学科支持	0.246	0.028	8.831	***	0.221	
	职业认同	0.621	0.031	20.177	***	0.663	

| | | | | | | | 续　表 |
IV	DV	Estimate	S. E.	C. R.	P	Std Estimate	R^2
组织保障	学科支持	0.668	0.030	22.297	***	0.697	0.708
	职业认同	0.110	0.032	3.432	***	0.137	
学科支持	职业认同	0.125	0.034	3.648	***	0.149	0.736

其次，组织保障能够正向显著提高博士后的学术职业认同（$\beta=0.137$，$P<0.001$），也即博士后对当前管理制度、薪酬待遇、福利保障、学术条件以及晋升路径的评价感知对学术职业认同产生影响，假设 2 得到验证。这一结论与既有研究一致，如果高校在学术支持、晋升发展、评价考核等方面提供强有力的保障体系，那么博士后对学术职业的看法与认同也会更加积极。[1] 博士后研究人员本身就是介于博士研究生与独立研究者之间的过渡岗位，寄希望于在自由的学术氛围与充分的研究支持下能够找准未来研究的方向并提升独立探究的能力。由于岗位属性与学术阶段的特殊性，高校博士后虽然在制度规定上享有与青年教师等同的待遇与福利保障，但是在具体实施环节却又存在诸多差异。因此，诸多研究以"学术临时工""博士候"等词形容自身的尴尬处境，由此证明组织保障是博士后独立身份建构与学术职业认同的重要外部因素。

再者，正向的学科场域支持能够显著提高博士后的学术职业认同（$\beta=0.149$，$P<0.001$），也即博士后学科团队支持、良好学术氛围、研究经费支持、合作支持网络与合作导师指导支持感知对学术职业认同产生影响，假设 3 得到验证。可以明确的是，其学术生产与知识创新实践均是基于学科平台、团队与合作导师而展开的，为其建构系统的学科支持体系有助于其学术能力培养。

---

[1] 梁会青，李佳丽. 组织系统对博士后学术职业认同的影响研究——基于 Nature 2020 年全球博士后调查的实证分析[J]. 江苏高教，2022(02)：82—92.

(二)制度改革通过组织保障与学科支持,影响学术职业认同

实证结果表明(表2-28),制度改革以组织保障为中介对学术职业认同产生影响($P<0.001$),假设4得到验证;制度改革通过学科支持为中介对学术职业认同产生影响($P<0.001$),假设5得到验证。这表明制度改革会通过组织保障、学科支持感知分别影响学术职业认同。

表2-28　各变量之间标准化效应检验

效应类别	制度改革			组织保障		学科支持
	组织保障	学科支持	职业认同	学科支持	职业认同	职业认同
直接效应	0.561	0.221	0.663	0.697	0.137	0.149
间接效应		0.391	0.168		0.104	
总体效应	0.561	0.612	0.831	0.697	0.241	0.149

组织保障的中介作用与其他研究结论大体一致,也即制度改革如若对博士后的身份属性、工作前景与考核评价进行合理的定位与设计,或许会促进博士后在与组织协商互动过程中获得更多的发展机遇,且与院系建立更为积极的互动关系。[①] 换言之,合理的制度改革更能促进博士后对组织保障感到满意与认同,进而通过对组织的认可达成对学术职业的认同。否则,一旦临时身份属性与消极自我认知相互叠加,则会使博士后对学术职业抱有更加负面的态度,继而影响其对未来学术职业发展的整体态度,甚至可能逃离学术界。那么,"**制度改革—组织保障—学术职业认同**"的作用路径,其实体现出博士后个体清醒认识到当前博士后制度改革、项目管理与评价考核所带来的影响以及当前博士后群体规模增长所带来的竞争压力,并对此做出客观的评价。特别是随着高校教师聘任制改革进程不断加快,高校是否建立博士后与青年教师一体化的组织保

[①] 蒋贵友.全球博士后学术发展困境的现实表征与生成机理[J].比较教育研究,2022(03):69—77.

障与学科支持发展体系,将会成为博士后制度改革到学术职业认同之间的重要变量。

除此之外,影响博士后学术职业认同的另一条路径亦不容忽视,即**"制度改革—学科支持—学术职业认同"**的作用路径。具体而言,刚进入到学术职业的博士后对学术工作的认识比较纯粹,他们对于学术职业的理解是在具体的学科"部落"中予以完成的。事实证明,制度改革影响博士后对学科支持的感知具有关键作用,能够正向影响博士后对学术职业的认同程度。不过,良好的学科支持也能够调节博士后对制度改革的感知与学术职业的认同,从而有助于合作网络的建立。因此,制度改革能够在组织保障与学科支持感知作用下对博士后学术职业认同分别产生影响。

(三) 组织保障能够显著影响学科支持,且共同发挥链式中介效应

研究发现,博士后组织保障感知能够正向预测学科支持感知($\beta = 0.697, P < 0.001$),且制度改革能够通过组织保障感知影响学科支持感知,最终对学术职业认同产生影响($P < 0.001$),假设6得到验证。这代表组织保障与学科支持分别影响博士后学术职业认同的同时,亦在制度改革与博士后学术职业认同之间发挥链式中介影响。其实,相关研究将院系组织与学科共同体均归于组织生态系统内部,证明了其对博士后学术职业认同的影响以及组织保障与学科支持之间的逻辑关系。[①] 但是,将博士后组织保障与学科支持区分开来,验证二者对博士后学术职业认同的作用效应及其中介影响,有利于细化组织层面与学科层面对博士后学术工作保障支持程度与方式,更有助于将制度改革中的组织与学科共同体两个主体置于博士后质量保障体系的统一体中,通过把握二者作用关

---

① 汪传艳,任超. 我国博士后人才培养:问题与展望[J]. 科技管理研究,2016(16):144—149.

系促进博士后学术职业认同与学术发展。

从学术职业认同的内在影响过程来看,上述因素能够正向显著预测博士后学术职业精神认同($\beta = 0.859$, $P < 0.001$)、职业回报认同($\beta = 0.730$, $P < 0.001$)与工作制度认同($\beta = 0.907$, $P < 0.001$)。但是,组织保障、学科支持与制度改革对回报认同的影响程度最低,或将成为博士后培养质量提升的着力方向。

由此可见,"**制度改革—组织保障—学科支持—学术职业认同**"的作用路径其实构筑了政策制度、组织、学术共同体与博士后个体在内的整体学术生态,从多个维度理顺了博士后学术职业认同与各个因素之间的内部关系。一言以蔽之,组织保障为博士后提供了学术资助、平台支持与创新驱动的科研条件与制度环境,但诸多方面均须通过学科层面进一步将组织影响传达到博士后个体的学术生活中,从而维持组织目标、学科发展与博士后学术职业认同的一致。

/ 第三章 /

制度改革如何影响博士后的认同与行动

从制度系统的运作方面来看,认同是首要机制,系统的基本功能前提是藉由角色认同来满足的。[①]

——塔尔科特·帕森斯

① Parsons T E, Shils E A. *Toward a General Theory of Action* [M]. Cambridge: Harvard University Press, 1951:42.

随着"双一流"建设与高校人事制度改革的持续推进，博士后岗位已经成为青年学者获取一流大学教职的临时中转站。作为个体的博士后，既是自我学术职业社会化进程中的行动者，又是制度改革的阐释者，其对博士后制度改革的态度、认同与行动决定了这支队伍建设的可持续化进程。基于此，本章分析作为个体的博士后如何看待当前的制度改革，进而梳理群体内部的学术职业认同类型，整体呈现博士后个体如何通过行动选择回应制度改革。

第一节　高校博士后制度改革的现实特征与挑战

在"双一流"建设背景下，博士后制度改革对人才培养、学术支持、分类评价与晋升发展提出了具体的改革要求。本节结合高校博士后制度改革脉络与博士后个体制度认知的访谈编码，提炼出学术支持与评价考核、经济激励与学术竞赛、贯通发展与非升即走六个副范畴，并进一步聚焦为质量管理、创新驱动与聘用改革三个主范畴（见表3-1）。根据编码结果显示，当前制度改革中效率机制与合法性机制之间的张力，共同构成了博士后学术职业的制度环境。

表 3-1 "高校博士后制度改革趋势与特征"主轴编码结果

主范畴	副范畴	关系内涵
质量管理	学术支持	项目支持、分类发展与团队建设构成学术支持基本脉络
	评价考核	标准管理、量化评价与绩效考核组成评价考核框架内容
创新驱动	组织激励	成果奖励、等级激励与动态薪酬形成组织激励主要维度
	学术竞赛	学术分等、积分赛制与过程评价建构学术竞赛基本规则
聘用改革	贯通发展	聘用并轨、发展衔接与职务晋升就贯通发展线索路径
	非升即走	贯通管理、晋升发展与淘汰转换成为非升即走运作程序

一、 质量管理：学术支持与评价考核

人才质量作为博士后制度改革后的重要目标，已经逐渐形成了学术支持与评价考核两个迥然相异的管理方式。一方面，学术支持符合制度改革将博士后视作未来领军人才培养的目标定位，旨在满足制度的合法性机制；但另一方面，评价考核作为当前高校管理主义渗透的主要手段，已经成为学术组织评价、判断与裁定博士后学术潜能与工作绩效的重要依据，旨在满足制度的效率机制。二者的统一构成了支持与评价的平衡，从而实现当前博士后质量管理改革的既有目标。

（一）学术支持促进博士后培养质量

学术支持是实现博士后学术职业社会化最为本质的制度实践。从历史经验来看，早期的资助支持对青年学者的学术独立发挥了巨大影响，随后被哈佛大学、耶鲁大学等研究型高校所借鉴创新并扩散全球。作为国家人才战略与创

新战略中的重要组成,博士后资助支持体系期待为青年学者的学术探索提供灵活与宽松的行动空间,并通过持续的项目支持、分类发展与团队建设引导和规范博士后研究人员的学术行动,并与国家战略、科技前沿、知识发展的创新方向保持一致。因此,博士后制度作为近四十年来大学变迁与结构演化的拓展,其发展实践沉积与人才支持沉淀已经形成了作为人才培养活动的"共享理念"。

首先,项目支持是博士后学术职业社会化过程具有较强引导与激励的制度实践。从 20 世纪 90 年代分税制改革起,项目制开始翻越财政治理领域逐渐成为自上而下的资源配置形式与国家治理机制。① 在高等教育领域,博士后资助活动项目制度化同样成为传统单位制变迁过程中较为突出的现象,它以项目竞争与资源分配的类市场化手段,打破了博士后日常经费补贴的制度传统,并在博士后规模不断扩大的当下对争取学术支持的竞争手段进行合法化与合理化。在整个制度设计中,以"博士后创新人才支持计划"为代表的人才项目正成为博士后质量管理的重要环节,为青年人才提供了重要的学术支持。

其次,博士后群体内部的多元身份类型决定了分类发展正成为学术职业社会化的重要方向。当前,博士后制度按照大学的功能使命进行身份划分与分类发展,从而赋予了不同科研型、师资型、联合培养与项目制博士后的身份合法性。在博士后群体分化的内部,分类发展正成为制度实践的发展趋势,理据在于目前博士后制度正与教师聘任制度全方位接轨,而高校会按照教学、科研与社会服务等岗位要求招收博士后研究人员进行先期培养、考核与筛选,从而确保进入到正式学术职业序列的博士后能够在分类中发挥个体优势。② 当前高校细化博士后的身份类别看似是推动分类发展,但实质在于通过更加精细与精准

---

① 周雪光. 中国国家治理的制度逻辑[M]. 北京:生活·读书·新知三联书店,2017:196.
② 郭丽君,等. 地方高校教师教学发展支持研究[M]. 北京:经济管理出版社,2020:12.

的管理,加强博士后制度与既有管理程序的接轨。正如 A14 博士后表示,"目前学校依据博士后招收类别,虽然注明了不同博士后岗位的发展任务,但更多的是具体岗位目标任务与考核标准"。(A14 - M - J - GE - D1 - 2 - N)

再者,博士后阶段虽为职业社会化的培养过程,但也是基于学术分工的团队建设实践。这一制度将人才培养与人才使用相结合,不仅承担着"培养"的功用,还承载着"用人"的期待。知识创新过程中合作导师、学科团队与博士后之间的学术互动使彼此建立了知识创新与学术理念的传递关系,还蕴含着"情感联结""道德养成"的内在关联。A12 博士后表示:"目前,博士后都要进行团队归口管理,大家彼此合作、共享经验并传承团队理念,目的在于通过传帮带的团队建设解决当前遗传变异与人类健康的关键问题。"(A12 - M - R - FA - D1 - 2 - N)因此,基于知识传承与关系联结的考虑,部分高校正在探索建立一体化的专职科研队伍,将博士后纳入重点学科与承担国家重大战略研发任务的团队结构中,实现学术人才支持与创新团队优化的双重目标。

(二)评价考核强化博士后管理规约

评价考核与学术支持相伴而生,前者是效率机制在制度建构中的集中体现。以博士后制度改革为例,其核心便是建立更为合理科学的质量管理规则,通过体系健全、分类合理的指标体系加强博士后研究人员的在站管理,以评价考核推动博士后研究人员资助分等,从而实现资源分配与评价管理的统一。在这一过程中,尽管高校主要存在博士后中期考核与出站考核,且评价标准不尽相同,但均呈现出标准、量化与分类的制度改革取向。

第一,高校博士后制度的标准化评价所呈现的外显管理规约,可能对博士后群体形成"全景敞视主义"式的控制。目前,博士后的年度考核、中期评估与出站考核,以及科研博士后、师资博士后与项目博士后的分类评价,已经成为高校博士后质量管理中的过程性规约。① 譬如,N校于2021年开始参照正式职工考核办法,对全职博士后进行考核管理,其中年度考核环节若不合格则会依据该校教职工有关规定执行惩罚措施并进行人事备案,中期评估环节的结果审定是后半程在站资助的直接依据,出站考核环节主要对岗位职责、科研工作与个人表现进行专业评议与等级划分。正如 A01 博士后所言,"我们学校科研实力整体很强,为了进一步激发博士后的学术潜能与创新实力,从合同签约就会明确工作任务,然后在开题、年度考核、中期以及出站时候考察这些任务是否完成了"。(A01 - M - J - MS - D3 - 3 - N)因此,院系正积极探索更为有效的绩效考核,并与在站管理规定,年度考核、中期评估、出站考核与人才引进环环相扣,而博士后个体需要经过重重考核评价才能获得稳定学术职业的入场券。

第二,高校博士后制度愈加呈现出量化取向的评价特征,引导博士后的学术工作方向并形成了自我审查的学术文化。博士后制度改革后,高校可以在2—4 年内灵活调整博士后在站周期,并通过目标管理与分类考核逐渐明确不同身份博士后的岗位职责与工作任务,从学术论文篇数、课题立项等级与教学课时学分对博士后工作成效进行数字管理与量化统计。这一取向的评价考核其实质在于推动博士后做出更多表现性与可统计的工作成果,以便组织对博士后工作绩效做出显性、可比较评价。② 不过,外化于科研实践的等级数量标准犹如"吊灯上的巨蟒",已经生成一种自我审查的学术文化,而博士后不得不在临时性的学术岗位上实现符合组织期待的目标。两位博士后对此具有截然不同的态度:

"实际上,发表 2 篇 S 刊就可以出站,但这种量化考核的规则其实看不到当

---

① 李晶,李嘉慧. "双一流"建设下的师资博士后:"青椒生力军"还是"学术临时工"[J]. 教育发展研究,2019(23):42—48.
② 汪传艳,任超. 我国博士后人才培养:问题与展望[J]. 科技管理研究,2016(16):144—149.

前研究深层次的价值,特别是过程性的意义。"(A22-F-R-PS-D1-2-N)

"量化考核虽然弊端挺大,但是我们拿着国家资助,自然要产出成果,这个没什么好质疑的。"(A43-M-R-ES-D1-2-Y)

第三,高校博士后制度虽然重视不同群体的分类管理,但其底层逻辑仍是以学术为核心的绩效考核。当下,项目博士后与科研博士后主要围绕学术研究项目展开作业,而师资博士后与联合培养博士后还需分别在教育教学、社会服务领域深度参与。[1] 以 A42 博士后为例,其所在学校对联培博士后的考核规定,申请国家自然科学基金或社科基金的博士后人数不少于进站人数的 60%,发表学术论文人数不少于在站博士后的 60%。"越好的大学,在博士后制度这一块,它的类型划分与支持制度其实还是挺完备的。但是它的底层逻辑其实跟普通大学是一样的,设置博士后科研流动站就是为了冲刺课题、加强学术生产并实现人才队伍优化。"(A42-M-T-SC-D1-3-N)由此可见,尽管高校对不同身份博士后的分类评价标准进行了探索设计,但分类背后的逻辑仍是以学术为核心的绩效考核。

二、 创新驱动: 组织激励与学术竞赛

所谓组织激励,是指大学通过物质报酬或者精神感召促使博士后采取与大学目标一致的行动,甚至当前学术竞赛背后也深刻体现出这一激励逻辑。[2] 但与此不同的是,学术竞赛是大学等级制度的"缩影",它既具有组织激励的成效,也含有制度规训和惩治的目标。不论是组织激励还是学术竞赛,均指向大学更

---

① 许士荣. 我国高校师资博士后政策的十年回顾与展望[J]. 高校教育管理,2015(04):120—124.
② 周雪光. 组织社会学十讲[M]. 北京:社会科学文献出版社,2003:195.

高一级的学术创新目标,从而维系与激发博士后对于学术职业的持续认同。

(一)组织激励加强博士后学术创新

除了质量管理引入的技术规范与学术共同体内含的道德连结外,奖励系统是学术组织实现引导与控制博士后认同与行动的次要强化机制。正如默顿所言,奖励系统强化了科学发现的制度承认,但也隐含着负向影响。[①] 当下的博士后制度改革强调经济回报、地位声誉与福利保障相联系的学术激励机制,最大限度地调动博士后学术工作激情并实现学术产出的最大化。首先,博士后的项目等级与学术产出直接与奖励绩效挂钩。其次,同一身份群体博士后内部进行了等级划分,并据此建立了具有区分度与差异性的收入体系。第三,高校通过分类评价与绩效考核的量化标准核定博士后的绩效收入。A44 博士后表示,"博士后资助等级比较高,年薪可达到 30 万/年,普通博士后也能拿到 18 万/年,比'青椒'好太多了"。(A44 - F - P - CE - D1 - 2 - N)由此看来,高校博士后人员实行年薪制或结构工资制,主要包含基本薪酬、绩效奖励与社会福利三个部分,并基于学术创新成果与社会贡献建立了动态薪酬调整机制。

在格拉泽看来,积极的奖励承认对尚未社会化的学术青年具有重要意义,[②]而朱克曼的研究也证明了获得奖励承认比没有获得承认的科学家要更为高产。[③] 按照这一逻辑,在愈加体系化与制度化的激励机制下,博士后的学术职业认同与动机似乎更能被外部承认所强化。特别是在学术分工与团队作战的时代,他们被嵌入在以首席科学家、教授、副教授、讲师(助理教授)与研究生为等

---

① R. K. 默顿. 科学社会学(下册)[M]. 鲁旭东,林聚任,译. 北京:商务印书馆,2003:379.

② Glaser B G. Variations in the Importance of Recognition in Scientists' Careers [J]. *Social Problems*, 1963(3):268 - 276.

③ 哈里特·朱克曼. 科学界的精英[M]. 周叶谦,冯世则,译. 北京:商务印书馆,1979:102.

级次序的学术系统中(见图 3 - 1),面对经济奖励、学术权力与科研资源的重重
激励。

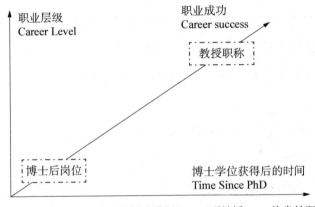

图 3-1 全球主要国家典型的学术职业生涯道路

博士后作为流动学术人员,期待在差异化学术环境与自主学术探索中找到
未来学术职业得以深耕的创新领域,但目前学术系统所充斥的激励考核机制可
能也会使部分博士后研究人员倾向开展"短平快"的功利性研究,以期在这段不
稳定与临时的学术经历中找到更多的确定性。作为结果,他们的学术方向被考
核目标与奖励机制所引导,其工作出发点与落脚点越来越习惯于用经济回报与
考核结果衡量未来学术职业的价值与意义,从而产生默顿所述的奖励系统的反
功能。

"'短平快'的东西需要团队合作,像我们图书馆学这个学科领域,基本上很
少有独立发论文的人了,已经形成生产论文的方式。"(A17 - F - R - LS - D1 -
4 - N)

综合而言,多数高校建立了以经济、等级与声誉为导向的激励机制,一方面

使学术论文、科研项目与成果转化成为博士后学术流动的利益来源,另一方面也正在引导博士后的学术职业方向并塑造以制度激励为目标的行动偏好。不过,如果缺少这种经济奖励系统,或者将其限制在一定范围之内,则不会使大量学术青年持续投入到学术职业并完成诸多创造性的知识发现。因此,对博士后的学术成绩进行分层奖励是承认他们工作的重要方式,而激励与身份等级是建立在学术承认的逻辑之上,有其特殊与稳定的合法性意义。

(二)学术竞赛促进博士后身份分层

在博士后招收与培养中,政府与高校投入充足的资金与学术资源,自然期待博士后能以国家战略与社会需求为导向生产更多的学术成果。但当资金、资源、制度与评价等要素汇聚融合时,政府、大学与学术劳动力市场合力建设的学术锦标赛制度,成为博士后职业社会化过程中不能逃避的筛选竞争机制。[①] 在这场类市场竞争中,博士后需要在课题、论文、专利奖项等竞争项目中取得相应的成绩,换算成等额积分,才能得到相应的资助等次与奖励报酬。

首先,博士后的学术竞赛以学术分等作为目标。学术锦标赛的本质其实是"委托—代理"机制所形成的政府、大学、学科、研究人员的逐级发包代理结构,其中学校排名产生于学科的整体排名,学科排名依赖于学术共同体的成果,研究者个人的排名则来源于项目、论文、奖励与社会服务的综合成绩。[②] 正如 A22博士后表示,"博士后其实面临着二次求职的选择,所以需要基于现有成果跟其他博士后竞争。在这个人才储备池子里,并不是说你优秀就可以,还要不断获取高显示度成果,才有留下来的机会"。(A12 - M - R - FA - D1 - 2 - N)因此,

---

① 阎光才. 学术等级系统与锦标赛制[J]. 北京大学教育评论,2012(03):8—23 + 187.
② 周黎安. 转型中的地方政府:官员激励与治理[M]. 上海:格致出版社,2008:34.

这场学术竞赛正在形塑一种必要的分等与分层,筛选出优秀的博士后研究人员并为其配置相应的晋升通道、学术头衔与研究资源。

其次,它以积分排名作为规则赛制。以 T 大博士后考核积分规则为例(见表 3-2),博士后出站考核被划分为优秀、合格与不合格三类等级,等级由各项标准背后的积分赋值所决定,而积分又由论文课题数量决定。整个博士后阶段其实被细分为入站考核、在站管理、年度考核、出站评价组成的长时段"赛程",如果错过其中一个小项比赛,那么可能会丧失在整场比赛中的主动权。对此,A06 博士后表示,"我们学校是积分制规则,如果能达到特优的话,不管是科研博士后还是师资博士后都可以留校。如果没有达到要求,可能就被淘汰了,或者还须继续做博士后"。(A06-M-T-MS-D3-3-N)因此,学术积分赛制成为衡量博士后学术工作"质"与"量"的唯一尺度,成为博士后工作阶段无法回避的"游戏规则"。

表 3-2　T 大学博士后研究人员工作考核积分表

考核维度	考核内容	评分
科研项目	主持国家级课题,国家项目子课题,中国博士后特别资助	50 分
	中国博士后一等/二等资助,省部级项目,纵向课题或基金	40/30 分
	参与国家项目/主持实验室课题/参与省部级课题(前三)	20/15/10 分
学术论文	SCI、SSCI 论文/EI、A&HCI 论文/学科核心期刊	20/15/10 分
	CSSCI、CSCD、ISTP 收录、EI 会议收录	5 分/篇
	一般公开发表论文、一般学术会议论文	3 分/篇
学术著作	独著、合著第一作者、合著第二作者(20 万字以上)	20/15/10 分
专利	发明型专利授权排名第一/第二/第三	15/10/5 分/项
	发明型专利受理排名第一/第二/第三	10/5/3 分/项
	实用型专利授权排名第一、实用型专利受理排名第一	10/5 分/项
获奖	国家级一/二等奖(前 5)、省部级一/二/三等奖(前 3)	80/50/40/30/15 分
论文奖励	在本学科国际排名(影响因子)首位的学术刊物发表论文	20 分/项
综合	学科建设、博士后联谊会工作等	最高 10 分

再者,它以优胜劣汰作为竞赛结果。博士后的学术竞赛中设置了契约管理、年度考核、中期评估与出站评审重重关卡,通过引入过程化管理与竞争性机制实现博士后"进出"与"升降"的动态管理。通常而言,院系在学术锦标赛中既充当规则设计者的角色,又扮演比赛裁判员的身份,对博士后优胜劣汰。譬如,考核不合格博士后将面临资助降等或底薪核减的风险,如若第二年度仍不合格则继续核减或淘汰处理。

甚至,A16 博士后表示,"学术竞赛并不可怕,就怕高校'养蛊',一个岗位找来一群博士后竞争,能够留下的却寥寥无几,导致无序竞争与资源损耗"。(A16－F－T－CH－D2－3－N)由此而言,博士后人才的无序竞争与过度筛选归根结底遵循学术竞赛的优绩逻辑,但也体现出部分高校制度改革的功利化取向。综合而言,学术锦标赛带来了激励与压力的双重效应,从而产生制度设计的非预期结果。

三、 聘用改革:贯通发展与非升即走

当博士后招收规模愈来愈大时,学术流动、职务晋升与岗位聘任便成为其职业发展的核心问题。一方面,博士后贯通发展是实施人才队伍建设可持续化发展的改革关键,将选人、用人与育人统一集成可以最大限度地保障人才队伍的"活力";另一方面,博士后到教师聘任过程中的"非升即走"程序可以实现人才筛选目标,从而将博士后置于"师资蓄水池"中进行动态调控。由此而言,贯通发展实现了博士后到师资聘任的"直通","非升即走"构成了贯通流动的基本程序与原则,二者共同推动博士后培养与教师聘用的改革接轨。

(一)贯通发展明确博士后职业通途

博士后制度改革以分类管理、服务发展、健全体系为基本原则,与国家深化

人才发展体制机制改革一道,推动高校逐渐建立公开招聘、分类培养与择优聘用的制度体系。目前,"双一流"高校博士后到青年教师聘任一般会经过两个到三个阶段(见图 3-2),一是为期 2—3 年合同期的博士后岗位,这已经成为诸多高校新教师入职的先决条件;二是博士后第一个合同期结束且结果优胜者可以直接签约教职,如在聘期内升为高级职称可以签订长期聘用合同,否则如需留任则应续签;三是续聘阶段,聘期结束时实施非升即走。

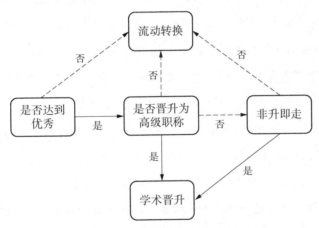

图 3-2 博士后贯通发展的基本程序与步骤

首先,博士后制度改革打通了职务晋升渠道,实现了博士后岗位到正式科研、教职岗位之间的接轨。当前,"双一流"高校将博士后制度与师资"预聘—长聘"制度相结合,规定博士后人员作为师资聘任的重要来源与后备力量,并通过合同契约明确博士后、合作导师与学校三方的权利义务与工作内容。① 由此而言,博士后背后的契约身份代表其已进入专任教师序列通道的考察阶段,并获

① 赵慧,吴立保. 资金支持如何影响博士后的学术职业发展——基于 Nature 全球博士后调查数据的实证分析[J]. 研究生教育研究,2022(03):8—16.

得了明晰的职业发展通道，而"预聘—长聘"制度将在站博士后研究人员纳入评价考核范畴，进一步明确了其作为高校师资队伍"蓄水池"的身份定位。

"博士后转到教职序列须达到教师聘任的基本要求，在第一个聘期结束时候需要达到副高标准，这样才能进入到第二个聘期。进入第二个聘期之后，需要拿到副高职称，否则就要走人。"(A46 - M - T - CE - D2 - 1 - N)

其次，部分高校要求新进教师全员进行博士后流动。这一制度安排缓解了高校直接选聘教师的风险，同时将博士后经历作为教师聘任的必要条件，实现了博士后与教师聘任之间的岗位衔接。虽然目前博士后的平均薪酬、资助力度较高，但是其临时工作属性与不稳定特征亦更加明显。实际上，A09 博士后表示，"毕竟对于绝大部分人而言，博士后代表着不稳定与潜在的风险，如果在这段临时阶段没有达到预期的提升，那么再清晰的发展晋升也是徒劳"。(A09 - F - R - PH - D1 - 2 - N)由此看来，全员流动的高校聘任制度改革虽然提高了青年学者的经济收益，但却将其置于更加不稳定的情境之中。

再者，博士后制度改革的另一优势则是疏通了职务晋升的发展通道。高校博士后完成聘期任务且取得优秀业绩者可以按照程序申请专职教学科研系列岗位。以 N 大学助理研究员（博士后）聘期考核办法为例，博士后在第二聘期可以申报指标非单列的副高级职务，需要与学校同层次博士后与青年教师一起参与职称评选，获得晋升的博士后可进入学校事业编制。正如 A26 博士后所言，"今年我们学校制度规定，具有 3 年及以上工作经历的博士后可以申报高级职称，这一点我还是很满意的"。(A26 - F - J - CE - D2 - 1 - N)因此，聘用制度改革突破了博士后群体的职称晋升限制，发挥了人才培育、人才选拔与人才更新的正面效应。

综上所述，贯通发展实现了博士后队伍与教师队伍的接轨，完善了职业发展与晋升通道。但须谨慎的是，这并不意味着博士后到正式教职之间是更加清晰的坦途,在"高标准、高资助、高筛选"的激励与约束机制传导下,博士后学术职业实则充满了不确定性与不稳定性。

(二) 非升即走加速博士后优胜劣汰

评价考核与学术竞赛的结果是博士后"非升即走"的关键依据。随着博士毕业生规模越来越大与高校教职体量逐渐收紧,加之政府对博士后的资助力度之高,博士后经历开始成为部分大学教师聘任的必要条件。目前,"双一流"大学正在探索的博士后制度改革,目的就在于将博士后流动与教师选聘相衔接,延长人才考核、筛选与培养周期,通过"非升即走"程序实现青年人才的更新与流动(见图3-3)。正如A40博士后所认为的,"非升即走的精妙之处不在于它有明确的评价标准,而恰恰在于它没有这个标准。它仿佛一个很模糊抽象的东西,让人心里悬着,不用主动去管理与评价你,就会形成一种自我审查的文化,担心自己课题等级与论文数量够不够,无形中加大了职业的不确定性"。(A40 - M - T - SC - D1 - 3 - N)因此,学术劳动力市场的变革将本就充满不确定性的博士后岗位带来了更多的风险与挑战,无形中变更了博士后的制度初衷。

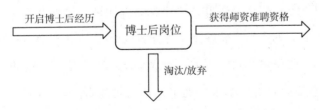

图3-3　博士后岗位队列中流动与等待的具体路径

一方面,博士后在站管理与教师引进相衔接将博士后经历演变为教师轨道"非升即走"中的初级阶段,但并未形成与之匹配的认可机制与评价程序。一般而言,高校博士后的评价考核主要由管理机构主导,而非学术共同体裁定,因此更具操作性与可比性的等级考核取代了同行评议,成为博士后在站管理与出站评议的主要判据。① 当前,多数高校尽管设置了博士后等级梯队与进出机制,但对其中的学术认可机制与评价程序仍未进行合理的制度设计,反之以标准化、绝对化的考核评价作为组织管理的技术手段,仍在主导博士后的人才评选与考核。

对此,A17博士后表示,"这个制度本身是好的,但是对于必须要走的那些人,究竟去哪里?这些博士后需要通过二次职业选择转去其他的轨道,但那些轨道在哪里呢?这也是整个职业群体特别焦虑的原因"。(A17-F-R-LS-D1-4-N)

另一方面,"非升即走"问题的关键在于有序流动的学术劳动力市场尚未完全建立。博士后与教职"贯通"的目的在于通过更长的竞争周期与更强的筛选机制实现高校内部人才流转更替,但又由于我国高校聘任制度改革仍受到编制身份的影响,决定了博士后与教职之间的贯通往往名实不符,仍需要"非升即走"制度加速博士后群体的筛选与淘汰。② 当下,"双一流"高校普遍鼓励青年学者开展博士后研究,并以此作为申报高级职称的充要条件。在这种情况下,诸多博士后聘期成果尽管达到了专任教师资格,但由于晋升指标与编制限额影响,仍旧面临学术"高龄"压力与淘汰退出风险。由此可见,博士后岗位的临时属性本就是通过短暂学术资助帮助他们实现身份的自主与独立,但是如A18博士后所言,当下的流动等待与淘汰风险其实造成了博士后更大的职业压力。

① 黄文武. 大学教师"非升即走"制度安排的利弊分析[J]. 江苏高教,2020(06):89—96.
② 朱玉成. 高校教师非升即走的制度误用及纠偏[J]. 中国高教研究,2021(12):64—69.

"对于博士后的非升即走,第一个我觉得学术不应该是在这种高压环境下完成的。第二个我觉得博士后尚处于不成熟阶段,不能用教师的评价逻辑去要求博士后,这对我们这批青年学者特别不友好。"(A18 - F - P - MS - D2 - 2 - N)

综合而言,博士后"非升即走"是人才贯通发展中的必然产物,后者旨在解决博士后群体中长期存在的职业发展与学术晋升问题,成为制度合法的有效补充,而前者则是实现博士后人才筛选与流转的效率机制。两种机制走向冲突还是融合,其实决定了高校博士后制度改革截然不同的命运。目前,内部评价保障机制与外部学术劳动力市场的缺失,促使博士后群体获取正式教职的年限与周期似乎正在变长[①],需要谨慎这一群体逐渐变为博士"候"的制度风险。

第二节　制度改革下不同博士后的学术职业认同

面对学术支持与评价考核、经济激励与学术竞赛、贯通发展与非升即走所形成的机遇与挑战,促使博士后制度在追求合法性机制与效率机制过程中形成了强大的张力。为了表征博士后学术职业认同的类型特征,本节基于高校博士后访谈资料,对关涉博士后个体对学术职业认同的文本资料进行整理,通过开放式、主轴与选择性三级编码程序共获得 36 个初始概念与 12 个副范畴。根据访谈编码结果,将博士后划分为学术临时工、师资生力军、独立研究者与边缘学术人四种类型(见表 3 - 3),并分析他们的学术职业认同情况。

---

① 蒋芳. 博士后变"博士候",根在"破五唯"不到位[N]. 新华每日电讯,2022 - 02 - 23(007).

表3-3 "不同高校博士后的学术职业认同特征"主轴编码结果

主范畴	副范畴	关系内涵
学术临时工	工作留任困境 依附观念认同 生存需求导向	人才规模扩大与临时资助项目造成职业前景模糊 机会结构限制与学术考核压力促使依附认同内生 选人机制异化与留任程序严苛推动职业生存导向
师资生力军	知识创新认同 教师替补身份 制度规则导向	基础创新与应用服务构成了学术职业的基本目标 组织服务与晋升通道推动其成为师资聘任的主力 制度认同与层级跃升塑造了其制度规则导向行动
独立研究者	身份建构目的 职业身份认同 人格独立导向	学术独立与自我实现成为其职业认同的核心目标 学术资源与学术能力匹配能够支撑独立目标实现 独立信念与价值理性使其遵循人格独立导向行动
边缘学术人	个体探究目标 职业认同冲突 边缘游离导向	学理探究与学术发展使其明确了学术职业目标 资本匮乏与处境边缘致使其面临职业认同冲突 信念匮乏与能力不足使其行动处于个体游离状态

一、 非升即走制下的学术临时工

博士后对学术职业的认同感知与高校"非升即走"制度具有内在的关联。经过资料编码发现,工作留任困境、依附观念认同与生存需求导向具有内在的一致性,总体上构成"非升即走"制下的学术临时工这一身份类属特征。从法律契约关系而言,博士后身份属于高校职工范畴[①],其与院系组织、学科团队以及合作导师之间具有人事协定、知识合作或劳动聘用的存续关系,但在"非升即走"制度的实际操演中,个体的现实期待却与制度结果之间存在较大的罅隙。

---

① 高建东.培养抑或用工:我国高校博士后制度的现实与反思[J].河北师范大学学报(教育科学版),2020(04):109—117.

　　首先,部分高校巧立博士后岗位名目扩大师资引进,但并未提供充分的留任与晋升空间。甚至部分"双一流"大学人才"养蛊"与"割韭菜"事件频频见诸报端,通过大规模招募博士后数量竞争有限的师资聘用岗位,从而实现人才的快速淘汰与更替。究其缘由,由于我国高学历人才队伍培养规模的快速增长、高校师资供求关系变化以及博士后制度的流动资助优势,催生了博士后经历成为高水平大学新聘教师的必要条件。这虽有助于缓解学术劳动力市场的人才饱和问题,提升高校选才周期并降低选才风险,但正如 A08 博士后所认同的,部分高校以高薪酬、低门槛招聘规模庞大的博士后队伍,而后又以高竞争与高筛选方式予以淘汰解聘,委实引发了博士后群体的职业焦虑与过度竞争。

　　"学校已经不直接招聘教师岗位,只能通过博士后这个渠道进入。对于我们,学校其实并没有设计充分的工作保障与晋升发展机制,而且留任的概率是非常小的。所以,我也对未来职业的发展前景感到沮丧。"(A08 - F - R - BA - D1 - 2 - Y)

　　其次,外部"非升即走"的考核压力与学术竞争态势加剧了博士后与学术组织、合作导师之间的临时依附关系,导致博士后成为等待教职的"博士候"与学术临时工。事实上,临时流动的博士后群体使精英高校拥有了供过于求的师资储备,但某种程度上也制造了人才发展与机会结构之间的矛盾与限制。[1] 处于职业社会化阶段的博士后,其实面临宏观机会结构限制与微观学术考核压力过大的双重困境,催生了博士后对学术组织或合作导师的依赖。从 A01 博士后的个体视角来看,"依赖"而非"独立"或许是博士后应对制度改革不确定性风险较为稳定与保险的现实策略,但实际却造成了以独立性为目标的博士后制度与学

---

[1] 项飚. 全球"猎身":世界信息产业和印度的技术劳工[M]. 王迪,译. 北京:北京大学出版社,2012: 23.

术环境所催生的依附性之间的深刻悖论。

"对于学院或合作导师而言，我就是一个临时工。在这一阶段，我进站的目的就是拿'青基'，如果没能拿到会连续做两站。什么时候能拿到？不知道，一直在等，没有'青基'意味着诸多教职与我无缘。"（A01 - M - J - MS - D3 - 3 - N）

再者，身处发展困境的博士后对学术职业及其价值理念开始变得模糊，可能会回落到以生存需求为导向的现实层面。当前研究认为，高校博士后制度转变为畸形的选人机制与留任程序，使该群体面临更大的发展困境与不确定性风险。[①] 特别是在"破五唯"的运动型治理机制下，部分高校虽淡化唯论文与唯奖励的评价导向，但随之兴起的是在人才选拔中对国家课题的"明码标价"。在生存需求尚未得以缓解的前提下，这种数课题、拼论文的人才筛选机制实质上放大了博士后临时流动的生存压力，促使其学术职业理想终究转变为世俗经营层面的工作算计。正如 A02 博士后所言，"博士后群体其实没有这么高大上，因为大家一开始就知道这是职业缓冲区，或者说白了就是临时工阶段，但重要的是，我们好像都不知道未来前景在哪里，几乎没有职业安全感"。（A02 - F - J - CE - D3 - 2 - Y）长此以往，"等待教职与留任困难"的博士后或许会成为改革风暴中的智力消耗品，在何处延续学术之路成为其不能绕开的职业困扰。

二、 学术锦标赛中的师资生力军

在微观学术系统中，以学术锦标赛为代表的学术治理模式其实铺就了一条充满竞争、绩效与等级的职业路径，也将博士后带入了具有等级的职业激励系统与充斥筛选的考核竞争场域。根据编码分析发现，知识创新认同、教师替补

---

① 熊丙奇. 如何解读博士后扩容[N]. 光明日报,2020 - 05 - 19(011).

身份与制度规则导向三者构成了同一认同类型,并将其归为"学术锦标赛中的师资生力军"这一类属。

首先,这类博士后大多认同知识创新推动国家战略、组织发展与社会服务的学术职业观念。改革开放之后,大学作为单位组织虽然对国家资源完全依赖程度有所下降,但并未完全"退场"。相反,高校对国家权力与资源依赖可以实现国家藉由相应机制手段控制大学组织的资源分配,进而实现对学术个人的引导与管理。① 这种学术工作逻辑其实透视了博士后身处资源与依赖的关系结构。在二者的关系交换中,大学院系所提供的学术保障与研究发展对于身份转型期的博士后来说具有双重意义,一方面关系到博士后的职业平台及其生存,另一方面决定了其在适应职业环境并实现身份转换的资源空间。譬如,A15博士后表示"目前主要参与国家重大科技研发项目,会比较多地考虑研究成果的社会效应,在这个过程中使我明白了学术职业对社会进步的意义与价值,这也是我个人的使命与责任"。(A15-M-R-CS-D3-1-N)因而,作为依赖与交换的互动结果,博士后对于学术职业的使命感与责任感得以塑造。

其次,以分工协作为导向的知识生产自然将博士后卷入到学术团队,使其对教师身份具有较强的认同感。一方面,作为"师资生力军"的博士后高度认同学术为组织发展服务的价值导向,并通过参与组织任务、产出超额结果强化了自我教师身份的认同,从而由边缘的临时角色过渡到核心的主导位置。② 另一方面,高度卷入学术组织并产出更多学术成果的同时,博士后与合作导师、研究团队在学术锦标赛的体制环境中产生了更为结构化的依存关系:博士后、讲师、

---

① 周雪光.从"官吏分途"到"层级分流":帝国逻辑下的中国官僚人事制度[J].社会,2016(01):1—33.

② 王思懿.科研主力军还是学术临时工:瑞士博士后多重角色冲突与发展困境[J].比较教育研究,2022(02):33—41.

副教授、普通教授与首席科学家之间建构了以学术资源与地位为核心的秩序层级关系,并通过单向的依赖关系实现了学术资源、权力与人才的高度整合。A41博士后表示,"我们主要围绕合作导师主持的课题展开学术分工,已经形成了具有梯度与等级的团队关系,诸多博士后在出站之后能够留下来,已经成长为团队的核心人物"。(A41-F-R-CM-D1-2-N)由于学术劳动力供求变化与博士后较高的学术产出效益,使其愈来愈成为科研项目中的主力,成为师资来源的主要"替补"。

再者,这类博士后对于学术评价管理以及"非升即走"的制度设计持有相对积极的态度,他们普遍认为学术竞争与考核评价维系了学术资源的有效分配,能够将与组织相符的博士后预备人员筛选出来并承担学术创新任务。在 A30博士后看来,"选择博士后,就代表着你将要面对更加不确定的未来。如若没有学术考核压力与淘汰机制,全部都是'大锅饭',那么博士后流动的价值与意义在哪里?不能一味否定博士后流动的价值,而是要反思是否真的适合学术职业"。(A30-M-T-ZT-D1-2-N)作为学术锦标赛中的佼佼者,他们需要秉持与制度规则方向一致的行动取向,才能得以补充到高校教师序列。从 H 校博士后聘用、考核与晋升制度流程来看(见图 3-4),博士后的向上流动与层级跃升需要不断迎合组织制度规则,需要将自己扮演成"师资生力军"助推团队获得更多学术 GDP。事实上,这一类型不仅代表其作为学术团队中的重要成员,而且形象地呈现了他们对于学术职业身份的高度认同。

三、　身份建构阶段的独立研究者

根据编码发现,在"临时身份"走向"独立身份"的过程中,身份建构目的、职业身份认同与人格独立导向构成了"身份建构阶段的独立研究者"的认同特征。

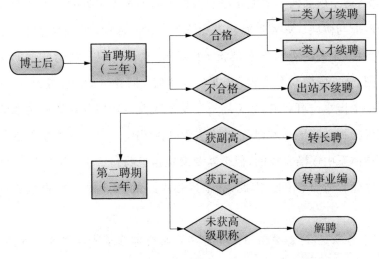

图 3-4　H校博士后聘用、考核与晋升制度流程

这一类属是从"目标—过程—结果"而言,博士后从身份建构与独立自主目标出发,通过学术能力与学术资源的匹配进而实现职业认同与公共价值目标的达成。

首先,此类博士后普遍将职业身份独立置于这一临时阶段的核心位置。他们选择博士后岗位旨在通过临时流动进一步提升学术能力,试图突破既有的学术边界,进一步加速学术职业社会化进程。从 A26 博士后的叙述来看,"我个人还是有一定的学术理想在的,选择到更高的平台做博后就是为了进一步提升学术能力,做出更有影响力的成绩。虽然像我们这样的博士后基本不可能留下来,所以我尝试着自己走出来,看看依靠自己的能力能够走多远"。(A26-F-J-CE-D2-1-N)可以看出,博士后阶段应是自我驱动与自我实现的独立过程,而非传统的学术依附关系。其中,拥有海外教育经历或较强科研能力的博士后是这一类型的主要人群,他们普遍认同学术职业的内在价值。

其次,博士后通向学术独立与学术自主的关键在于外部学术资源与学术能力的匹配与协同。如若资源能力能够支撑这一目标,那么他们可以较好地将外部支持、个人能力与学术信念予以综合,从而实现自我的学术期待与目标。否则,外部资源与个体能力不足以支撑独立研究与身份转换过程,甚至会滑向另一个极端。可以说,博士后对于学术职业的理解与认同就是能够以独立研究者的身份开展学术创新,这一进程是在团队、组织与个人所组成的复杂学术互动体系中逐渐完成的,但也需要避免角色身份冲突、团队融入不畅、合作关系异化等外部问题。因此,意欲通往独立的A03博士后表达了对此的看法。

"对于我来说,时刻警醒自己千万不要把全部希望寄托在合作导师身上。一旦你离开这个老师或者平台,你会很不适应。因为你到了其他岗位的时候,你可能很难再有这个相关资源去支持你的发展,对吧?"(A03 - M - R - PE - D1 - 2 - N)

再者,秉持学术独立与身份自主的博士后并不认同当下学术职业环境中所充斥的绩效管理导向。实际上,他们所持有的学术资本与能力足以应对外部存在的普遍主义式评价机制,能够逃离、避免制度改革风暴所带来的负面影响。以A31博士后为例,"那像一些博士后专门给合作导师干课题,层出不穷地利用资源发文章。但对咱来讲,正好我也知道自己想干什么,也知道怎么发表英文文章,那我还是走我的这个国际发表路线,合作导师很少干预我的研究,而我也不太关心学术评价的具体规则,其实是100%的学术自由"。(A31 - F - T - PO - D2 - 1 - N)

由此可见,与"权力中心"保持距离并不代表他们会成为学术系统中的边缘人物,相反能够通过学术发表与国际化的学术网络在更高层次实现任务回应,并成为学术场域中备受关注的佼佼者。

四、 大学场域游离的边缘学术人

博士后经历作为青年学者通向学术独立的过渡阶段,其实负载着他们对学术职业的理想与未来。根据编码发现,个体探究目标、职业认同冲突与边缘游离导向三类特征具有内在的同构性,将其归纳为"大学场域游离的边缘学术人"类属。对于博士后而言,他们身处场域环境且占据学术网络位置的不同决定了其对学术职业的理解差异。自然地,与组织管理中心相逆的博士后在逃离学术管理并保持学术自主的同时,可能被动"排挤"或主动"游离"到了边缘的位置。

首先,此类博士后重视学术工作的内在价值,强调学术对于实现自我价值与公共利益的双重意义,倾向于将学术职业上升到个人志业的高度。不过,作为学术系统的初入局者,他们同样要面对学术评价所带来的生存焦虑与成果压力。以"边缘"定义自我的博士后始终能够坚守学术职业所赋予的知识生产创新使命,而非顺从学术市场与组织制度所提出的标准与要求。吊诡的是,当博士后场域空间受限与资源捉襟见肘的时候,边缘与有限或许会让他们保持一颗恒心并迸发出巨大的学术创造力,历史上诸多前期默默无闻的诺贝尔奖获得者便是这一类属的例证。[1] 因此,在 A14 博士后看来,学术职业不应是世俗意义与专业层面的工作与物质报酬活动,而是价值达成的生命之旅。

"如果从学术角度看,博士后最重要的是意义实现,尽管边缘化让我有点孤军奋战的意思,但是让我明确了自己未来的价值与期待。这段临时工作让我思考什么路适合自己,这些是很重要的。"(A14 - M - J - GE - D1 - 2 - N)

---

[1] 约瑟夫·本-戴维. 科学家在社会中的角色[M]. 刘晓,译. 北京:生活·读书·新知三联书店, 2020:90.

其次,工作边缘处境其实带来了正、反两方面的影响。一方面,边缘代表博士后在整个学术场域具备较少的社会资本与学术资本,难以回应组织制度的考核目标且面临巨大的生存压力。既有研究表明,学术压力到达一定程度会迫使博士后离开组织团队,更有甚者使其学术志趣消退,从而产生职业认同危机。A46博士后表示,"说实话,当时就是想着能够留下来才选择做师资博后,但到现在一个成果都没出来,真心怀疑自己适不适合再坚持下去"。(A46-M-T-CE-D2-1-N)另一方面,边缘化的处境也可能给予博士后更多自我探索的空间,从而获得更多学术自由并保全自我意志的可能。对于他们而言,所谓的学术游离或边缘处境,资源有限或资本匮乏,虽限制住了博士后的职业发展,但也给了身处游离与边缘的他们更多的思考与自主,或许这才是他们所珍视的状态。对此,A25博士后认为,"当前的边缘状态能够远离外界关注,做自己想做的事情,能够保持纯粹的思考,能够做真正的研究"。(A25-F-T-JC-D3-2-Y)

最后,学术职业归根结底是观照人性意义并在现实世界中发现通向更高价值的志业追求。在职业社会化阶段,这类博士后对学术发现乃至学术创新需要经过岁月积淀与历史检验的看法广为认同,他们怀揣纯粹的学术信念前赴后继地投入到这一场不知结果、不问回报的学术冒险中。或许如同韦伯所言,以学术为志业是需要激情、信念以及人格条件的,它不应该是世俗化与专业化的工作。[①] 同样,选择自我边缘与个体游离的博士后将学术职业作为自我信念达成的载体,希望通过临时、灵活的流动经历挖掘潜在的未知可能,但又不希望被市场、政治与社会过度地侵扰。正如A40博士后所言,"我是属于比较边缘的博士后,基本不太参与学校事务,犹如中世纪自治主义中城邦里的自由市民……当然,我还是想做我自己的事情,所以说白了我这就属于草台班子。但未来能不

---

① 马克斯·韦伯. 学术与政治[M]. 阎克文,译. 上海:上海人民出版社,2021:23.

能留下,甚至去干什么,我还没想清楚"。(A40-M-T-SC-D1-3-N)至于学术职业在哪里延续,他们自己或许没有明确的答案。在他们的学术世界里,知识与真理不可能通过加速、催化便能得到,而保持游离是他们对待这份事业最为真挚的态度。

五、 四种博士后类型的划分依据

上述四种类型其实是个体与制度环境的双重互动中所形成的。一方面,不同博士后学术职业认同之间的界限其实是制度内部效率机制与合法性机制张力下的催化物,其中效率机制倡导管理主义的制度逻辑,强调人才快速选拔与筛选,而合法性机制强调专业主义的行动逻辑,强调学术内在规律与使命。[①] 在管理主义的制度逻辑下,博士后较为认同学术为国家战略与组织竞争服务,将自己纳入学术团队进而完成学术职业身份与认同的建构过程。在专业主义的学术逻辑下,博士后较为认同学术工作的传统知识生产观。在他们眼里,学术与市场、政治存在天然的壁垒与界限,而学术所需做的便是在学术生产与独立探索中追寻那些具有普世意义与人性价值的思想观念与知识基础,纯粹通过学术认可程序与声誉机制建立学术职业的自我认同。何种制度逻辑占据主导决定了博士后制度改革的取向,这是影响博士后学术职业认同建构的核心维度。

另一方面,个体观念、认知与能力是否与制度环境相一致决定着博士后嵌入学术系统的位置、资本与权力。[②] 由于博士后身处复杂的制度环境中,不断强

---

① 周雪光. 组织社会学十讲[M]. 北京:社会科学文献出版社,2003:27.
② 卢盈. 学术系统的"差序格局"及其治理[J]. 江苏高教,2022(02):13—20.

化博士后与制度之间的内在关联以及博士后学术产出与效率增长的管理导向。当个体观念与制度期待不尽一致时,博士后对于学术职业的认同便会出现冲突、矛盾乃至重新规划,甚至会根据环境要求、自身能力、职业承诺决定学术职业观念是否存续或重新建构。那么,秉持不同观念、认知与能力的博士后个体和外部的组织制度情境之间的匹配程度,影响着他们对于学术职业理解与认同的主观差异。值得注意的是,博士后"个体—环境"的匹配程度并不存在完全不同的区隔类型,而是遵循正态分布逻辑处于两个极端的中间,并根据不同的场景、机会与阶段在两者之间不同程度地"摇摆"。

依据专业主义/管理主义、个体—制度匹配/冲突两个维度建立横、纵两个坐标体系,将复杂、多元的博士后划分为师资生力军、独立研究者、边缘学术人与学术临时工四种类型(见图3-4),并据此分析他们的学术职业认同。需要进一步澄清的是,上述划分属于韦伯意义层面的理想类型,当他们被分别置于更为复杂与具体的制度场景与学术系统时,或许会改变其对于学术职业的理解以及对外部环境的认同,进而模糊不同博士后学术职业认同之间的边界。但是对制度改革下的博士后进行分类,旨在更好地理解当下学术职业的制度环境,以及不同个体对于学术职业的意义确认。换言之,这种类型划分其实建筑了博士

图3-4   高校博士后类型划分的四种象限

后学术职业认同的意义基础,明确了他们与制度环境以及学术共同体的互动与协商过程中对于学术意义、价值与身份的自我归类与主观认可,这对于理解制度改革背景下的博士后行动选择建立了更具层次、立体的视角。

第三节　高校博士后应对制度改革的行动选择

面对当前制度改革的机遇与挑战,博士后对于学术职业产生了差异化认同,由此也揭开了博士后群体内部并非整齐划一的生存状态。本节围绕制度改革下四种类型博士后的学术职业认同以及横纵两个体系进一步梳理认同背后的行动选择,阐明不同类型行动策略的制度逻辑与合法性基础,并将其置于当前制度改革与演化过程中考察差异化的行动选择的生发机制。

一、　制度改革下高校博士后行动选择类型

制度改革与博士后之间并非呈现"结构—行动"的钟摆式双向运动,而是呈现出多种行动类型鲜明的并存趋势。基于专业主义与管理主义背后的博士后制度取向以及"个体—制度"之间是否兼容为依据,演绎出"博士后认知与制度改革的适应性"和"博士后能力与制度环境的兼容性"两个关键解释变量。其中,博士后认知与制度改革的适应性是指博士后个体认知观念与制度所倡导的改革实践规范之间的匹配程度;[1]博士后能力与制度环境的兼容性是指博士后

---

[1] 金明珠,樊富珉. 高校新教师的职业适应与职业认同研究[J]. 清华大学教育研究,2017(03):113—117.

个体能力与高校组织制度环境之间的契合程度。[①] 据此,根据访谈资料进行扎根编码(见表3-4),并通过开放式编码、主轴编码与选择性编码三级程序共获得38个初始概念与12个副范畴,最终将制度改革下的博士后行动选择归纳为规则导向、生存导向、发展导向与对抗导向四种类型。

表3-4 "制度改革下博士后行动选择类型"主轴编码结果

主范畴	副范畴	关系内涵
规则导向的行动选择	顺应—兼容情形	既顺应制度改革又适应环境构成"顺应—兼容"行动背景
	生存发展目标	学术生存与学术发展构成了更加综合的行动目标
	制度均衡行动	教职获得、团队留任与理念达成构成了制度均衡行动轨迹
生存导向的行动选择	顺应—冲突情形	顺应制度改革但难以维系信念构成"顺应—冲突"行动背景
	学术生存目标	工作考核、学术生存与资源获取构成其职业行动目标
	制度顺应行动	先生存后发展与纯粹生存导向构成被动顺应的两个方向
学术导向的行动选择	疏离—兼容情形	维系学术信念但难以应对制度改革构成"疏离—兼容"行动背景
	学术独立目标	学术声誉、学术使命与学术创新构成其学术独立目标
	制度疏离行动	身份建构与职业规划构成制度疏离的主要行动策略
对抗导向的行动选择	疏离—冲突情形	不顺应制度改革且难以维系信念构成"疏离—冲突"行动背景
	职业转换目标	职业游离与职业离职成为博士后职业准备阶段的主要目标
	制度对抗行动	抗拒制度改革、不服从团队分工、学术关系疏离与更换流动站与职业均属于制度对抗行动

(一)顺应—兼容:规则导向的行动选择

当博士后的认知与能力对学术制度与学术环境能够适应与兼容,代表其能

---

① Kaplan S. A model of person-environment compatibility [J]. *Environment and Behavior*, 1983 (3):311-332.

有限的学术资源与不断强化的评价机制,他们倾向于调整行动方向的优先次序甚至重构固有的学术职业路径,并使自身行动符合制度期待,以应对资源不畅与发展受阻所带来的生存危机。譬如,A38与A45两位博士后采取迎合规则偏好、追求研究热点、批量成果生产策略,从而缓解资源受限所带来的生存压力。

"就像我刚刚说的,当时进入博士后初期,也是有思想上的挣扎。一开始,我对学术的理解就是去做体现思想深度的探究……实际上,你没办法活下去呀! 你想继续做这个职业,先生存再谋发展吧。"(A38‐F‐T‐JC‐D3‐2‐N)

"学术职业肯定需要了解基本的生存之道,这个对我的生活是很重要的。像我们博士后,短期内哪有什么资格谈情怀、谈理想,你没拿到稳定教职之前都是在生存道路上摸爬滚打。"(A45‐M‐T‐GO‐D3‐2‐N)

在结果目标方面,遵循生存导向的博士后将绩效、奖励与留任置于学术职业社会化过程的首要,这既与个人所持有的学术职业认同强度息息相关,也与维系学术职业存续发展的环境支持紧密相连。在此过程中,学术成果是博士后进入正式职业序列的"硬通货",是唐纳德·肯尼迪(D. Kennedy)笔下体现学术责任的基本形式。① 但又由于资源能力不足,他们只能在学术场域中不断搜寻职业机会,甚至以牺牲学术理想为代价,只为最终通向稳定的学术职业。

(三) 疏离—兼容:学术导向的行动选择

作为以学术为志业的未来学者,他们将学术责任与学术使命作为学术职业认同的内核。与上述的规则导向与生存导向的博士后不同,学术导向的博士后大多对当下的制度改革秉持疏离甚至是拒斥的态度,担忧绩效、问责与审计文化会使"闲适的学问"变为"仓皇的职业",并从公共价值的批判立场与学术自由

---

① 唐纳德·肯尼迪.学术责任[M].阎凤桥,等,译.北京:新华出版社,2002:229

的价值基准审视博士后灵活雇佣与过度筛选的竞争态势。[1] 正如 A13 博士后所言,"博士后其实是双向选择,如果你不愿意可以不进行博士后研究。如果选择这个临时的工作,那我觉得还是要有科学精神的。这种精神基本要做到不灌水,要将学科关切、个人关怀与社会关照结合在一起,对得起自己的初衷,这个很重要"。(A13 - M - R - SC - D1 - 1 - N)事实上,这一类型博士后所持有的资源、能力可与学术制度生态保持良好兼容,可以抵抗制度改革所带来的绩效考核与生存压力,从而持续保持个体价值理性层面的认同与追求。

在行动策略方面,拥有丰富文化资本、学术资本的青年学者选择博士后岗位一方面是为了实现学术独立与身份建构,另一方面则是希望在临时与阶段性工作中明确与规划未来的职业发展。经过访谈发现,学术导向的博士后群体在进入临时工作前便已经具备了学术独立的潜质,并不似身处生存边缘的博士后一样频繁更换研究方向并采取学术投机策略,而是能够围绕学术对于社会发展的价值进行思考,在研究与应用的关系、知识与人类发展以及与之关联的科学研究、社会服务与人才培养等方面所构成的学术职业的内涵价值与认同标准等方面,始终将学术自主与人的主体价值的实现作为评判自我行动合理性的标准。

在结果目标上,遵循学术导向的高校博士后珍视自己所建立的学术地基与学术声誉,往往将流向平级单位与争取岗位留任作为出站后的首选。对于 A14 博士后而言,"虽然我比较排斥现在的管理方式,但是我自己出站后还是会选择去与现在一致的平台。结合国内整体的学术环境以及我自己的具体情况,如果去更低的平台我会觉得没有学术前景"。(A14 - M - J - GE - D1 - 2 - N)在这个

---

[1] 林小英,薛颖. 大学人事制度改革的宏观逻辑和教师学术工作的微观行动:审计文化与学术文化的较量[J]. 华东师范大学学报(教育科学版),2020(04):40—61.

过程中,差异化的工作环境与独立的研究能力赋予了他们应对制度改革与不确定性职业发展更多的信心。在高水平学术平台延续学术职业,不仅是完成对"学术即天职"的承诺以及学术职业身份的认同,而且也是博士后进一步履行学术使命与公共责任的进阶之旅,从而超越了狭隘的功利主义认同观。[①] 学术导向的行动策略并非以知识成果作为行动方向的唯一依据,更重要的是学术研究是否体现了独立人格、求真精神与批判品格。

(四) 疏离—冲突:对抗导向的行动选择

事实上,由于博士后并非更高的学历教育阶段,选择博士后岗位代表了青年学者对学术职业前景与价值的认同。但由于博士后与制度环境之间的疏离与不兼容,可能导致他们选择与管理制度相反的方向行动。更有甚者或许面临学术职业的认同危机,这不仅反映了他们对学术职业专业制度与物质回报的否定,更会随着价值冲突与意义世界的崩坏,促使这类博士后对学术职业精神产生怀疑。[②] 譬如,以 A32 为代表的博士后正处于"疏离—冲突"中,对学术职业价值与意义持有较低的认同,从而无法建立与之期待的独立身份。

"我觉得每一个博士后最初不是带着功利的目的去做科研的。大家从象牙塔来,一定怀着美好的愿望想去维护它啊。但当身份冲突与价值危机发生的时候,我其实就想着如果不能坚持下去,就干脆放弃算了。"(A32 - M - R - CE - D2 - 1 - Y)

当这类博士后与合作导师学术观念不匹配、学术发展不畅以及对高校组织制度认同度较低时,往往会采取对抗导向的行动策略。具体而言,他们并不会

---

① 吴国盛. 科学精神的起源[J]. 科学与社会,2011(01):94—103.

② 安东尼·吉登斯. 现代性与自我认同:晚期现代中的自我与社会[M]. 夏璐,译. 北京:中国人民大学出版社,2016:89.

通过惯用的策略应对制度的规训,而是采取与学术体制运行秩序相反的对抗行动,实现学术"脱域"与理性"出局"。① 譬如,博士后抗拒制度管理、不服从团队分工、与合作导师关系疏离、更换博士后科研流动站甚至是逃离学术职业,均属于不同程度的抗争行动。这些行动策略具有非理性与反秩序特征,但对于陷入"疏离—冲突"双重困境的博士后而言,未尝不失为重构自我意义系统并改写发展路径的理性选择与认同重构。譬如,A39 博士后的经历有力证明了拒斥性认同下的行动,"学校管理制度有漏洞以及考评机制不健全,我都可以忍。但是合作老师人品有问题,我不能与其进行学术合作,且他距离我心中理想的教师角色相去甚远。所以我当时完全没有考虑职业发展,直接离开了"。(A39 - F - J - MA - D2 - 2 - Y)

在结果目标方面,秉持对抗导向的博士后往往有两种程度不一的选择,其一是更换博士后科研流动站继续延续自己的学术职业道路,即组织离职;其二是对学术职业感到沮丧且难以维系的博士后会选择逃离学术职业,即职业离职。(见图 3 - 6)在全球范围内,获得终身教职之前离开学术职业的博士后数量正在增加,其中缘由既与学术研究和知识实践之间的鸿沟有关,但更深层的原因在于博士后对学术角色的价值模糊与认同冲突,过度努力与学术回报之间的

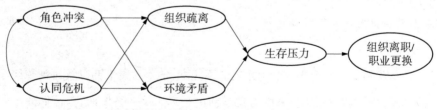

图 3 - 6　高校博士后组织离职/职业更换的生成过程

---

① 宋怡明. 被统治的艺术[M]. 钟逸明,译. 北京:中国华侨出版社,2019:20.

不平衡,以及价值冲突与工作满意度较低所带来生存危机。①

　　其中,A25 博士后印证了上述观点,"学校制度考核压力实在太大了,一方面是没做出东西,另外一方面是合作导师天天 PUA(精神操控),搞得我非常emo(忧郁)。所以,我果断选择退站了,选择了现在这个学校"。(A25 - F - T - JC - D3 - 2 - Y)由此可见,这类博士后对制度改革所推动的考核与竞争压力持有负面态度,加之与组织、学科共同体的疏离,进一步催化了他们逃离学术界的危机。

二、 制度改革下高校博士后行动选择逻辑

　　制度改革中的行动选择是个人认同、能力资源与制度环境交织互动的产物,那么探究上述四种行动选择与博士后制度改革之间的逻辑关系,可以帮助厘清行动生发背后更为具体的制度因素。在整个制度实践中,制度逻辑是针对高校博士后行动选择而言的,而博士后行动选择的制度逻辑往往依据的是现已存在的政策制度与观念共识。从制度要素及其合法性的分析路径出发,基于"博士后制度改革→学术职业认同→行动选择"的路径思考时,博士后学术责任与行动并不是单一维度呈现,而是具有较为丰富的层次性,具体可以概括为规制性、规范性与文化—认知性三个层次(见图 3 - 7)。

　　首先,规制性要素维系学术秩序的基础在于构建具有制度效力的规则,通过奖惩、权力强制博士后遵循外部的管理规则与行动指南。② 归根结底,这一套

---

① 蒋贵友,郭志慧. 博士后工作满意度及其影响因素的实证分析:基于《自然》全球博士后的调查数据[J]. 科技管理研究,2022(12):117—124.

② 郭丽君,蒋贵友. 高校教学同行评议的制度化困境研究——新制度主义视角的分析[J]. 湖南师范大学教育科学学报,2019(03):100—104.

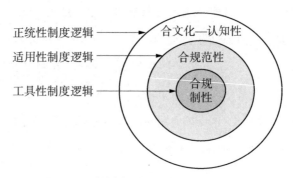

图 3-7   高校博士后行动选择的三类制度逻辑

制度要素的背后其实体现了工具理性的制度逻辑。换言之,既有规则与政策体现出国家与组织对于博士后学术创新与服务集体的制度意志,而博士后之所以遵循学术评价与管理考核,主要是由于循规会增加既有利益并免于惩罚。

其次,规范性要素是在规制性要素基础上根据博士后所处的制度环境与角色定位对博士后学术价值观、责任义务所进行的约束与规范。它强调的是合理性与适当性的制度逻辑,并非如理性选择理论所推崇的"理性经济人"导向[①],而是凸显学术角色的责任、义务行为,强调行动的合规性并受道德支配。

再者,文化—认知性要素强调学科共同体内部理所当然的理解与共识,这一基础并不是外部法律、制度的规定与约束,而是学术共同体基于学术职业性质所形成的共同理解。[②] 也即只有博士后在学术互动中才能将外部的学术文化内化为自我的行动认知,而这是理解博士后学术行动更为深层的因素,不同行动背后都能找到不同的文化—认知要素支持。值得注意的是,上述三个制度要素并非按照由低到高的次序排列,而是相互统一的集合关系。因为从规制性、

① 曼瑟尔·奥尔森.集体行动的逻辑[M].陈郁,等,译.上海:上海人民出版社,2014:56.
② 郭丽君,蒋贵友.合法性机制视角下的我国院校研究动因分析[J].高教探索,2018(05):5—9.

规范性再到文化—认知性要素,三者之间并不存在行动的时间向度,而是共同决定了博士后学术职业认同的边界拓展层次,以及所对应的学术责任、义务范畴体系(表3-5)。

表3-5 制度改革下博士后行动选择、目标与逻辑

基本情形	行动选择	制度影响	制度逻辑	制度共识	行动目标	身份认同
顺应—兼容	规则导向	规制与规范为主	工具性 适用性	高	学术发展 学术生存	科研生力军
顺应—冲突	生存导向	规制为主	工具性	中	学术生存	学术临时工
疏离—兼容	学术导向	规范与文化—认知为主	适用性 正统性	中	学术发展	独立研究者
疏离—冲突	对抗导向	文化—认知性为主	正统性	低	组织离职/ 职业离职	学术临时工 边缘学术人

(一)"规则导向"博士后的行动选择逻辑

通过比较上述四种类型,博士后的行动选择并不必然是顺应型,也不必然是对抗型,而是在多重制度逻辑中相机抉择。因此,理解或者诠释制度改革下博士后的行动选择,不仅仅需要考虑行动所嵌入的制度环境,而且需要考虑博士后对于行动的主观认知。[①] 在"顺应—兼容"情形下,学术制度与博士后之间的利益关联、资源补给与观念共识均保持了一致性与稳定性,前者需要依靠后者的群体创造力与非终身的职工身份实现更大的创新绩效与人才补给,而后者需要借助前者的平台与资源实现个体的学术抱负,所以这类博士后始终将制度规则放在首要位置,通过规则导向的行动选择完成制度改革的创新期待。规则导向博士后的行动选择主要指向工具性与适用性逻辑,通过理性选择与顺应规

---

① 汉斯·约阿斯,沃尔夫冈·克诺伯.社会理论二十讲[M].郑作彧,译.上海:上海人民出版社,2021:5.

范实现学术生存与学术发展的双重目标,与制度改革的共识较高。

(二)"生存导向"博士后的行动选择逻辑

在"顺应—冲突"情形下,博士后基本认可并顺应制度改革方向,但由于个体能力资源与学术发展之间的冲突导致其仍然停留在学术生存阶段,由此也决定了以生存为导向的博士后在行动选择方面主要受到规制性制度要素的影响,其行动背后主要体现出工具性的制度逻辑,需要通过理性选择努力迎合学术系统中的奖惩与晋升机制。因此,面对博士后制度改革所形成的压力机制与晋升通道,生存导向行动选择的博士后具备"学术临时工"的身份认同,决定了他们对博士后制度改革持有中等程度的共识。

(三)"学术导向"博士后的行动选择逻辑

在"疏离—兼容"情形下,追求学术自主与学术独立的博士后并非完全顺应组织制度的规范,或与其维持融合的关系。相反,他们所拥有的学术资本与研究能力,能保证其在学术系统中的独立性。基于此,这一群体的行动选择主要受到规范性与文化—认知性要素的影响,注重学术职业的社会责任与文化理解,崇尚学术承认与信仰使命,并受到学科文化与职业道德的支配。发展导向行动策略的背后体现的是适用性与正统性逻辑,他们深信遵守学术理念与学术使命的正确性与可靠性,并对当前组织制度的立场与价值所达成的共识相对适中。

(四)"对抗导向"博士后的行动选择逻辑

在"疏离—冲突"情形下,博士后的自主程度同样比较高,但是资源匮乏、支持不足等困境使其在评价考核中面临角色冲突与认同危机，在坚守与离开的钟摆之间左右徘徊。面对违背其职业理念与价值基础的学术工作，他们往往采取对抗的策略，以确保身份独立性以及对自我发展的掌控感，这其实是受到文化—认知要素的影响。不过，这里的文化—认知要素主要体现在制度绩效文化对个体认知的影响，由此消解了博士后对于学术使命与学术真理的追求，取而代之的是他们对于学术职业的路径转换与价值重构。从身份认同来看，选择组织离职与职业离职的博士后主要包含学术临时工与学术边缘人两个群体，他们对博士后制度立场与学术职业价值持有较低的认同。

值得注意的是，博士后的行动选择或许由单一制度要素所影响，也可能受到多种逻辑的共同影响。正如戴维·斯特朗（D. Strang）所述，当制度运行中各要素不能较好地融合时，不同的制度逻辑或许会为不同的行动者提供行动合法性并达到目的。[①] 目前，多数博士后其实已经开发出一套与制度改革互动的成熟行动模式、一套满足制度期待的应答机制。从博士后行动轨迹可以发现，他们在努力寻找与制度改革共存的平衡方式，也即一面遵从制度规训的行动指南，另一面在生存与发展的"天平"两端最大化自我的利益，从而利用顺应制度改革的表象在学术竞争与学术发展中占据属于自己的位置。对于离开学术职业的博士后，尽管这是制度改革的非预期结果，但对个体而言或许不失为一次理性的选择。

三、 制度改革下博士后行动选择生成机制

尽管高校博士后群体内部的行动选择异质性较大，但其整体仍然沿着制度

---

① Strang D, Soule S A. Diffusion in organizations and social movements: From hybrid corn to poison pills [J]. *Annual Review of Sociology*, 1998(24):265 – 290.

改革的既定方向演进,这既包括沿承组织制度要求的顺应行动,亦包含组织离职、职业离职等对抗行动。不过,这些行动均是从个体对学术职业的理解认同出发,在学术身份与制度规训的中介影响下,根据学术资本与能力总量调节博士后个体面向制度改革时的行动方向(见图3-8)。

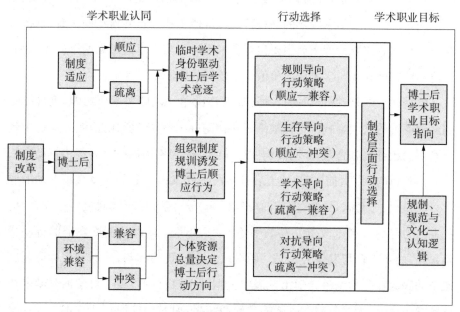

图 3-8　制度改革下博士后行动选择的生成机制

(一) 临时制度身份驱动博士后学术竞逐

作为临时工作阶段,博士后职业认同包含物质回报、专业制度与精神使命三个认同维度,需要经历以学术为生、以学术为业与以学术为志的职业社会化过程。面对学术劳动力市场的迅速变革,这一临时角色群体在不同时代与政策语境下的内涵意义完全不同。20 世纪 80 年代的博士后工作代表着转换与适应,旨在培养未来学科带头人并解决海归博士的文化适应问题。① 但制度改革至此,博士后群体在"双一流"建设下已经成为大学师资选聘的"蓄水池",其不稳定属性得到进一步强化。特别在项目制与学术发包的时代②,博士后的边缘身份已被视作更高学术产能的工具性角色,曾以临时与灵活为流动优势的职业属性成为学术组织扩大雇佣与加速筛选的"利器"。尽管这一群体已经成为科研平台与创新团队青睐的对象,但在临时学术身份走向科研独立创新的社会化过程中,仍受制于资源匮乏与学术依附所带来的结构性困境。正如 A11 博士后所言,"当前制度改革释放的信号不就是未来会扩大博士后规模吗? 我觉得一个特别不好的趋势就是博士后似乎成为获得大学教职的前提条件,强制性地将其嵌入到了学术职业的较低层级。我们圈里有一句话就是,拒绝躺平就去做博后吧,其实蛮形象的"。(A11 - F - T - PA - D1 - 2 - N)为了挣脱这一枷锁,似乎只能在以竞争、绩效的制度性评价中不断竞逐,以获得稳定学术岗位作为当前阶段的首要目标。

面对宏观制度与微观实践之间的限制,不同博士后对于临时学术身份的理解呈现出差异化认同。尽管职业身份认同差异代表着不同的价值取向,但从师资生力军、学术临时工、独立研究者与边缘学术人的行动目的来看,均带有"竞逐"的制度意蕴。具体而言,代表师资生力军的博士后以组织服务与师资补充作为竞赛的方向,代表学术临时工的博士后以学术生存与发展作为学术竞赛的目标,代表独立研究者的博士后以学术创新与身份自主作为学术竞赛的结果,以及代表边缘学术人的博士后以理念坚守与知识生成作为竞逐追求。从行动选择来看,规则导向博士后学术资源强、职业认同高;生存导向博士后学术资源

① 邱玥. 中国博士后制度 30 年,谱写人才强国新篇章[N]. 光明日报,2015 - 12 - 04(006).
② 熊进,林陈原野. 高等教育项目运作的制度化:多重逻辑的诠释[J]. 江苏高教,2021(12):32—39.

弱,学术依附强;发展导向博士后学术资源丰富,学术依附弱,职业认同高;对抗导向博士后学术职业认同低,资源匮乏。这些行动者基于自我学术职业的认同理解与职业目标偏好采取行动,以保持自我认同、目标偏好与行动结果的统一。

(二)制度改革规训诱发博士后顺应行为

临时学术身份决定了高校博士后其实面临双重目标,一方面在相对灵活与短期的学术训练与工作中完成职业社会化进程,另一方面需要通过学术积累与竞赛在临时工作期满后获得更加稳定且与期待一致的教职岗位。那么,高校博士后便不能够回避当下高等教育聘任制改革中的绩效主义与表现主义,以及承认学科共同体所倡导的文化与观念在市场逻辑与管理改革中逐渐式微的事实。尽管制度改革"推力"与学科共同体"拉力"之间的力量过于悬殊,但高校博士后并不完全顺应制度强制、规训和诱导的方向。[①] 作为理性人、社会人与文化人的综合体,高校博士后的学术职业认同与行动选择是在多方力量角逐过程中逐渐形成与抉择的,而非理性计算、文化规范与角色认同下的单一结果。值得注意的是,即便这一群体具有异质性与多元化的认同与行动向度,但是高校聘任制度与博士后制度的并轨探索,将博士后群体置于更加不确定与高速流动的学术竞争中,由此导致生存抑或发展、坚守抑或游离,已经成为博士后的两难选择。

由于博士后群体具备更高的学术生产力以及作为高校师资储备的优势,政府、高校与学科团队纷纷围绕博士后学术发展、创新、管理与晋升制定了一系列管理制度体系,引导其职业行动方向与组织制度目标保持一致,从而维系高校、学科团队在整个学术竞争中的领先位置。因此,组织制度以职业稳定作为前提

---

① Jaeger A J, Mitchall A, O'Meara K A, et al. Push and pull: The influence of race /ethnicity on agency in doctoral student career advancement [J]. *Journal of Diversity in Higher Education*, 2017(3):232.

条件,并通过分等奖励、留任淘汰与晋升发展的机制手段,渗透到组织、学科与个体层面并实现博士后对当前学术职业的认同。即便是学科共同体的学术认可机制也被纳入到了组织制度的改革中心,由此加速了组织关于学术职业的承认与学科关于学术职业的成功逐渐"同形"。或言之,组织层面与学科层面均将与博士后制度改革规定的认同与行动重塑为新的学术责任与职业道德。A28博士后认为,"能不顺应制度规则走吗?大家都能看出制度的不合理并与此对抗,只是成功者代表了绝大多数的博士后经历,失败者则被体制所不容"。(A28-M-P-VM-D1-1-N)因此,"师资补充的身份定位"似乎正被包装为不证自明的职业法则,那些循着制度改革方向采取顺应行动的博士后,才会得到更大的组织承认与学术认可,而被淘汰、边缘甚至逃离学术职业的个体则被烙上"失败者"的身份标签。①

(三) 个体资源总量决定博士后行动方向

事实上,不同博士后的行动选择呈现出较大的异质性,这是个体在面对制度改革规训和政策激励引导所做出的理性选择。具体而言,既有为学术生存而奔走的"学术临时工",又有寻求职业安全与身份合法的"师资生力军",还有追求身份自主的"独立研究者",尽管他们与制度改革保持着不同程度的亲疏关系,但在博士后管理制度面前均保持了一致的顺从。纵使是学术系统中的"边缘学术人"也不能逃离制度规训和管理考核,他们同样需要在已经结构化的制度环节面对各式各样的结果评价与工作审查。不过,顺应制度的个体行动并不是整齐划一的,而是极具个体主义特征,这些行动差异的背后其实是博士后所

---

① Macfarlane B. The neoliberal academic: Illustrating shifting academic norms in an age of hyper-performativity [J]. *Educational Philosophy and Theory*, 2021(5):459-468.

拥有的资源总量所决定的。在学术场域中,经济资本、学术资本、社会资本与文化资本的总和共同构成了博士后的资源总量。①

第一,经济资本主要是指博士后所具有的物质基础、实验条件与科研经费等基础性的资源类型,而持有不同收入待遇与项目资源的博士后呈现出不同样态,这是决定他们秉持生存导向或是发展导向的分殊关键。第二,社会资本与布迪厄(P. Bourdieu)的"场域"概念有关,主要指博士后所占有的学术位置与学术网络所聚集与形成的资源总和。② 对于有团队承载与学科支撑的博士后,他们所能嵌入的组织深度与建立的学术网联结要比其他博士后更多,一定程度上提升博士后学术职业认同程度以及应对制度改革的能力资本。第三,学术资本与文化资本的边界相对比较模糊,前者既包含了显性的高深知识资源与隐性的思维创新品性,也囊括了更加多元的学术声望与地位,而后者更加宽泛,可以泛指一切与知识、制度等文化相关联的资源类型。对于 A-21 博士后而言,"初入职场,哪有学术资本与文化资本可言,不过是在既有学术团队与资源加持下努力发表并申请课题,努力为未来职业发展积攒资本"。(A21-M-T-SE-D3-3-N)综合而言,规则导向的博士后经济资本、学术资本与社会资本相对较多,发展导向的博士后经济资本与学术资本较多而社会资本较少,生存导向的博士后资源总量总体整体一般,而对抗导向的博士后资源总量相对较少,这些资源差异决定了他们行动选择方向以及对当前制度改革的顺从程度。

在当前博士后制度改革趋势下,高校博士后面临质量管理、创新驱动与聘用改革的机遇与挑战,促使高校建立了与此对应的管理改革方案。这些制度改

---

① 胡钦晓. 大学多样资本:基本类型、相互转换及意义[J]. 南京师大学报(社会科学版),2018(05):14—23.

② 皮埃尔·布尔迪厄. 国家精英:名牌大学与群体精神[M]. 杨亚平,译. 北京:商务印书馆,2018:56.

革塑造了博士后赖以生存的外部环境，通过聘用考核、学术竞赛与非升即走引导其学术职业发展方向与制度改革方向达成一致，但博士后个体在制度改革场域中也形成了学术临时工、师资生力军、独立研究者与边缘学术人四种身份类型并具有差异化的学术职业认同感知，继而产生规则、生存、学术与对抗导向的行动选择，维系了制度改革与个体预期之间的平衡。

| 第四章 |
组织情境如何影响博士后的认同与行动

当组织的规模变得更加无所不包的时候,我们集体认同的条件就会变得更碎片化,工作生活的形式就会超出维持这些形式所需的共同目标。①

——迈克尔·桑德尔

① Sandel M J. *Democracy's Discontent: America in Search Of a Public Philosophy* [M]. Boston: Harvard university press, 1998:102.

随着博士后制度改革与高等教育"放管服"进程的加快,高校博士后管理权限得到进一步释放与松绑,其对博士后流动站调整、规模扩容与经费配置的手段会更为灵活与多元。① 在此过程中,一方面大学组织、院系、学科团队与博士后之间的互动构成了中观组织层面的情境定义;另一方面,博士后对组织情境的不同解读,既影响了其对学术职业认同进程,又决定了其行动方向。

第一节 高校博士后组织情境变革 的趋势与动因

组织可视为偏好、利益、动机与知识各异的个体或群体间协调行动的系统,并通过社会分工与协调整合方式规定成员间互动与合作的具体情境,如若组织运行中出现新的特征可视为组织情境发生变革。在高等教育领域,组织情境变革反映了大学机构对博士后管理目标、结构、理念与评价的整体性调整,这是面对外部制度改革、环境变迁与组织竞争所采取的适应行

---

① 孟祥夫. 完善博士后制度,培养更多高水平人才[N]. 人民日报,2015 - 12 - 04(012).

为。为此,探讨组织情境特征对高校博士后学术职业认同与行动选择的影响,需要率先分析博士后嵌入情境的组织特征,回答变革背后的深层动因与动力机制,才能形成博士后学术职业认同与组织情境之间关系的共识。

一、 高校博士后组织情境变革的基本趋势

博士后制度改革与"双一流"建设的合流,促使高校作为博士后的"流动培养与使用基地"正在获得前所未有的管理权限①,而合作导师在博士后培养、管理过程中的权力同样得到增强。随着"放管服"进程的加快,院系组织作为博士后"流动职业"期间的管理方与契约方之一,拥有学术劳动、绩效评价与成果产出等标准裁定的主导权。② 结合博士后访谈内容并采取三级编码,将组织情境变革趋势归纳为组织体制、组织管理、组织文化与组织评价四个主范畴,共同构成了博士后学术职业认同的互动情境(见表 4-1)。

表 4-1 "博士后组织情境变革基本趋势"主轴编码结果

主范畴	副范畴	关系内涵
组织体制转变	组织身份变化	从单位身份、流动编制到合同契约、临时工作的身份变化
	组织层级延长	管理体制转变导致组织管理系统化、层级化与结构化
	组织制度创新	聘用制度、团队制度、项目制度推动有组织科研创新
组织管理转变	管理定位模糊	使用导向、师资储备定位使组织对博士后身份定位模糊
	使用功能强化	管理逻辑、组织竞争与短期流动凸显博士后人才使用功能
	灵活雇佣显著	规模扩大、自费招收与名目多元促使灵活雇佣关系显著

① 温才妃. 博士后扩招,"想说爱你不容易"[N]. 中国科学报,2020-04-21(005).
② 国务院办公厅. 关于改革完善博士后制度的意见[EB/OL]. (2015-11-30)[2022-09-26]. http://www.gov.cn/zhengce/content/2015-12/03/content_10380.htm.

续　表

主范畴	副范畴	关系内涵
组织文化转变	工具理性目标	福利奖励、薪资待遇与学术晋升强化了工具理性目标
	竞争激励手段	学术竞赛、资源分配与表现奖励构成了竞争激励手段
	优胜劣汰逻辑	量化排序、分等资助与晋升淘汰构成了优胜劣汰逻辑
组织评价转变	过程量化评价	进站遴选、中期考核、出站评价等程序进行过程管理
	绩效考核评价	学术论文、科研项目、成果转化与社会服务的绩效评价
	多元分类评价	科研、师资、项目与社会服务等多种身份类别与评价体系

（一）由扁平管理向科层管理的体制转变

博士后制度既具有计划属性,又带有市场色彩。一方面,计划属性主要指博士后制度是强制性实施的国家战略,从中央到地方围绕博士后建构了一整套管理层级与办法;另一方面市场属性又决定了这群高层次人才的职业灵活流动与松散管理结构。这种外化于制度的组织体制,也逐渐渗透到高校博士后科研流动站内部,带来了三个方面的组织体制转变。

一是流动编制的"单位身份"变为合同契约的"临时身份"。随着高校作为"单位"的组织属性逐渐在社会主义市场经济中淡化,博士后"流动编制"的单位身份开始向合同契约的临时身份转变,由单位人向合同工转变(见图 4-1)。但是,单位制也并未在以市场经济作为主导的教育体制变迁中完全退场,而是以再组织化的形式得以延续。[①] 由此导致的结果是,众多博士后认为从当前的临时流动身份向正式编制身份转型,是对学术职业最大的身份认同。这就形成了一个吊诡的悖论,博士后制度初衷是通过阶段性与灵活性的学术训练强化青年学者的独立创新能力,但在身份转型与认同冲突影响下,他们愈发将这一阶段作

---

① 苗大雷,王修晓. 项目制替代单位制了吗? ——当代中国国家治理体制的比较研究[J]. 社会学评论,2021(04):5—25.

为求职镀金与职业等待过程,从而将其扭曲为"师资储备筛选"的职业预备期。

图 4-1 改革前后博士后与国家和市场的关系

二是博士后两级管理向三级甚至多级管理结构转变。在政府层面,博士后二级管理向三级管理的体制转变驱动高校博士后管理架构与此同型,形成了"人事处—院系—设站点—合作导师"的多维层级。截至 2015 年,三级管理体制已经成为博士后制度运行的主要方式。在高校内部,传统的扁平管理关系随着博士后规模扩招、学科多元与管理事务愈加庞杂,而变得更加系统化、层级化与结构化,围绕博士后学术生产与职业发展而建构起来的组织层级逐渐延长,继而形成了高校人事处、设站院系、流动站与合作导师为中枢的管理链条与权力关系。

三是聘用体制、团队制度与资助制度推动博士后有组织科研创新。"双一流"建设以来,高校将博士后工作置于人事制度改革的中心,通过聘用改革、团队支持与项目资助加强博士后队伍的有组织科研创新。2022 年,教育部实施"有组织科研",阐明了科研管理与团队建设对于青年人才培养的意义,同样明确了博士后作为高水平人才队伍在创新战略中的身份地位,为博士后专职科研队伍建设奠定了基础。[①] 事实上,博士后在今后很长一段时期作为重点项目攻

---

① 教育部.关于加强高校有组织科研,推动高水平自立自强的若干意见[EB/OL]. (2022-08-29)[2022-09-27]. http://m. moe. cn/jyb_xwfb/gzdt_gzdt/s5987/202208/t20220829_656091. html.

关与领军人才培育的身份角色将会得到进一步凸显,且随着博士后制度创新与"有组织科研"的强化,未来博士后在"大平台""大项目""大团队"的作用将会逐渐上升。

(二) 由学术培养向人才使用的目标转变

历史上,我国博士后制度的生发逻辑并非与欧美一致。[①] 后者是内在需求驱动,直接起源于研究型大学科研创新与人才培养发展的需要,通过为青年学者提供项目基金与组织支持从而将这一资助形式制度化;前者则是政策强力变迁,旨在吸引与选拔高水平与高技能人才,通过人才培养与人才使用的双重手段使博士后可以超越传统的单位体制与户籍制度,从而实现学术流动的制度化。但随着新公共管理在高等教育领域的渗透,"培养"与"用工"的结合开始分化,甚至出现后者挤压前者制度空间的趋势。正如 A11 博士后所叙述的,"一方面,合作导师虽然也会指导,但他没有义务或承诺将你培养到更高的标准;另一方面,这段临时的工作不可能不处理其他工作。整体上看,工作程度远远是大于培养的,毕竟我们也不是学生了"。(A11-F-T-PA-D1-2-N)

我国博士后制度自创立之初就具备极强的"做中学"属性,这与人力资本理论所倡导的教育投资、劳动力市场流动观点具有共通性。[②] 需要明确的是,博士后是一种工作经历,且是具有流动期限、并以科学研究为目标的临时职工。这些特征强调了博士后制度的人才使用逻辑强于人才培养逻辑。特别是近年来高校将科研、教学与社会服务目标共置于博士后组织管理中,由此而创生的"师资博士后""项目博士后"类别,其实就是这一趋势的典型与显见。甚至,在学术

---

① 朱雯,秦炜炜. 美国博士后发展的政策、实践与经验——基于全美博士后协会 2017 年调查报告的分析[J]. 黑龙江高教研究,2021(12):67—72.
② 许士荣. 中国博士后政策分析[M]. 杭州:浙江大学出版社,2016:90—91.

市场化与资本化影响下,"培养"与"用工"的边际位置开始发生变化。

具体而言,一是组织对博士后学术培养的目标定位愈加模糊,难以在组织管理与效率竞赛中兼顾人才培养与学术发展的现实需求;二是高校博士后作为"师资储备"的功能得到进一步彰显,"成为师资"本身满足了组织制度的效率竞争期待,但也导致了组织的实用主义目标僭越甚至取代了学术创新目标。三是新公共管理所催生的制度变革可能将合作关系扭转为灵活雇佣关系。当前博士后规模扩张加剧了其招聘名目的多元化与资助类型的灵活性,导致院校经费与导师出资开始成为博士后学术资助中的重要构成,其影响在于博士后的学术工作需要围绕院校的定位与合作导师的项目而展开,这也重构了合作导师作为"出资人"与博士后作为"受雇人"之间的关系①。特别在发达国家,灵活雇佣已经成为博士后身份异化与认同危机的重要原因。

(三) 由知识创新向绩效激励的理念转变

在制度创立以后,高校博士后科研流动站成为青年学者打破学术界限实现人才流动的创新平台。目前,博士后经历已经成为部分学科研究人员进入学术劳动力市场的准入门槛,这是聘任制改革下的博士后制度创新与绩效理念下的组织管理变革的综合结果。

第一,博士后组织文化理念由价值理性转变为工具理性。博士后作为组织竞争的人力资本筹码本身蕴含着极大的工具实用色彩,以及学术组织所创设的博士后岗位激励特征,促使他们对于更高的福利奖励、薪资待遇与学术晋升等附带价值的追求超越了科学研究本身的价值目标,削弱了这群学术新人的学术志趣以及对更高的人类福祉的关切与追求。

---

① 晏成步. 大学教师学术职业转型:基于知识资本的审视[J]. 教育研究,2018(05):148—153.

第二,高等教育的全面竞争与项目治理推动大学对博士后绩效激励展开了持续的改革优化。经过近四十年的制度发展,博士后群体在项目经费、政策保障与晋升发展方面获得了空前的激励支持,但是也加速了与资助相伴而生的绩效管理在高校的生根。在这一背景下,博士后虽然作为尚未学术职业社会化的群体,但也需要回应来自大学绩效文化的约束。

第三,博士后"优胜劣汰"的组织管理逻辑。事实上,"我们的学术劳动已经被拆解为一项项清晰的任务、一串串具体的数字予以衡量排序,如果没有完成,那就意味着延期与退站,如果表现优秀,那就具备往上晋升的可能"。(A04-F-T-PE-D3-2-N)这种组织逻辑将博士后视作预备师资身份进行管理考核,加快其对学术职业竞争与认同的感知,并在市场化、世俗化与专业化进程中解构"旧观念"与再造"新认同"。因此,组织情境中的绩效激励理念与学术职业过程中的知识创新目标之间可能形成潜在的矛盾与隐忧,或许这一理念转变在实现学术增长的同时,也会带来较多的负效应与反功能。

(四)由单一刚性向多元分类的评价转变

欧美博士后制度模式更为灵活多元,大学仅需负责博士后资格审核与期限管理两项核心事宜,以防止部分学科团队无期限地廉价雇佣学术劳动力。除此以外的其他管理,均由研究团队与合作导师负责。中国博士后制度自创立以来带有国家计划管理体制的色彩,其培养招收、管理评价、流动迁移均需要逐级上报与审批。其中,20世纪90年代以前的博士后评价标准均较为简单模糊,并未形成一致的评价体系。在社会主义市场经济新的用人机制催动下,政府与高校开启了围绕博士后培养质量与健全评价体系的制度改革进程。

目前,高校及其下设的博士后科研流动站的通行做法是出台统一的博士后培养与工作评价体系,并将博士后归口到合作导师所在研究团队中进行培养、管理与评价。① 具体而言,一是博士后评价过程与方式多元,基层院系通过进站遴选、中期考核、出站评价等程序以及学术评价、成果转化评价与社会效益评价等方法完成全国博士后管委会的"委托—代理"任务,以确保博士后培养与使用的质量;二是构建以创新成果为核心的绩效考核评价体系,在不同科研团队管理与学科培养下实现以合同契约与科研项目计划书为轴的评价考核体系,从而监测博士后学术工作的质量与进度;三是博士后分类培养与分类评价。目前高校围绕不同科研团队与知识生产方式启动了博士后分类培养与分类评价进程,其中科研博士后、师资博士后与联合培养博士后三类构成了博士后主体,而与之对应的是与基础研究、应用研究与理论研究相关的分类评价,由此也带来了博士后培养与评价的分殊。综合而言,当前博士后组织评价主要由院系与团队主导,并从传统、单一与刚性转变为多元、分类与过程化的评价体系。

二、 高校博士后组织情境变革的现实动因

根据上述分析,博士后组织情境正在转向管理主义、绩效至上与多元评价的方向。但是必须清醒地意识到,这背后有着更为复杂与多元的组织制度因素,且高校博士后组织情境正不断走向趋同。② 事实上,组织趋同既是博士后政策强力变迁与环境制约的结果,也是高等教育改革下的利益驱动与组织模仿产物,需要从综合视角出发审视这一变革发生的现实动因。基于此,立足于我国博士后制度的政策脉络与历史情境,结合既有文献与政策文本整理出全球经验

---

① 吴叶柳. 打造博士后成才"助推器"[N]. 中国组织人事报,2018 – 07 – 11(003).
② 姚云. 美国博士后制度的特点及其启示[J]. 教育研究,2009(12):85—90.

扩散、改革创新探索、学术发展需求与外部治理问责四个方面的动因。

（一）全球博士后制度变迁的经验扩散

自 20 世纪 80 年代以来，博士后岗位是美国高等教育中增长最快的工作之一，其数量从 1980 年的 18 101 人增加到 2009 年的 57 805 人。[①] 尽管这一群体被视为大学的"准"教员，但由于劳动力市场的变化决定了他们通向终身教职之路不再是坦途。特别是在生物、化学、材料等学科领域，博士后经历已成为学术职业准入的必要前提，甚至不到一半的博士后能在五年内拿到永久教职。对此，学界认为博士后制度存续的价值主要体现在学科团队、合作导师能以更低成本雇佣规模庞大的科学工作者，从而推进项目的研究议程。甚至，这一制度已经成为全球学术市场化与大学企业化的缩影，已经从学术独立与人才培养，转向了围绕经济与经营而展开的计件工作和合同契约活动。

当然，全球学术劳动力市场竞争与终身教职通道收紧使各民族国家看到了博士后作为人才储备的优势。一方面，博士后制度在推动青年学者学术独立的同时也进一步促进了组织绩效与学术成果的增长，形成了更为持续的学术人才梯队；另一方面，博士后规模扩张一定程度缓解了博士毕业生与终身教职之间的供给矛盾，维系了高等教育供需之间的平衡。由于高等教育机构看到了博士后作为临时雇员的群体优势与学术潜能，他们普遍愿意招募更多的博士后而非博士毕业生进入到教职预备序列中等待。不可否认，全球创新竞争与人才市场的变化已使我国以"双一流"为中轴的高等教育政策发生转变，决定了博士后制度变迁愈加受到全球层面的影响，导致组织情境朝着效率、市场与多元的方向发展。

---

① Cantwell B, Lee J. Unseen workers in the academic factory: Perceptions of neoracism among international postdocs in the United States and the United Kingdom [J]. *Harvard Educational Review*, 2010(4):490－517.

（二）我国博士后制度改革的发展探索

在我国,高校为了进一步支持、考察与评价青年学者的学术潜力以及通过更长周期的聘期考核减少人才引进的风险,开始通过博士后改革强化了人才培育、竞争、筛选与淘汰的进程。[①] 在此背景下,博士后作为师资补充的重要来源,具有学术创新、临时流动与规模储备的制度优势。其一,博士后人群业已处于学历教育的顶层,其所拥有的科研潜能决定了他们属于学术系统的稀缺性人才;其二,博士后的临时流动与跨学科属性能够避免学术"近亲繁殖"带来的负效应,从而优化高校师资队伍结构;其三,博士后岗位成为师资储备的"蓄水池",通过流动、培养、考核与筛选等系列组织程序减少了师资聘任引进的风险。由此而言,当前我国博士后制度改革逐渐与高校聘任制度"并轨融合"。

据不完全统计,2019—2020 年度博士毕业生增幅为 5.8％,2020—2021 年度增幅为 8.8％,整体招生毕业规模增速呈现上涨趋势。但是,高等教育专任教师 2019—2020 年度增幅为 5.3％,2020—2021 年度增幅仅为 2.8％,师资增长速度呈现下降趋势。[②] 与此同时,2016—2020 年博士后招收人数为 11.1 万,年均增长超过了 10.87％,远高于博士毕业生与高校教师的增长速度。[③] 由此可知,高校博士研究生与博士后研究人员的规模将会持续上涨,但随着人口红利的减弱与高等教育市场化竞争的加快,高校教职需求却会逐渐收紧。因此,高

---

① 姚云,曹昭乐,唐艺卿. 中国博士后制度 30 年发展与未来改革[J]. 教育研究,2017(09):76—82.

② 此数据基于 2019—2020 年全国教育事业发展统计公报综合计算得出。其中,2019 年博士毕业生人数达到了 6.26 万人,高校专任教师 174.01 万人;2020 年,博士毕业生人数达到了 6.62 万人,高校专任教师 183.30 万人;2021 年,博士毕业生人数达到了 7.20 万人,高等教育专任教师 188.52 万人。

③ 赵兵. 我国累计招收博士后二十八万余人[N]. 人民日报,2021‐12‐19(001).

校教师聘任的规模收紧逆向促进了组织情境变革,导致博士后的"等待"属性更加凸显。

(三) 高校博士后学术发展的内在需求

我国博士后制度遵循自上而下的发展逻辑,旨在通过人才培养与人才使用选拔造就一批面向学术前沿的学术领军人才。就制度构想来看,博士后人才培养与人才使用构成了一对隐形的制度关联体,既立足于博士后作为尚未学术职业社会化的预备领军人才且仍需进一步培养的现实,又建基于博士后作为富有活力与潜力的高层次人才在学术创新中具有更大的潜能价值的事实,体现为培养促进使用效能、使用增进培养效果的相互关系。从学术支持的全球经验来看,为博士后提供职业发展建议、职业技能培训已经成为欧美研究型大学与博士后协会组织的重要议程。①

随着博士后规模扩大并日渐成为师资储备的"蓄水池"时,这一群体的学术发展需求自然会催生多元化的组织支持与评价方式。譬如,高校在博士后知识创新、成果转化、教学发展与社会服务领域进行了培养激发与提高促进的实践,逐渐从传统单一的博士后学术工作观中挣脱出来,创设符合博士后内在需求的多元发展评价体系。不可否认,当博士后愈来愈成为高校专职科研人员的重要组成部分时,其工作范畴还会得到进一步拓展与更新。② 不论是从学术发展本质还是博士后现实需求而言,多元分类、培养与评价均会成为组织情境变革的重要特征,这对于提升博士后工作绩效与建设人才队伍等方面具有正向积极的作用。

---

① Yang G Q. China needs better postdoctoral policy [J]. *Science*, 2021(6534):1116.
② Merton R K. *Social Theory and Social Structure* [M]. New York: Free Press, 1968:249 – 260.

（四）外部多元化治理问责的组织反应

数据显示,2009—2013 年间博士后获得国家自然科学基金资助比例从4.09%增至8.63%,获得国家科技进步奖与国家自然科学奖比例达到29.83%和44.44%,表明这一群体逐渐成为科技创新攻坚的主力军。[①] 特别是当前"有组织科研"的战略部署,引导高校聚焦国际科技前沿与国家发展需求,从而加大了对博士后的科研支持力度。但是,政府与社会在扩大资助与支持的同时,也不断通过问责制对高校的学术产出和人才队伍质量进行评估、审核与监督,其中博士后科研流动站评估便是其中最为典型的一种问责方式。

就问责制而言,其包含了体系结构、主客关系、程序内容与结果反馈四大要素。[②] 在外部多元主体参与高校博士后制度运行的过程中,博士后工作评价与流动站的质量评估建立在国家关于博士后制度构建的责任体系基础之上,政府、社会与学术同侪整体构成了博士后事务的问责主体,且评估审核结果会作为博士后科研流动站调整、科研资助与项目申报配额的重要参考。加之自筹经费博士后数量的持续增多,高校在依赖政府财政投入的同时,也在积极与社会市场的项目合作中增列博士后的资金支持。在这一背景下,高校必须满足来自多元主体的价值诉求并据此不断调整与提升内部的治理效能与产出效率,这一问责压力无疑会逐渐分解到博士后的工作实践中。因此,目前高校所建立的博士后学术绩效考核与评价体系在于回应关于博士后人才队伍建设与知识生产创新的外部问责,也是"双一流"建设下开展人才竞争与学术创新的组织反应。

---

① 中国博士后科学基金会. 制度成效[EB/OL]. (2022－9－12)[2022－9－15]. https://www.chinapostdoctor.org.cn/website/showtop_zgbshzd.html?categoryid = 47b71e2a-004e-4d2f-8603-227e8361b10b.
② 周亚越. 行政问责制研究[M]. 北京:中国检察出版社,2006:33—38.

三、高校博士后组织情境变革的动力机制

高校博士后组织情境正转向科层管理、实用主义、绩效激励与分类评价方向，由于组织情境变革及其动因分析只是现象呈现与因素探究，尚无法知道整个变革过程的生发次序以及现象背后的问题本质。基于上述分析并结合既有访谈对这一变革过程的动力要素与相互关系进行归纳与整理，本研究将博士后组织情境变革分为情景动力、触发动力与使能动力搭建初始框架（见图 4-2），细化了三大动力机制的内部要素（见表 4-2），以期解释博士后组织情境变革背后的动力机制，为后续提供认同的组织情境分析。

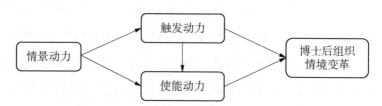

图 4-2　高校博士后组织情境变革动力机制的初始框架

表 4-2　高校博士后组织情境变革动力的关键概念及其内涵例证

组织情境变革的动力机制			关系内涵或访谈例证
情境动力	强制性压力	政策驱动	分类、绩效与评估导向以及博士后成为高校师资补充重要来源的政策焦点产生了强制性的制度压力
	规范性压力	人才培养	博士后作为学术后备的培养质量影响人才队伍建设
		学术激励	制度定位、人才激励与所构成的规范性制度压力
		成果产出	博士后知识生产的数量与质量成为外部评价的焦点
	模仿性压力	市场竞争	市场竞争需要实现人才的轮替与筛选
		风险规避	学术体制转型及其不确定性促使高校风险规避
		标杆模仿	分等、竞争与淘汰的规则成为博士后制度改革的主流

续 表

组织情境变革的动力机制		关系内涵或访谈例证
触发 动力	组织变革意识	面对"双一流"政策机遇变革管理制度是稳健的方式
	组织竞争趋势	高等教育竞争态势与分类评价促进了制度绩效取向
	风险规避程度	人才引进的风险放大了博士后人才储备的优势
	建设示范作用	通过示范行为将市场化竞争方式传递变革意图
使能 动力	管理制度健全	职业地位、培养考核与分类管理健全管理制度
	培养方式多元	研究计划、职称改革、国际交流、项目培养与淘汰机制
	评估机制完善	动态追踪、分类评估、综合评估确保合理流动
	组织保障坚实	资金投入、项目竞争与社会参与保障可持续发展

（一）高校博士后组织情境变革的环境动力

制度主义强调组织在制度实践中的形式与结构的同构性，一切有悖于政策制度环境的组织行动将会面临合法性危机，这倒逼着同领域的组织朝着相似的方向进行变革与发展，由此产生组织制度的趋同结果。研究发现，市场经济的推演催生了高等教育市场、效率与竞争的转型，拉开了博士后规模增长的"阀门"，而传统人才培养的博士后管理模式、规则体系与政策制度已经不再适用新时期博士后的人才使用的需求。

首先，博士后制度改革所倡导的分类、绩效与评估导向以及教育部将博士后作为高校师资补充的重要来源，产生了强制性的制度压力，对高校组织系统内部的引导与变革发挥着重要的驱动作用。其次，博士后培养质量、制度定位、人才激励与知识创新所构成的规范性制度压力同样对组织情境变革起着显著的驱动作用。这一压力源是学术组织内部对于博士后学术工作价值与规范进行判断的依据。第三，面对时代变革与学术体制转型的不确定性，非头部的高等教育机构为了规避风险自然会模仿这一行为，通过减少教师聘任数量以及设置博士后分等、竞争与淘汰的规则实现人才的轮替与筛选，这是模仿性制度压力所带来的结果。因此,三种制度压力构成博士后组织情境变革的环境动力。

(二) 高校博士后组织情境变革的触发动力

面对博士后政策制度变迁所带来的情境压力,高等教育机构内部的调整适应攸关博士后组织情境是否能够变革的中介过程。既有研究表明,组织对外部政策与战略的差异化认知与意向性行动是导致组织变革差异的重要原因。[1] 尤其在全球高等教育转型背景下,博士后制度政策在全球竞争与市场化过程中处于变动不居的状态,而作为承接外部制度情境与内部博士后群体的组织系统,其认知、态度与行动决定了博士后组织情境变革的动力方向。分析发现,高校组织变革意识、组织竞争趋势、风险规避程度与建设示范作用是重要的触发动力。

譬如,A36 博士后表示,"'双一流'建设所带来的高校竞争、创新合作与等级排序其实已经促使大学形成大规模聘任博士后的制度偏好,这也进一步成为各校人事制度改革的重心"。(A36 - F - R - TM - D1 - 2 - N)高校博士后组织情境变革首先取决于组织机构的变革意识,也即高校组织领导主体面对"双一流"建设的政策机遇与博士后制度改革趋势是否具有变革意识与变革认知。其次,面对外部的高等教育竞争态势,绩效管理、分类评价与人才竞争的组织变革方向更符合当前大学对于博士后制度的战略定位。再次,高校博士后组织情境变革面临多元化的路径选择,但效率主义与绩效至上的制度理念,相较于其他而言显得更加稳健与务实,其所产生的风险相对较低。第四,在高等教育管理主义革命下包括学生、教师、院系在内的一切行动体都被卷入到竞争、评价与管理中,这些类市场化的竞争方式通过示范行为向博士后传递组织整体性变革的

---

[1] Saltmarsh S, Swirski T. 'Pawns and prawns': international academics' observations on their transition to working in an Australian university [J]. *Journal of Higher Education Policy and Management*, 2010(3):291 - 301.

意图。因此,高校对于博士后在内的一切认知与行动倾向成为触发内部情境变革的关键动力。

(三)高校博士后组织情境变革的使能动力

高校将外部的情境动力与内部的触发动力由动机变为现实,离不开内部支持系统的使能动力。近年来,高校博士后制度定位仍比较模糊、科研流动站的主体功能发挥不足、人才培养质量与知识创新程度仍有待提升催生了一批关涉博士后制度改革完善的政策办法与工具。[①] 分析发现,管理制度健全、培养方式多元、评估机制完善与组织保障坚实四个方面已成为博士后组织情境变革由认知迈向行动的支持系统与使能动力。

一是高校正在探索更加健全与特色的博士后管理制度体系,明确博士后是作为流动性质的专职科研人员的身份地位,重新确立了院系、博士后科研流动站与合作导师作为博士后研究人员的培养考核主体,进一步改进了培养考核与分类管理方式;二是高校将科研计划书、职称改革、国际交流、项目培养与淘汰机制作为博士后人才管理与竞争的重要方式,完善了博士后过程管理机制;三是通过设置动态追踪、分类评估、综合评估在内的博士后评价体系确保博士后的培养质量与进出流动;四是通过社会资金投入、项目竞争与社会组织参与等方式保障博士后学术竞争、激励与评价等实践活动的持续化发展。因此,内部支持系统为博士后组织情境变革提供了制度、资金、管理与保障四个方面的子动力,确保情境动力与触发动力可以在使能动力的支持下最终完成组织情境变革。

[①] 牛风蕊,张紫薇.中国博士后制度演进中的路径依赖及其突破——基于新制度经济学理论的分析视角[J].高校教育管理,2018(01):20—26.

（四）高校博士后组织情境变革的动力机制

组织情境变革是高校博士后组织管理无法适应外部政策与市场环境变化时采用新的理念、工具以及手段的过程，包含了变革主体、变革内容、变革程序以及变革动力等一整套变革体系。根据新制度主义的理论视角，情境变革其实是制度环境与组织互动的结果，其动力可以划分为外部环境与内部组织两个部分，其中组织内部动力又分为触发与使能两个子动力。触发动力代表了组织行为体进行变革的目标与期待动机，而使能动力代表组织行为体的能力与资源动因。三者的互动共同推动着高校博士后组织情境的变革转向。

综合博士后的访谈信息与博士后制度改革的院校方案，得出了更为具体的博士后组织情境变革动力机制的框架模型（见图4-3）。具体而言，情境动力、触发动力与使能动力在整个博士后组织情境变革过程中扮演着环境压力、中介认知与支持系统的功能，三者关系可以理解为以政策与制度改革为情境压力的博士后管理方式变革为高校知识创新与人才建设提供了外驱力，并连同高校对于博士后组织制度的变革意识与风险规避所产生的触发动力一起，在内部组织

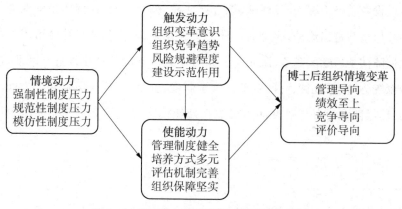

图4-3　高校博士后组织情境变革的动力机制

制度、培养管理、评价考核与组织保障的支持下，共同促成了管理导向、绩效至上、竞争导向与评价导向的情境变革。不过，博士后组织情境变革的目标是多元的，既注重组织绩效与学术产出，也关心知识创新与人才队伍建设，共同驱动博士后的学术工作朝向更加多元的方向发展。

第二节　组织情境对博士后学术职业认同的影响

博士后所处的组织情境正朝着管理主义、绩效至上以及培养与使用失衡的方向转型，这种变革如何通过组织对博士后学术职业认同产生影响，以及博士后对于大学院系与学术团队的组织认同是否与学术职业认同保持一致，成为亟待回应的问题。为了表征组织情境对高校博士后学术职业认同的影响，本节整理关涉组织层面影响博士后学术职业认同的资料，通过开放式编码、主轴编码与选择性编码三级程序共获得 36 个初始概念、12 个副范畴与 4 个主范畴。也即关涉博士后的组织情境可以从组织属性、组织管理、组织文化与学术团队四个方面，共同构成博士后学术职业认同影响的组织基础（见表 4 - 3）。

表 4 - 3　"组织情境对博士后学术职业认同的影响"主轴编码结果

主范畴	副范畴	关系内涵
组织体制影响	组织目标转向	行政属性、经费竞争与实用取向引导博士后学术职业方向
	大学单位属性	财政依赖、资源分配与市场转型影响着学术职业认同进程
	学术自治传统	学术角色、共同体实践与信仰标准促进学术职业认同建构
组织管理影响	新公共管理影响	灵活雇佣、学术竞争与价值重塑改变了学术职业认同观念
	单位制管理传统	单位传统、等级结构与行政取向干扰博士后学术职业认同
	学术共同体治理	学术流动、学术自治与学术责任影响博士后学术职业认同

续　表

主范畴	副范畴	关系内涵
组织文化差异	团队型组织文化	内部整合、目标驱动与分工协作强化了学术职业认同感
	创新型组织文化	开放包容、结构松散与对外竞争难以形成职业归属感
	传统型组织文化	组织规范、内部管理与意识形态引发了职业归属危机
	竞争型组织文化	内部竞争、绩效导向与等级排序加剧了职业认同危机
学术团队影响	科层式学术团队	权威主导、项目驱动与中心边缘结构带来认同与依附影响
	扁平式学术团队	扁平结构、平等观念促进学术职业精神与专业认同
	开放式学术团队	目标多元、成员异质与开放松散难以形成职业归属与认同

一、 组织体制牵引博士后学术职业发展目标

我国大学组织系统具有双重属性，一是国家政府所赋予的单位组织属性；二是知识创新、道德规范与共有范式所形成的学术逻辑。[①] 两种属性的交织决定了中国大学区别于西方大学的组织特性，而这种独特且复杂的组织属性影响与重塑了博士后学术职业身份认知。

（一）组织制度的目标转向引导职业认同方向

博士后制度改革所强调的管理、绩效与市场逻辑改变了大学组织博士后管理的手段，与单位制时期博士后"流动编制"的定位形成了鲜明的反差，由此在制度改革目标转向中影响了博士后对于未来学术职业的理解与认同。

首先，博士后制度改革所规定的"权力下放"与我国大学原有的行政体制传统相结合，一定程度强化了博士后身份管理中的行政主导作用。二者的"合谋"

---

① 布鲁贝克.高等教育哲学[M].郑继伟,等,译.杭州:浙江教育出版社,1987:31.

不仅是形式与结构上的融合,更是行政主导下管理权力渗透到博士后学术职业社会化的过程。其次,当前院系组织普遍强调的分类培养、绩效考核与淘汰退出,实则是大学组织对加速博士后学术创新所进行的制度性安排,以此彰显博士后学术工作的效益与价值。再者,高校对博士后的定位基于高层次创新型人才与经济社会发展目标展开,体现出组织制度的实用主义逻辑。由于大学参与社会服务并获取外部支持的程度加深,社会服务、成果转化与产业升级同样成为高校博士后学术工作的重要内容。其中,A44 博士后认为,"我们就是熟练廉价的助手,除了常规工作以外,还需要在社会服务、团队行政中承担诸多非学术工作"。(A44 - F - P - CE - D1 - 2 - N)这表明博士后经历虽具有职业过渡的意蕴,但是组织制度所塑造的真实身份与博士后对学术职业的认同感知之间具有明显差距。

总体而言,院系组织通过规则、目标与权力影响博士后学术职业社会化进程并引导着他们的学术职业方向,使其对组织规则的认同一定程度融入到学术职业认同过程中,成为博士后进行自我身份归类的关键。当前高校在推行博士后制度改革的进程中,对于博士后的定位与管理方式已经发生了很大的改变,而博士后理解组织变化的过程其实也在更新他们对于学术职业的理解与认同。

(二) 大学组织的历史惯性塑造学术职业认同

从历史维度看,中国高校组织本质仍属于"单位体制"。它是基于国家既有的政治体制与经济制度所形成的围绕高深知识与人才培养而展开实践活动的权力机构,是政府进行资源分配、战略创新与社会转型的公共组织。[①] 由此,身

---

① 李福华. 从单位制到项目制:我国高等教育重点建设的战略转型[J]. 高等教育研究,2014(02):33—40.

处其中的博士后对于学术职业的认同受到单位体制影响。

首先,大学依赖于政府的财政拨款与博士后依赖于大学组织达成个人/公共价值两个环节,构成了其作为单位组织的依赖性权力结构。高等教育体制改革至今,其实已经形成了所谓的"体制内"与"体制外"二元结构分割,处于"体制外"的博士后对"体制身份"的追求与认同迫使其对学术组织具有强依附性。[①]譬如 A07 博士后表示,"同样是参加教研室会议,他们(老师)谈笑风生在讲教学安排甚至课题动员的时候,我自己有被边缘的心态。甚至当别人说这是 S 大老师的时候会感到心虚,我就是个临时工"。(A07-F-R-LA-D1-2-N)因此,作为临时流动的博士后对学术职业的认同期待等同于稳定保障的编制身份获得。

其次,大学通过资源配置方式对博士后群体形成一种支配性关系。除学术权威外,组织还存有更为传统的行政权力,且后者往往高于前者。在学术与行政权力所形成的关系结构中,形塑了博士后对于学术组织的"组织依附"与"庇护关系"为核心的制度文化。毕竟作为单位体制的延伸,院系或流动站通过等级结构与集体文化形态塑造了博士后的组织身份,控制了其实践活动的资源配置并规定了博士后在社会化阶段所应达到的知识、价值与责任及由其所规范的职业认同。

再者,"向市场转型"使得大学在一定程度具备类市场组织特征[②],其与博士后的关系由过去的单向依附转向双向依赖被赋予了更多可能性。A35 博士后表示,"大学需要雇佣大规模博士后提升竞争筹码,而博士后也需要高平台争取

① 李路路,李汉林. 中国的单位组织:资源、权力与交换(修订版)[M]. 北京:生活·读书·新知三联书店,2019:47—50.
② 张应强,张浩正. 从类市场化治理到准市场化治理:我国高等教育治理变革的方向[J]. 高等教育研究,2018(06):3—19.

国家项目,我认为二者是相互依赖的关系"。(A35 - M - J - ME - D2 - 2 - N)一方面,这种互动关系中大学仍然处于优势的一方,它能够决定博士后学术职业分层与资源交换分配的结果;但另一方面,博士后的流动与临时身份具备了大规模雇佣聘任的制度可能,给予高校更强的人才集聚效应与学术竞争力。只不过在这种依赖关系中,类市场化的大学组织更倾向于将博士后塑造为临时雇员的角色,从而影响他们对于未来学术职业的意义确认与身份归属。

(三) 学术共同体自治传统推动职业认同建构

经过学科规训的博士后自然属于学术共同体中的一员,而学术共同体作为无形组织将相同或者相近的科学理想、研究经验、伦理道德与行为规范注入博士后的信念目标中。尽管如此,关于博士后学术职业的研究往往专注于其所处的组织位置,而忽略了这一群体所嵌入学术共同体且与科学界相联系的事实。由此而言,学术共同体的知识观念与自治传统同样是博士后学术职业认同的重要影响。

首先,博士后学术职业认同来源于其在共同体中承担的学术身份。博士后临时流动期间其实涵盖了从学徒到独立研究者,从学术议程制定者到学科领军人的关键转变,这种身份变化并非完全发生在特定组织背景中,而是源于其在科学界中的角色转型。正如 A20 博士后所言,"尽管当前外部环境变化很快,但是我还是很珍视当前的学术身份,这份信念与其他同行的认可让我一直坚持地走下去"。(A20 - F - R - DF - D2 - 1 - N)不可否认,博士后学术职业认同受到大学组织的影响,但也同样依赖学术共同体的角色规范与研究传统。

其次,大学组织是首席科学家、教授、博士后与研究生基于知识生产创新与传承汇聚而成的知识共同体。大学行政体系与学术系统所形成的矩阵结构往往凸显出学术权力与行政权力之间的不兼容,也由此产生了在学术政治化与市场化过程中学术共同体的范式与信念被遮蔽甚至异化的风险。① 正如 A06 博士后所言,"像我们理工团队,最上面就是院士,然后就是具有'帽子'的教授,一般教授、副教授与讲师、博士后,这为我们的工作带来了很多资源便利"。(A06 - M - T - MS - D3 - 3 - N)面对这些挑战,大学内部愈发形成了学术权力为核心、等级有序的学术共同体,而差异化的共同体模式塑造出迥然不同学术工作样态。

再者,学术共同体所接受的实践标准与知识传统构成了学术职业的内核与信仰,并促进博士后学术职业的认同建构。研究发现,博士后对于学术职业意义的感知决定了其学术工作目标,原因在于学术职业的价值感知涉及学术理念与信念,成为博士后学术发展动力的意义来源。② 如若博士后对当前学术范式感到毫无意义,那么他们在共同体实践中会感到缺乏动力且逐渐疏离,并产生离职或者退站的想法。③ 那么,博士后学术职业认同的关键在于学术共同体所接受的实践标准、知识观念与博士后学术职业的期待和理解是否一致。

二、 组织管理影响博士后学术职业身份定位

高校越来越重视博士后对于组织成功的贡献,不过与其他组织内部成员(行政、教师与学生)相比,博士后群体在组织系统中往往得到甚少关注。编码

---

① 伯顿·克拉克. 高等教育系统:学术组织的跨国研究[M]. 王承绪,等,译. 杭州:杭州大学出版社,1994:15.

② Gloria C T, Steinhardt M A. The direct and mediating roles of positive emotions on work engagement among postdoctoral fellows [J]. *Studies in Higher Education*, 2017(12):2216 - 2228.

③ Renn R W, Vandenberg R J. The critical psychological states: An underrepresented component in job characteristics model research [J]. *Journal of Management*, 1995(2):279 - 303.

显示,我国大学组织所呈现出的新公共管理、单位体制管理与共同体治理三种特征属性决定了博士后组织管理的复杂性,且不同组织管理方式对博士后学术职业认同产生了不同层面的影响。

(一) 新公共管理加速博士后的灵活雇佣

在新公共管理语境下,高校博士后管理机构采取的雇佣方式更加多元,竭尽全力为社会经济部门提供服务并创造价值,从而在竞争激烈的知识市场中获胜,而这种变革对博士后学术工作的理解与认同产生了不可忽视的影响。

一是以新公共管理为原则所展开的博士后管理改革将大学与博士后人员纳入到一个全新的博弈场域:大学招收博士后的方式愈加多元且人才选拔与筛选的力度空前,后者需要为获得稳定的劳动契约而持续努力与加速竞争。[1] 在组织管理预设下,博士后被视为组织内部的"理性行动人",目标在于实现"博士后竞争,组织绩效提升"的均衡结果。二是后工业化时期的知识生产越来越根植于市场逻辑、企业管理与竞争精神,倒逼大学通过名目繁多但又临时短期的岗位灵活雇佣博士后,驱动他们相互竞争以回应外部问责。三是大学的管理主义革命使外部资本间接参与到博士后的契约管理中,强化了博士后服务市场的价值追求,但其学术职业的认同可能受到学术资本主义的误导。对此,A02 博士后表示,"我们实验室安排博士后进驻到企业内部开展工作,有时候在想我从事的是学术工作还是生产工作?"(A02-F-J-CE-D3-2-Y)这种将其置于学术与市场之间的做法,加剧了博士后对学术职业走向市场化与世俗化的认同危机。

---

① 王水雄. "非升即走"凭什么有效——兼与张维迎教授的博弈框架商榷[J]. 探索与争鸣,2021(09):89—99 + 178—179.

　　这或许重塑了博士后对于当下与未来学术职业的认同观念与道德使命,使其更加重视个人的职业得失而放弃对公共价值的追寻。因此,以灵活雇佣为手段的组织管理实际上使部分博士后面临更大的不确定性,在学术职业社会化进程中丧失了追求学术独立的可能性,从而导致其对学术职业的认同危机。

(二)单位制传统阻碍博士后的身份定位

　　正如前文提到中国大学的单位体制并未完全"退场",特别是在博士后职务晋升、资源分配与出站留任时往往带有单位组织决策的思维与惯性。不可否认,单位制传统通过身份管理将教学科研人员予以区分,这一特征投射到博士后管理过程中往往会带来这一群体的身份定位模糊与职业认同危机。

　　一是大学作为单位组织主要通过制度规训的方式管理博士后的学术工作,继而达成组织目标。博士后被纳入到大学单位组织中,在获得组织所赋予的临时合法身份、资源权利与个体利益的同时也被组织进行管理与规训。归根结底,大学单位组织是一种统治结构,通过评估、考核与晋升等制度化仪式完成大学对于博士后的管控与规训,由此塑造"个体服从或依赖组织"的结果预期。二是当前大学内部的职称结构与学术等级系统决定了博士后的边缘位置与临时处境,模糊了博士后作为大学教职员工的身份定位。由于多数博士后在组织系统中往往没有明确职称、职务身份,其在参与组织事务时会对"我是谁"产生困惑与尴尬。三是在"国家—地方—大学"层层发包的资源项目分配过程体现了大学内在管理的行政属性,一定程度干扰了博士后学术独立的进阶之路。譬如,A27博士后表示,"为了能让项目被顺利送出去,我们也尽可能地承担行政任务,不然院里领导谁会给你投票",(A27-M-T-PL-D1-3-N)由此证明了博士后并非完全与行政事务绝缘,甚至诸多博士后在这一阶段面临繁重的行政管理压力。

由此而言,大学单位组织管理对临时流动的博士后与正式教师所带来的影响是迥异的。① 前者往往由于没有编制与长期合同的庇护而对学术职业感到不安,在面对组织规训和行政化介入时往往采取更加顺从与依赖的态度。正由于此,这种传统会干扰博士后对于学术独立与学术创新目标的追求,甚至大学组织对于博士后身份定位的模糊与偏差会导致博士后学术职业认同危机的产生。

(三) 共同体治理推动博士后的创新探索

就博士后管理事务而言,其招收、培养与评价均是在博士后科研流动站内部完成,这一过程主要是学术共同体在其中发挥评审、监督与判断的作用。由此而言,学术共同体在基层学术组织协商治理与专业治理的态势一定程度保障了博士后学术创新与学术独立。

首先,学术创新业绩与专业知识成果作为博士后流动的资本筹码,与声望、地位与机会等符号相对应,同样也成为学术机构识别博士后创新潜能的信号依据。其次,虽然管理主义仍在大学内部占据主导,但是共同体自治一定程度为博士后学术创新探索营造了自主空间。最后,高深知识作为高等教育机构的实践目标,内在规定了博士后的学术身份属性与职业发展目标,驱动他们围绕学术责任、规则与范式开展共同体管理实践。A41 博士后表示,"我们医学院刚刚成立,没有系统的行政管理结构,所有博士后需要参与学院公共事务,公共决策必须经过广泛的意见征求与协商才能落实"。(A41 - F - R - CM - D1 - 2 - N)这足以证明博士后虽作为流动科研人员,但或多或少参与大学内部的治理实践,其基础就在于学术共同体内部广泛认可的平等、协商、共享与自治原则。

---

① Mcalpine L, Emmiolu E. Navigating careers: Perceptions of sciences doctoral students, post-PhD researchers and pretenure academics [J]. *Studies in Higher Education*, 2014(10):1 - 16.

当大学日渐嵌入到国家、市场与公民社会并获得更多的经费资源时,以牺牲部分自治权力为代价的做法已并不鲜见。至少可以明确,博士后制度改革与单位制传统对博士后学术职业认同的影响并不总是负面的,如何协调好内部的权力关系并保障博士后学术自主与独立,成为推动博士后学术职业社会化进程的关键。

三、 组织文化变革博士后学术职业认同观念

关于组织文化的内涵界定莫衷一是,为了清晰呈现组织文化的差异,卡梅隆(K S. Cameron)与奎因(R E. Quinn)基于对立价值框架将组织文化划分为两个重要的维度①,将组织文化划分为部落式、体制式、市场导向、等级式四种类型,但是这种分类具有典型的西方实践属性。根据访谈内容与文献资料②,本研究将组织文化划分为团队型、创新型、传统型与竞争型四种组织文化(如图 4-4)。

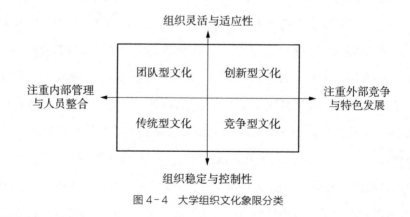

图 4-4 大学组织文化象限分类

---

① 金·S.卡梅隆,罗伯特·E.奎因.组织文化诊断与变革[M].谢晓龙,译.北京:中国人民大学出版社,2006:38—55.
② 刘径言.学校文化的测量与诊断——优质学校比较的视角[J].教育科学,2013(04):35—39.

(一)团队型文化增强博士后职业身份归属

根据编码信息可知,具备团队型文化的大学组织通过将博士后纳入到一体化科研团队,从而加强内部整合与目标驱动。这类组织文化重视内部要素整合,且对环境有极强的适应性,而学术自由氛围与学术互助网络使组织成员之间围绕学校发展目标凝聚团结,互动交流与分工协作。譬如 A15 博士后所述,"我们学校将博士后作为专职科研人员进行建设支持,注重这支队伍的可持续发展,我对自己当前的身份认同还是很强的"。(A15-M-R-CS-D3-1-N)由此可见,这类组织高度重视整体规划与内部整合,注重博士后队伍建设的可持续发展,并创设了实现博士后价值的文化精神,从而促进博士后群体身份的集体意识觉醒。

团队型组织通过人员整合、目标驱动与分工协作方式将博士后纳入到团队建设队伍中,归口到合适的学科团队中进行"传帮带"培养与实践。在这一组织文化影响下,大学通过博士后的自我归类与组织成员之间的无差别对待弱化了博士后与正式员工之间的身份边界与认同阻隔,强化了博士后作为组织成员的归属感与认同感。[1] 但其劣势也较为明显,A23 博士后认为,"我们的工作都要围绕团队的项目进行,基本没有时间去做自己其他感兴趣的研究,竞争与分化的程度较小"。(A23-M-R-PS-D1-2-N)由此而言,尽管团队型文化对博士后学术职业认同具有促进作用,但缺乏竞争的组织文化,由此导致博士后学术创新受阻。

(二)创新型文化促进博士后学术合作体验

秉持创新型文化的大学组织更加注重特色发展与自由探索,但同样也兼顾

---

[1] 高进.高校科研团队中博士后群体心理冲突与协调[J].教育与现代化,2010(04):67—71.

组织灵活性以及对外部环境的适应性,主要代表是注重科技创新的新型研究型大学。A05博士后表示,"我们学校处于S市的大学科技园中,组织内部相对独立但又彼此交流,由于缺乏明显的学术等级结构,博士后可以自由探索学术议题"。(A05-M-R-BI-D1-2-N)事实上,这类组织基于创新任务或政策战略得以创办,尚未设立管理机构与院系单位相互交错的复杂矩阵结构,其内部相对松散但却富有活力,由此强化了博士后作为组织成员的身份认同感、使命感与服务意识。

这类组织文化对于博士后的意义与价值在于将个人研究与组织创新有机结合,通过组织创新与对外竞争塑造博士后的职业品性,将博士后个体转化为组织任务的驱动者,从而培养与组织文化相一致的具有创新思维、认知与技能的领军型人才。由于这类组织缺乏内在的凝聚力与向心力,博士后很难从组织互动中获得稳定的组织留任承诺,以至于他们仅将其作为职业流动与准备期的"中转站"。A10博士后表示,"进站的时候我就知道基本不可能留任,大家来做博后都是为了丰富履历,在这里能够找到更多学术职业的可能性"。(A10-F-R-PE-D1-2-N)这一组织文化对于博士后而言,能够给他们带来充满创新与竞争的职业体验与平台优势,在一定程度上消除他们对于学术职业的迷茫与临时身份的焦虑感。

(三)传统型文化引发博士后职业认同危机

传统型文化的大学组织更加偏重内部管理、秩序稳定及其人员控制,以确保组织活动围绕规范而展开,主要代表是历史底蕴深厚的传统大学。[1] 具体而

---

[1] Tucker K. Unraveling coloniality in international relations: Knowledge, relationality, and strategies for engagement [J]. *International Political Sociology*, 2018(3):215-232.

言,这类组织依托意识形态、内部管理与组织规范,将内部博士后管理与教师队伍建设进行泾渭分明的条块分割与等级划分,规定博士后成员的具体位置与行动规范,以维持整个系统的良好运行。在这类组织内部,博士后身份模糊、地位边缘并受到组织管理技术的强力规范,与正式教师具有鲜明的身份边界。

　　按照阿尔都塞(L. Althusser)的理解,传统型组织文化通过一系列仪式活动将个体固定在财富、权力与身份不平等的底层秩序之中,并凭此作为个体实践的价值基点与规范准则。① 由此而言,将博士后置于学术组织的底层位置,通过一系列规范化与等级化手段,可以确保这类组织内部形成合理的集体秩序与等级化的队伍结构。但是,传统组织文化对临时流动的博士后人员的模糊定位,引发了他们对于大学组织的归属危机与情感矛盾,以及学校在秩序稳定中容易制造博士后学术发展与管理规范之间的矛盾与紧张。对此,A09 博士后表示,"学校过分注重博士后管理,往往忽视了我们需要学术创新的组织支持,导致我们无法真正融入学校并对当前的学术工作感到无意义"。(A09 - F - R - PH - D1 - 2 - N)

(四) 竞争型文化加大博士后学术职业压力

　　充斥竞争文化的大学组织虽普遍关注创新发展,但也强调内部个体竞争与组织稳定,其主要代表是传统研究型大学。② 这类组织为了应对外部学术排名与组织竞争的挑战,将压力分摊到内部个体层面,以致越来越偏爱雇佣博士后。对于这类组织而言,由于博士后常常训练有素且能够获得更多的财政补贴,逐渐成

① 约翰·斯道雷. 文化理论与大众文化导论(第七版)[M]. 常江,译. 北京:北京大学出版社,2019:4—5.
② 王莉红,魏农建,许彦妮. 竞争导向与组织创造力的曲线关系——有机结构与适应性文化的权变视角[J]. 科学学与科学技术管理,2016(08):126—137.

为他们更加青睐的临时学术劳工。对于博士后而言,处于竞争中的大学往往更加关心排名与声望,习惯以内部竞争与绩效排名衡量每一位博士后的职业成功。

由于高等教育竞争态势逐渐升温,一种"经济至上的决定论"正主宰着大学的行动思维。[①] 在微观经济学看来,土地、劳动力与资本是生产的基本前提,转换至学术生产领域则是实验室、博士后与研究基金三大要素。在实验室空间不变情况下,扩大博士后劳动力规模成为竞争型组织的普遍做法。"学校每年都有上千名博士后进站,大家的目标就是拿课题与发论文,虽然不认同这种'快餐式'做法,但如果去到其他大学,连像样的实验室都没有,更何谈学术创新?"(A43-M-R-ES-D1-2-Y)由此可见,大学资源竞争加剧了博士后学术生产活动内卷化程度,在已有生产资料基础上进行学术生产与再生产,以维持或者提升组织竞争力,但却加大了博士后个体的学术职业压力。

四、 学术团队塑造博士后学术职业认同差异

面对科学技术的发展与更迭,学术团队作为大学内部无建制的有组织科研力量往往形态与目标各异,也决定了身处其中的博士后学术工作、互动方式与学术观念同样存在差异。根据访谈信息与文献整理,本研究基于学术团队的开放程度与等级程度将其划分为科层式、扁平式与开放式三类团队。

(一)科层式团队下的学术依附与认同危机

目前,自然科学领域普遍围绕学术权威、项目资源与学术平台形成了科层

[①] 斯图亚特·霍尔,保罗·杜盖伊.文化身份问题研究[M].庞璃,译.开封:河南大学出版社,2010:45.

式的学术团队,这一人员结构具有中心化与等级制的"金字塔"特征。由于科层式团队具有大权威、大项目与大平台的集成优势,一方面能够赋予博士后更多的职业机会与实践训练,但另一方面也容易致使其陷入学术依附的身份束缚中,从而造成其对学术职业认同的矛盾危机。

首先,科层式学术团队为博士后提供了向上流动与资本积累的渠道。从项目申报、知识生产到学术评价等诸环节,愈发呈现为"团队作战"的集体特征,而嵌入到科层式团队的博士后虽处于人才结构底层,但却为他们转换学术身份并实现学术积累提供了目标激励以及清晰的职业社会化路径。其次,科层式学术团队所提供的项目与资源支持能够帮助博士后应对外部的量化考核,无形之中提供"学术庇护"作用。作为不稳定的学术劳工,组织情境中的博士后需要借助平台优势与项目资源快速产出学术成果,才能在未来劳动力市场中获得更多的职业确定性。[①] 因此,背靠"大牛"成为众多博士后的首选。最后,学术等级系统与中心化结构可能导致博士后的工作边缘化效应更加明显,从而引发学术独立与学术依附之间的矛盾。如 A26 博士后所述,"(我们)在大的课题组的自主性比较弱,没有项目议程的决定权,工作内容更多是上面的合作导师与小老板分配的"。(A26-F-J-CE-D2-1-N)由于该群体的弱组织嵌入性,他们需要接受来自团队资源分配、专业分工与指导委任,其独立身份容易受到团队项目的干预与影响。

这种基于项目资源与权威而组建的科研团队具有极强的学术凝聚力,一方面正如华尔德对中国组织研究发现[②],个体对组织的依赖是建立在传统权威关

---

① 姚建华,苏熠慧. 回归劳动:全球经济中不稳定的劳工[M]. 北京:社会科学文献出版社,2019: 20—25.

② Walder A G. *Communist Neo-traditionalism: Work and Authority in Chinese Industry* [M]. Berkeley: Univ of California Press, 1986:43.

系上,可以为处于学术底层的博士后提供依赖性结构,为博士后对学术团队的"组织性依附"和"学术庇护系统"提供具有向心力的合法文化,强化了处于流动阶段的博士后对学术职业回报与个体服膺集体的双重认同。但另一方面,以学术独立自主为目标的博士后,嵌入到以团队项目与学术权威而组成的等级结构中,势必会削弱个体的独立性,从而影响博士后对于学术职业精神与自我意义的认同建构。

(二)扁平式团队下的松散合作与差异认同

扁平式的学术团队具有等级层级较少、组织目标模糊、团队管理松散与学术权威辐射能力较弱等特征。其优势在于松散的团队管理赋予了博士后更多学术探索的机会,通过自由的学术氛围与协商的学术关系帮助其建构更加独立的学术身份。但是,这类团队促进博士后学术成长、合作互补与协同分工的组织功能较弱。因此,扁平式的学术团队管理对于博士后学术职业认同会产生另一种影响。

一是扁平式的学术团队由于组织层级较少、内部团结较弱、中心辐射较短等特性,能够维系博士后学术自主与学术依赖之间的平衡。嵌入其中的博士后没有外部组织的过度限制,且在研究议题选择方面具备更多的自主空间,有利于塑造博士后对于学术职业更加自主、开放与创新的精神与制度认同。二是扁平化的学术团队缺乏中心结构、规则体系与组织激励,无法对边缘博士后形成全方位的规训效力,导致扁平化团队中的"合作导师—博士后"线性合作关系往往流于形式,不利于塑造博士后对于学术职业的专业认同。正如 A31 博士后表示,"不像其他大课题组,团队主要由合作导师与博士后、研究生构成,平时合作导师很少与我们沟通合作,我们虽有团队之名,但无团队之实"。(A31 - F - T - PO - D2 - 1 - N)三是缺乏目标驱动的扁平化的学术团队难以调动内部成员的积极性,在松散结构内部的博士后学术发展与合作导师的研究项目可能并不一致,虽维系了博士后的学术自主空间,但也形塑了学术成员网络之间的"弱关系"特征,不利于博士后对学术职业所倡导的创新合作精神与分工协作制度产生认同。

由此可见,扁平化的学术团队在建构博士后对于学术职业精神与专业的认同方面产生了差异性影响,在学术职业回报认同方面与科层式学术团队相比还具有一定的差距。究其缘由,在扁平式团队内部的博士后往往缺乏大平台、大团队与大项目的资源驱动与学术阶梯,与他人的学术合作往往较为松散,难以驱动处于"边缘"的博士后对"中心"的组织价值观产生一致性认同。

(三) 开放式团队下的创新网络与灵活流动

科层与扁平的学术团队均有封闭性,虽有利于团队建设与分工协作,但不利于学科交叉与博士后灵活自由的跨域协作,也难以帮助博士后建立多元合作网络。事实上,越来越多的传统科研团队逐渐转型为愈加开放的学术组织,譬如高等研究院、计算社会科学实验室便是大学内部的典型代表。开放式学术团队包含了更加多元的任务目标、纵横交错的成员网络体系与知识集群的创新协作系统,对于培植博士后学术职业精神、专业认同发挥着重要作用。

首先,开放式学术团队的研究目标较为多元,在既有组织目标下可以自由设计研究议题,给予了博士后学术研究更大的实践空间。当下的博士后学术发展诉求其实可以概括为学术积累与学术独立两个方面,而开放式学术团队在满足平台集成与资源支持的同时,还保障了博士后学术工作的独立自主。其次,开放式学术团队的成员网络并非仅限于单一学科内部,已经形成了"大学—政府—行业—公民社会"的有机联结,整体呈现为去中心化与去科层化特征。[①] 真

---

① Davis, G.F, et al. *Social Movements and Organization Theory* [M]. Cambridge: Cambridge University Press, 2005:41 - 45.

实的学术共同体并不是单一成员所构成的,它能够广泛渗透到与此相关的各个领域并具备强大的生命力,有利于博士后与不同研究者之间形成"有机团结"。再次,灵活自由的治理体系与流动松散的成员网络难以形成稳定且统一的组织共同体,由此导致博士后难以形成对学术团队的情感依赖与个人归属。正如A03博士后所言,"当前我所处的平台给予的支持与自由都很充分,但是唯一的缺点是团队内部的成员流动性较大,难以对学术组织产生归属与认同。"(A03 - M - R - PE - D1 - 2 - N)

由此而言,开放式学术团队弥补了科层式与扁平式团队的劣势,有利于博士后建构学术职业的精神与专业认同,但也存在归属感不强、流动性较大等缺点。不过于多数博士后而言,由于这一团队形式主要见诸新兴交叉研究领域,他们利用2—3年时间去体验更加宽松、异质化与多元化的学术创新合作,对于未来学术职业具有重要价值,也为日后搭建学术团队提供了"参考框架"。

第三节 高校博士后应对组织情境的行动选择

在组织情境维度,学术职业认同是博士后个体与学术组织协商、互动与构建的产物。面对愈加结构化的组织情境及其对学术职业认同所产生的影响,博士后行动选择也逐渐呈现出多元化类型。

一、 组织情境下高校博士后行动选择类型

高校博士后与组织之间协商互动而形成的组织身份归属与认同,影响着这一群体学术职业认同与行动选择的方向。在组织维度,本研究通过个体对组织

情境的适应能力与博士后对组织管理的认同程度两个维度予以考察。其中,博士后个体对组织情境的适应能力是指博士后个体认知观念与学术能力是否适应组织情境的变革方向,而博士后对组织管理的认同程度是指其对于学术职业精神、专业与物质层面的认同和当前组织管理所倡导的方向的一致性。[1] 根据访谈资料进行编码分析,共获得 36 初始概念与 12 个副范畴,将应对组织情境的博士后行动划分为服务导向、平衡导向、游离导向与依附导向四种类型(见表 4-4)。

表 4-4　"组织情境下博士后行动选择类型"主轴编码结果

主范畴	副范畴	关系内涵
服务导向行动	适应—认同情形	既适应组织情境又认同组织管理构成"适应—认同"行动背景
	学术发展目标	学术晋升、团队合作与组织支持构成了学术发展目标
	组织服务行动	组织承诺与组织公民行为构成了服务导向行动选择范畴
平衡导向行动	适应—冲突情形	适应组织情境但不认同组织管理构成"适应—冲突"行动背景
	发展生存目标	学术独立与职称晋升构成生存与发展的双重目标
	组织平衡策略	学术发展与集体协作的平衡策略确保实现个体目标
游离导向行动	排斥—冲突情形	既不适应组织情境又不认同组织管理构成"排斥—冲突"行动背景
	学术发展目标	学术独立、身份差别与发展诉求构成了学术发展目标
	组织游离策略	将自我与其他关系网络切断以保障最大限度完成学术任务
依附导向行动	排斥—认同情形	认同组织管理但不适应组织情境构成"排斥—认同"行动背景
	学术生存目标	能力欠缺、考核压力与不稳定地位构成了生存目标
	组织依附行动	资源依附、身份妥协与对抗当下学术竞争所带来的不确定性

[1] Watson T J. Managing identity: Identity work, personal predicaments and structural circumstances [J]. *Organization*, 2008(1): 121-143.

（一）适应—认同:服务导向的行动选择

由于博士后对组织情境的适应以及对组织管理的认同,将这一类型定义为"服务导向的行动选择"。首先,服务导向行动体现出博士后自我概念与组织身份的一致性认知,这是突破临时角色身份与实现组织认同归属的重要前提。譬如,A-38博士后表示,"作为其中的一员,我就会去服务组织任务,对吧？我们与正式教师都是一样的,同事也不会因为我是博士后而差别对待"。(A38-F-T-JC-D3-2-N)由此可见,虽然博士后工作本身具有天然的临时性与过渡性特征,但较强的组织身份认同与情境适应能力突破了既有的身份区隔并实现了一致的认同建构,从而构成他们应对组织情境的行动起点。

其次,从组织认同内涵出发,这种观念与认知的一致性既体现在个体对组织的理性契约与责任义务,也表现为非理性的情感归属与心理依赖,从而通过博士后个体行动服务组织发展得以展现。如同A15博士后表示,"作为土生土长的N大人,曾经的老师也是现在的同事,我对这里的感情很深,即使很多工作没有利益,我也会尝试去做"。(A15-M-R-CS-D3-1-N)他们将个体的情感、价值期待与承诺注入行动中,通过服务组织这一实践在复杂竞争的环境中获得持续的利益。这种情感往往来源于博士后的学缘关系与学术网络,并基于人际关系、道德回报与情感信任建构独特的组织认同感与服务组织的行动实践。

再者,秉持组织服务认知与情感的博士后具有组织承诺与组织公民行为两个方面的行动。一方面,组织承诺代表博士后对院系组织坚定一致的组织价值观与组织奉献的承诺,这是理解博士后选择留任并努力竞争的重要行动机制。另一方面,博士后的组织公民行为并非仅限于临时角色与聘用契约所规定的责任义务,而是扎根于宽广的合作与认同基础并超越报酬系统的狭隘认知的集体主义实践。综合而言，博士后组织情境适应与组织认同的一致性，强化了博士后对于学术职业精神、专业与回报的认同。

（二）适应—冲突：平衡导向的行动选择

当博士后个体并不认同组织管理，但其具备适应组织情境变革的基础能力时，会策略性地平衡组织管理服务与学术身份独立之间的关系。基于此，将其归纳为"平衡导向"行动选择，本质体现了个体既应对组织任务又谋求发展的"权宜之计"。第一，博士后应对组织管理的行动选择强调激励诱因与组织贡献的平衡。这类博士后实现学术发展、职业晋升与知识创新需求的动机往往与组织服务动机维持平衡，而一旦组织服务超过甚至挤压个体发展空间时，这种平衡便会被打破。因此，"说到底，我身边的博士后参与组织活动时其实已经权衡利弊了，不然谁想花那么多时间做科研之外的事？"（A21-M-T-SE-D3-3-N）

第二，从情感态度而言，博士后个体服务组织的热情与意愿取决于个体从组织发展中获得的激励以及对公共价值的实现程度。当二者强度愈来愈大时，博士后对于学术职业的专业认同与回报认同便会更大，但对学术职业精神的认同差异不大。究其缘由，学术职业精神建基于学科专业活动与知识互动，但学术职业回报与专业认同较多受到组织激励与评价的影响。A17博士后表示，"一方面每一个博士后都归口各个科研团队，如果我不参与组织服务，年终奖就会少一点。另一方面科研不仅仅只是团队项目，还有我自己的项目啊，这都是需要去兼顾的，不然怎么生存"。（A17-F-R-LS-D1-4-N）

第三，从实践行动而言，这类博士后学术职业认同及其行动选择的持续发生取决于组织能否持续维系个体与组织之间的循环正反馈，通过组织激励与个体发展之间的平衡促进博士后参与组织服务的实践意愿。当下的学术职业愈来愈体现出集体主义与有组织特征,博士后作为临时学术人员被卷入到各种"工程""项目"逐级发包的底层结构中[1],势必引发个人独立与集体协作之间的紧张与矛盾。这类平衡取向的行动选择形象展现了一个事实,也即组织为了竞争发展就会不断打破博士后生存发展的平衡,相反博士后个体为了实现新的平衡,就会在个体与组织之间追求采取更为有效的行动。

(三) 排斥—冲突:游离导向的行动选择

秉持"游离导向"行动选择的博士后对组织情境的适应能力较弱且较不认同组织管理的技术手段,由此导致个体游离于组织场域之外。事实上,这一行动选择更加强调博士后作为学术人的职业身份认同,坚持从专业主义出发追求自我所认定的职业目标,并显现出有悖于组织管理主义的个体行动逻辑。目前就博士后与组织之间的游离关系而言,可以表征为主动疏离与被动区隔两种类型。

首先,组织情境变革的管理取向与"游离导向"博士后行动选择背后的个体价值存在着天然的分野与鸿沟,难以通过大学组织管理实践的强化或博士后组织身份的凸显加以弥合,由此导致博士后个体主义式的价值系统与组织实践的目标错位。譬如,A30 博士后表示,"我既不参与院里的集体任务,也不加入任何研究团队,只专注于自己的学术,但这其实也让我孤立无援,也慢慢习惯了"。(A30-M-T-ZT-D1-2-N)因此,持有"组织游离"态度代表他们更注重学术自由与独立的价值,将一切负载于个体研究之上的管理支配、意识形态与实用导向均视作是对学术职业发展的外在阻碍,故此对外部管理环境持相对消极的态度。

---

① 本报评论员. 充分发挥新型举国体制优势[N]. 科技日报,2022-11-02(001).

其次,"游离导向"的博士后在组织系统中无法转换身份并与组织情境建立一种平衡关系,造成个体对科研团队乃至院系组织的认同与归属危机。正如A40博士后表示,"你可以称我为个体户也好,也可以用所谓的组织的游离者来形容,其实好像我虽然在大学里面,但是其实一直是一个游荡者与边缘者的身份,做好自己的事情就行"。(A40‑M‑T‑SC‑D1‑3‑N)显然,持有"组织游离"导向的博士后采取置身事外的行动策略,将自我与组织系统中的关系网络切断或者保持疏远距离,以维系临时流动阶段的学术自由与学术独立。

再者,除了博士后主动"游离组织"外,部分博士后面临被动的身份区隔危机。正如A45博士后表示,"我很想融进团队的圈子呀,但是别人并不把我作为自己人看待,说到底还是自己外来户与临时工的身份"。(A45‑M‑T‑GO‑D3‑2‑N)这种身份区隔会给博士后带来更强的组织身份危机,产生"自己作为何种身份"参与组织服务的认同困惑。与此同时,组织及其成员也会将博士后作为非正式人员予以对待,从而导致结构性的身份差别与归属危机,并持续性地带给博士后极强的不安全感与边缘感。因此,被动的工作游离与身份区隔也反映了博士后作为临时流动与灵活过渡学术人员所面临的结构性困境。

(四) 排斥—认同:依附导向的行动选择

当博士后较为认同组织管理,但若并不具备适应能力时,便会产生博士后个体对于组织系统的依附性问题。在组织依附与学术独立之间其实并不存在一条泾渭分明的边界,但前者明显对学术职业社会化进程会产生负效应。A01博士后认为,"越来越多的博士后被称'博士候',一站之后还有一站,很多人就像学术界的'幽灵',无处可依,长期游荡"。(A01‑M‑J‑MS‑D3‑3‑N)事实上,这是一场现实主义与理想主义的左右互搏,组织依附、团队依附乃至个人依附便成为这场不稳定学术流动经历中的确定性行动策略。但问题在于长期的学术依附恐使博士后学术职业社会化进程中的独立能力难以塑造,甚至对于学术创新的个人品性也将在依附性困境中逐渐褪色。

不过,这种能力实践与机会结构的双重制约也会带来依附行动的双重效果。一方面,当前博士后制度改革与聘任制改革的"合流"推动了博士后对于学术组织与研究团队的依附性。另一方面,这也是处于不稳定工作中的博士后研究人员应对组织考核与临时身份危机的自主性策略的体现,普遍以寻找学术权威或嵌入牢固的学术团队等依附策略对抗当下临时身份所带来的不确定性风险。在此背后,其实是博士后个体能力欠缺、压力过重与不稳定地位所带来的结构性困境,而学术生存是这一临时阶段的主要目标。这也得到 A37 博士后的认可,"依附于他人也实属无奈,但是为了争取最好的资源与课题,度过两年的职业流动期并积累充足的成果,其实也不失为一个选择"。(A37‑M‑P‑EC‑D2‑1‑N)

这种依附性行动选择其实也体现出学术资本主义对博士后的深刻影响。尤其在个体资源与机会结构受限时,博士后自身的不稳定性状态会逐渐强化个体对组织资源、权力与机会的全方位依附,帮助博士后应对组织管理的评价考核,但也导致其距离学术独立越来越远。当然,这一依附进程并未完全阻绝博士后通向职业独立的道路,但却具有内在的隐忧:随着学术依附程度的加深将会导致博士后陷入依附性困境之中,使其未来学术职业进程面临更大的自主性危机。

二、 组织情境下高校博士后行动选择逻辑

组织情境会对博士后行动选择同样起到强制、规范与引导的功能,但是高校博士后应对组织管理的行动选择其实是个体对组织的认同以及个体适应组

织情境能力等多重要素所主导的。那么,结合组织情境特征探究四种博士后的行动选择,可以进一步厘清其背后的制度逻辑。通过对博士后应对组织情境的四类行动选择比较发现,虽然其整体呈现为多元化取向,但实质仍为博士后个体围绕组织情境方向而展开的不同程度的行动选择。由于此前已经讨论过制度改革下的博士后行动选择逻辑,详述了不同制度要素对于博士后行动选择的影响,此番需要进一步深入组织情境内部,考察博士后行动选择的制度逻辑(见表4-5)。

表4-5　组织情境中博士后行动选择、目标与逻辑

基本情形	行动策略	组织影响	制度逻辑	行动目标	组织认同
适应—认同	服务导向	规范性与文化—认知为主	适用性 正统性	学术发展	强
适应—冲突	平衡导向	规制与规范为主	工具性 适用性	学术发展 学术生存	中等
排斥—冲突	游离导向	文化—认知性为主	正统性	学术发展	弱
排斥—认同	依附导向	规制性为主	工具性	学术生存	较强

(一)"服务导向"博士后的行动选择逻辑

在"适应—认同"情形下,博士后主动服务组织不仅表现为个体实践与组织活动同构的制度逻辑,还体现在作为临时组织成员身份的博士后与其他教职员工在互动实践过程中所呈现的合作与互助倾向。就组织服务行动而言,具体涉及两个逻辑:一是博士后个体与学术组织的内生性关系实践及其所展现的工作服务逻辑,二是博士后与学术团队、院系组织的互动实践所呈现的资源汲取逻辑。研究发现,选择这种行动的博士后会模仿学术精英行动,或者遵从组织系统所建构的各种管理文化、规则规范或权威要求。博士后个体之所以选择与实

施这种行动策略,主要是为了增强身份合法性、免受问责与资源依赖的复杂动机。由此看来,服务导向行动选择指向适用性与正统性逻辑,通过上述两种方式实现自我的学术职业发展,并持有较强的组织认同感。

(二)"平衡导向"博士后的行动选择逻辑

在"适应—冲突"情形下,博士后一方面受专业主义的规范性影响追求学术发展目标,但另一方面又受到组织制度的规制性影响追求学术生存目标,由此决定博士后适应组织情境的行动选择兼具工具性与适用性逻辑。双重目标之间的平衡策略往往能够使这类博士后获得较快的学术发展与激励支持,由此消解博士后个体对组织管理的低认同所带来的负面影响,并形成了一般程度的组织认同。面对组织情境变革与学术创新追求,平衡导向的博士后能够通过自主行动化解组织管理所带来的生存性问题,有效弥合工具理性与价值理性之间的矛盾与冲突。但从侧面来看,平衡也是一种妥协策略,需要对与组织系统签订的契约合同及其背后所负载的责任目标、公共事务进行权衡、协商与博弈。在多元主义文化充斥的高等教育场域中,各种相互冲突,甚至竞争着的组织团体与支配力量会同时存在,而妥协平衡能够最大限度地维系博士后个体学术生存的同时,促进自我的学术发展。① 因此,这类型博士后行动选择体现了工具性与适用性的双重逻辑。

(三)"游离导向"博士后的行动选择逻辑

在"排斥—冲突"情形下,博士后"游离"于组织之外既表现出个体与组织情

---

① 任可欣,余秀兰. 生存抑或发展:高校评聘制度改革背景下青年教师的学术行动选择[J]. 中国青年研究,2021(08):58—66 + 102.

境之间的不匹配,也体现出个体对组织管理的低认同。这种游离导向的行动选择将博士后塑造为组织系统中的原子化个体,通过反团队化与反集体化方式追求个体主义式的身份建构与自主空间,从而维系自我学术信念不受管理主义的介入,主要受到学术组织"文化—认知性"要素的影响。[①] 这种文化—认知要素强调博士后作为知识生产与真理探索的组织身份认同与行动合法性,但这种纯粹的学术取向委实与当下组织情境所倡导的管理取向相去甚远。不过,当博士后的信念与利益同外部组织规制要求存在实质性分歧时,工作游离则会演化为个体抗争。因此,游离行动导向塑造了"个体户"式的博士后工作状态,这一行动背后体现的是他们将大学视作合法知识机构的正统性逻辑。

(四)"依附导向"博士后的行动选择逻辑

在"排斥—认同"情形下,博士后对既有组织展现出相当程度的依附导向,这是个体能力与机会结构的限制以及个体对组织认同的综合结果。譬如,薪酬福利、晋升发展、学术支持、项目经费等制度安排决定了博士后对大学组织具有极强的经济与学术依附,以此获得独立合法的学术身份、权利与利益。此外,高校单位组织的行政管理特征也引导博士后对组织产生依附,主要呈现为对资源进行控制的学术权威与行政权威的关系性依附。在依附关系下,学术"经营"成为博士后临时工作阶段的重要内容,代表着博士后个体嵌入到更大的学术网络,以此在学术生存竞争中获得更多的筹码与资源。因此,这类博士后行动选择受到组织的强力规范,但又维持着对于组织的较高认同,从而以依附方式获得更加持续化的组织支持,体现的是组织的规制性逻辑。

---

① W. 理查德·斯科特. 制度与组织:思想观念、利益偏好与身份认同(第4版)[M]. 姚伟,译. 北京:中国人民大学出版社,2020:62.

三、 组织情境下博士后行动选择生成机制

尽管博士后在组织情境中的行动方式与路径不同,但其背后实则体现了博士后个体服务甚至服从组织的行动一致性。由于博士后行动选择的类型差异与组织逻辑仅为问题表象,需要进一步探究博士后在进入到具体组织情境后为何表现出不同的行动反应,以及从外部环境到组织情境再到个体行动的次序发生过程如何形塑了博士后的不同选择。为此,本研究围绕这一问题展开了博士后工作经历的回顾性访谈,以期解释组织情境中博士后不同行动选择的生成机制(见图4-5)。

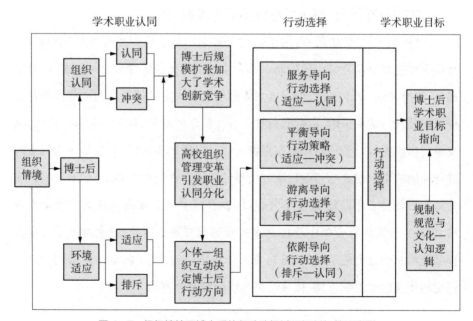

图4-5 组织情境下博士后的行动选择过程机制与策略类型

（一）博士后规模扩张加大了学术创新竞争

在 21 世纪初期,海外学者归国潮使国内博士后制度一度失去人才吸引力,同时科技创新与高层次人才供给的不足也令本就处于定位模糊与尴尬处境博士后制度问题更加凸显。于是,国家与各省市纷纷开启了广泛而深刻的博士后培养质量保障体系改革,重新拉开了博士后规模扩张的序曲。截至 2021 年,我国博士后已经实现了从零增长到 28 万人的历史飞跃,众多学术青年成长为国家百千万人才工程、国家杰青与长江学者。①

除政策变迁提供强大的人才支持外,高校教师聘任制改革与师资补充机制的变化也成为博士后招收规模增长的另一重要原因。② 随着国家"双一流"建设启动,再加上高等教育普及化与研究生招生规模扩张的影响,推动着精英高校形成了越来越复杂与矛盾的心理:一方面应对知识创新与人才培养需要不断扩大师资规模,但另一方面高校正式编制的体量紧缩,人才招聘愈来愈小心翼翼。由此,研究型大学一边收紧教师聘任规模,一边扩大博士后灵活雇佣以组建临时流动的高层次"人才蓄水池"。对于这一趋势,A03 博士后表示,"尽管国家扩招有宏观层面的考量,但是对于博士后而言,可能增加了不稳定工作中的荆棘与阻碍。一旦规模扩大,质量可能也会参差不齐。"（A03 - M - R - PE - D1 - 2 - N）

综合而言,扩大博士后群体规模的背后,既是高校实现教师聘任与人才投资规划的对冲机制,也有国家提前布局高层次人才队伍提高知识创新与技术转化的政策考量。只不过自上而下的政策逻辑与高校人才需求的市场逻辑相结合,推动高校近年来普遍以扩大博士后招收规模作为创新人才筛选与储备的功

---

① 高阳. 科技强国梦,乘风破浪时[N]. 中国组织人事报,2021 - 11 - 10(001).
② 沈文钦,谢心怡,郭二榕. 学术劳动力市场变革及其对博士生教育的影响[J]. 教育研究,2022(05):70—82.

能,但也无形中加大了博士后学术创新竞争的强度与通向学术职业的压力。因此,由此而引发的博士后学术职业认同问题已经成为组织管理的核心关切。

(二) 高校组织管理变革引发职业认同分化

当前博士后薪酬主要以年薪制或结构化工资体系为主,意味着除了政府补贴与科研项目补给外,高校仅需支付额外的聘用资金便可以储备大量具有潜力的学术新人。为了刺激博士后学术创新且提升学术绩效,高校在既有工资基础上还设置了极具吸引力的经济刺激,吸引众多博士毕业生与青年学者的加入。

当然,经济刺激背后是高校博士后工作绩效管理评价的全方位转型。在高校人事制度改革深化的当下,聘期考核已经催生出越来越多的短期学术岗位,也促进了"双一流"高校在博士后队列中引入学术锦标赛与"非升即走"赛制。这意味着博士后需要在短期的临时学术阶段获得优秀或者达到组织认可的高水平业绩,才能获准进入师资"预聘—长聘"轨道。[1] 除此之外,博士后聘期考核中还有淘汰与分级等身份分层手段,由此导致博士后管理较为混乱与模糊。譬如,A08 博士后表示,"博士后出站标准其实是不高的,只需要完成出站报告并完成规定的小论文即可。但是要想留下或者去同类的平台,那又是另一个标准了"。(A08 - F - R - BA - D1 - 2 - Y)通常而言,远高于第一条的第二条标准往往比较模糊且极具操控性,由此导致诸多无法竞聘到教职的博士后只能选择离开。

除上述变化外,高校将博士后制度作为人才储备管理的功能定位,强化了这一临时岗位的实用主义逻辑,也加速了博士后群体内部的竞争、分层与淘汰。正如 A10 博士后所述,"在研究型大学,如果不做博士后,可能连叩开它的基本

---

① 沈文钦,许丹东. 优秀的冒险者:中国博士后的职业选择与职业路径分析[J]. 中国高教研究,2021(05):70—78.

资格都没有,未来没有编制的学术流动将会成为常态"。(A10‑F‑R‑PE‑D1
‑2‑N)面对规模扩张与组织管理情境变革,博士后对于未来的学术职业其实
已经不再固守传统精英模式,其所认同的学术职业也将以能力与资源为中轴进
一步分化,大量"平庸""边缘"的博士后被目前的制度所塑造与定义。因此,当
博士后像水一样在高校"越蓄越多"时,其所面临的学术职业压力与竞争会进一
步加剧他们对学术职业的认同分化,改变他们通向未来学术职业的行动轨迹。

(三) 个体—组织互动决定博士后的行动方向

在微观层面,博士后通过差异化的学术培养与工作实践可以取得学术共同
体内部公认的成果,并收获与之对应的发展前景与学术声望。与此同时,嵌入
组织系统的他们在与组织成员一起作业的同时,彼此相互分配了角色身份与行
动导向。特别在个体与组织的双向互动中,A01 博士后"将学术职业作为成为
学术企业家的跳板"(A01‑M‑J‑MS‑D3‑3‑N),A13 博士后"期待成为具有
权威声望的学者"(A13‑M‑R‑SC‑D1‑1‑N),而 A23 博士后认为"不过是
在从事一份与知识、教育相关的专业事业"(A23‑M‑R‑PS‑D1‑2‑N)。由
此可见,他们对于学术职业精神与工作内容的认同理解完全不同。

当前,高校教职数量缩减与博士后规模加速扩张已经成为不争的事实,这
意味着等待稳定职业岗位的博士后将会持续增多。[1] 对于博士后个体而言,"合
作导师能起的作用是非常有限,毕竟老师们出钱招收博士后是期待我们能够有
所产出并完成既定的任务"。(A33‑M‑P‑PE‑D1‑1‑N)因此,面对组织管
理的内部压力,博士后为了短时间内积累学术资本,他们并不排除与学术团队、

---

[1] 王青,庞海芍. 情感文明:"非升即走"制度下高校青年教师的叙事探究[J]. 当代青年研究,2022
(05):92—99.

院系进行深度捆绑，甚至会基于职业回报、晋升发展做出阶段性让步，其中的服务导向与平衡导向博士后便是其中代表。

同时，个体与组织互动程度不同，决定了不同博士后职业目标期待的差异。一旦选择在聘期内实现留任或者晋升目的，那么博士后的学术创新目标便会转换为更为宽广的组织服务目标。毕竟博士后的契约合同与制度设计均强调其作为职工或科研人员的公共身份，赋予了除合同所规定的科研任务以外的教学、学科建设等公共服务义务。特别是在组织把控资源分配与教师聘任的前提下，博士后服务甚至服从组织管理已成为顺理成章的共识。

值得讨论的是，由于高等学校与单位制的组合与延续使大学在风险社会中具有了更多"确定性"的意涵，成为不稳定的学术劳动力中追求理想且稳定工作的地方。如同汤姆·科利福(T. Cliff)所述，获得长期稳定的工作成为中国民众普遍的心理期待。[1] 但是，不稳定的学术劳动关系已经成为全球劳动力市场的常态，它不仅是高等教育机构对全球自由竞争市场的条件反射，更重要的是它同时被国家政治经济制度所形塑与促成。可以说，稳定的学术职业只是当下高等教育机构聘用制度所反射的其中一面，另一面则是由临时的、灵活的不稳定工作所组成。对于大部分欲意通往"象牙塔"的博士后而言，"临时合同"与"正式聘用"似乎愈加成为学术职业中两个不同世界的分割线，一个是由身份契约所定义的安全与稳定身份，另一个是由市场合同所界说的充满不确定性的临时角色。因此，组织情境中业已存在的二元分治体制使博士后在学术职业社会化过程中对未来学术职业认知、目标、收益与前景产生了全方位的认同分化，由此驱动他们采取更为多元的行动选择应对当前的变革挑战。

---

[1] Cliff T. Institutional Articulation: Governance Between Family and State in Rural China [J]. *American Behavioral Scientist*, 2022(2):197-212.

| 第五章 |
学科特性如何影响博士后的认同与行动

人不仅仅是理性的动物,也是认同的动物,他者越有可能吞没"我们",就越需要强化甚至想象集体的"我们"来抵御他者。①

——刘瑜

---

① 刘瑜.可能性的艺术:比较政治学 30 讲[M].桂林:广西师范大学出版社,2022:79.

学科既是高校博士后建构学术职业认同的基本单位，其特征决定了知识生产、共同体互动与学术信念的差异，也可视为各种位置之间存在的关系性网络或型构的场域结构，是博士后塑造学术职业认同与行动最为直接的内部情境。

第一节　高校博士后学科工作变化的趋势与挑战

当前新公共管理主义与学术资本主义的渗透与普及，使高校博士后在学科层面的知识生产活动面临着巨大的变革与挑战。本节结合高校博士后对学科知识生产变革挑战的认知与理解进行访谈编码，提炼出 56 个初始概念，并进一步归纳为政策驱动影响、知识生产文化特征、学科等级结构与系统知识生成困境在内的 14 个初始范畴，并最终根据范畴间的类属关系合并为 4 个主范畴（见表 5 - 1）。

表 5-1　"博士后学科工作变化趋势挑战"主轴编码结果

主范畴	副范畴	关系内涵
学科范式变革与知识生产转型	知识体系变革	资源分配、质量评估与目录分类驱动知识体系变革
	方法体系变革	智能技术、国家政策与学术发展促进方法体系变革
	评价体系变革	科层体制、人才使用、绩效激励与分类评价牵引评价变革
	工作体系变革	公私合作、学术竞争与市场参与推动工作体系变革
学科文化差异与身份建构分殊	自然科学文化	基础导向、团队协作与外部依赖构成自科博士后工作特征
	人文学科文化	理解诠释、个体导向与文化解释构成人文博士后工作特征
	社会科学文化	社会实用、政策导向与调查研究构成社科博士后工作特征
	工程科学文化	技术开发、市场导向与产研合作构成工科博士后工作特征
学科等级建构与发展次序优先	政策战略导向	政策议程、战略目标与经费支持塑造宏观学科等级结构
	组织发展导向	院校特色、发展规划与学科分类塑造中观学科等级结构
	社会实用导向	文化观念、利益诉求与学科排名塑造微观学科等级结构
学科知识交叉与科研创新融合	系统知识建构	边界融合、范式合作与知识合法性推动系统知识建构
	共同体凝聚匮乏	资源错配、身份阻隔与学科支持欠缺所导致的融合问题
	学科交叉制度	学科交叉外部与内部制度衔接失衡导致的制度生态问题

一、学科范式变革与博士后知识生产转型

在库恩看来，每一时代的科学所具有的模子称之为"范式"。[①] 可以说，每一类成熟学科都有其坚定拥护者所组成的学科共同体（范式），博士后在学术交往互动中奠定了其学科工作的知识基础、方法范畴、评价体系与工作模式，并接受学科规范与道德规范的双重约束。

（一）宏观政策驱动学科知识体系变革

学科建设布局调整深受我国政策驱动与战略转型影响，通过资源分配、质

---

① 托马斯·库恩. 科学革命的结构[M]. 金吾伦,胡新和,译. 北京:北京大学出版社,2003:22.

量评估与目录分类等手段在学科知识生产方向与内容方面发挥着主导作用。具体而言,宏观政策通过博士后面上课题、博新计划等项目引导与资源分配促使他们普遍围绕政策目标开展知识生产活动,进一步强化了博士后学术职业社会化进程中的学科知识政策导向与实用属性。[①] 正如 A06 博士后所言,"现在申报博士后的各类课题都有明确的课题指南,要求符合国家战略或行业发展方向,不然很难中标的。"(A06 - M - T - MS - D3 - 3 - N)可以说,博士后学科知识生产工作正被引导与政策目标、国家战略与行业发展相一致的方向。

(二) 技术革命促进学科方法体系变革

当前,以人工智能、机器学习与人机交互为代表的智能技术已经渗透到各个学科知识生产领域,由此呈现出数字技术驱动知识生产的新图景。当然,技术革命促进博士后学科知识生产变革优先体现在方法层面,也即博士后开展单一方法体系的传统研究越来越难以满足当前外部社会对这一群体的角色期待,而智能技术与学科研究的结合似乎具有不可置疑的合法性,其方法体系能够帮助所有博士后的学科工作问题找到正解。对此,A09 博士后回应认为:"人工智能就像符号霸权,促使所有学科需要与其融合,作为青年博士后不与时俱进做点智能的东西,都不好意思说自己的研究具有创新性与前瞻性。"(A09 - F - R - PH - D1 - 2 - N)

(三) 学科管理牵引学科评价体系变革

当下大学学科管理向科层体制、人才使用、绩效激励与分类评价方向进行转

---

① 黄亚婷. 聘任制改革背景下我国大学教师的学术身份建构:两所研究型大学的个案研究[M]. 杭州:浙江大学出版社,2019:190—191.

变,其背后体现为大学对"一流学科"目标的竞逐。这一效率逻辑不断强化了高校学科管理通过细密的制度体系与规则制度对博士后进行"全景敞视监控"的力度,并逐渐渗透到学科发展与评价过程中。[①]　A22博士后认为,"不仅是博士后面临全方位的数字评价管理,其实博士后科研流动站同样如此"。(A22-F-R-PS-D1-2-N)这种由外部管理牵引的学科评价体系愈来愈善用指标权重衡量博士后学科工作质量,包括博士后科研流动站评估也是围绕平台设施、选拔招收、培养创新与研究成果四个方面开展,以整体反映高校科研流动站的设站质量。

(四)市场机制推动学科工作体系变革

学科作为大学知识生产的基本单元,深受大学企业化与市场化办学的影响。目前,市场行为、竞争精神及其相关的意识形态不断融入到高等教育制度体系内部,并逐渐演化为博士后的项目治理、专利转化、灵活雇佣等管理技术手段。在学科层面,这一进程直接决定了高校对博士后学科资源的重新分配,而与市场更密切的学科博士后将会获得更多的外部支持,这既体现在学科经费的多寡,还体现为实验室场所与博士后人员的规模扩张。A01博士后感叹道,"国家大力推动博士后规模增长,根本原因在于部分学科博士规模的急剧膨胀,博士后岗位就像市场化机制能够实现人才的筛选与灵活流通"。(A01-M-J-MS-D3-3-N)

二、　学科文化差异与博士后身份建构分殊

毋庸置疑,不同学科间是存在文化差异与理解鸿沟的。这一特性早在1959

---

① 米歇尔·福柯.规训与惩罚[M].刘北成,杨远婴,译.北京:生活·读书·新知三联书店,2012:90.

年就由 C. P. 斯诺察觉并提出了两种文化观,用以解释当时整个西方学术智力活动早已分裂的事实。[①] 这一观点随后被杰罗姆·凯根(J. Kagan)所继承,并提出了自然科学、社会科学与人文学科三种文化。[②] 此后,斯托克基于应用研究与基础研究的分殊划分为四个不同的方向,[③]但方向的划分难以从学科类型去查看更多细节。因此,综合上述分类,据此划分为自然、工程、社会与人文四类学科并比较其文化差异(见表 5 - 2)。

表 5 - 2 四类学科在不同维度的差异比较

维度	自然科学	工程科学	社会科学	人文学科
知识特性	以理论与描述为目标,注重知识积累、普遍性与数字表达	以技术实用为目标,关注工艺优化、产品生成	以社会实用与现实问题为导向,功利取向	以理解与阐释为主,具有反复性与总体性
学科文化	团队合作与组织任务导向	专业价值与市场参与导向	社会政策与权力地位导向	学者个体与人格导向
知识兴趣	自然现象预言与解释	基础理论与技术应用的结合	人类行为与社会运行预言与解释	人类社会历史、文化意义阐释
知识来源	实验控制与观察	研究与产业合作	社会调查	历史资料文本
知识概念	各种数学表达与语义解释,主要是物理学、化学与生物学内部的物质类型	各种操作规程与技术说明,主要是在自然科学基础上对问题的再解释与应用	人类行动、心理与社会结构的特征与属性,以及更加普遍归因	人类行为及其驱使这些行为发生的历史文化的相关概念
外部支持	高度依赖	高度依赖	中等依赖	相对依赖

注:根据学科分类与学科文化文献整理总结而成。

---

① C. P. 斯诺. 两种文化[M]. 纪树立,译. 北京:生活·读书·新知三联书店,1994:5—8.

② 杰罗姆·凯根. 三种文化:21 世纪的自然科学、社会科学和人文学科[M]. 王加丰,宋严萍,译. 上海:格致出版社,2011:3—5.

③ Stokes D E. *Pasteur's Quadrant: Basic Science and Technological Innovation* [M]. Washington: Brookings Institution Press, 2011:90 - 92.

（一）自然科学文化特征与博士后身份建构

自然学科以现象描述、归纳与规律预测为知识目标，通过实验与观察的经验证据作为构建知识的重要基础。这一学科知识建构依托学术共同体的可重复性机制与知识积累机制验证其科学性，并通过简洁的数字符号总体呈现知识的规律性表达。正如A46博士后认为，"化学涉及不同的实验方法、仪器设备与性能表征，是一项集体性工作，大家会普遍地团结合作与相互分工"。（A46 - M - T - CE - D2 - 1 - N）正是由于自然科学的规律性、可证伪与预见性特征，该学科博士后在学术职业社会化阶段不断积累学科知识，并在与学术共同体互动中建构身份认同。在临时流动期间，更具普遍性与规律性的学科知识成果使该学科的学术职业标准水涨船高，反向推动博士后经历越来越成为进入学术职业的必要条件。

作为验证自然规律的经验科学，其知识生产注重工具与方法的科学性与理性化，将自然信息转化为更为普遍的数值符号，并作为自然通则在学术共同体内部进行共享与修正。这些过程受历史进程的影响较小，但对场所设备、人员合作与项目经费等外部支持高度依赖。这些文化特征奠定了自科博士后必须高度依赖学科平台、实验场所与导师经费的支持，但学科团队分工往往将博士后置于较低的角色位置，影响了其学术职业社会化进程与独立的学科身份建构。

（二）人文学科文化特征与博士后身份建构

事实上，"人文学科大多基于个人兴趣与人格特征开展研究，并不过分追求来自政府、社会等有关机构的外部支持"（A16 - F - T - CH - D2 - 3 - N），而是依赖语义文本与历史文化并将此作为知识生产的证据来源。或者说，人文学科博士后创造知识的目的是为个人的审美动机服务，并非完全为了满足更具普遍性的社会需要或者科学规律而存在的。① 因此，这类学科知识生产主要以理解与阐释为目标解释更加复杂、抽象与特殊的问题，但学科内部结构整体相对松散，且其关注的问题常常具有反复性，甚至常常因为时代更迭而再次成为新的问题。

目前，由于专业主义与实用主义的影响，人文学科博士后面临前所未有的身份危机。但 A09 博士后表示，"这些批评较为片面，至少忽略了人文学科更具根源性、差异性、综合性的特质，但也在一定程度影响着我们对于自我身份的看法"。(A09 - F - R - PH - D1 - 2 - N)综合而言，人文学科知识生产决定了该学科博士后更偏爱人性与道德完善的思考，注重对历史与文化的积累与研究，且大多以个体为中心开展研究，通过学术著作描述其系统的学科工作。但是，人文学科博士后学科身份建构与学术职业认同正在面临实用主义与管理主义的影响。

（三）社会科学文化特征与博士后身份建构

社会科学主要是模拟自然科学的方法对既有人类行为与社会现象进行研究从而得出问题背后深层次的原因机制，主要包含了经济、管理等学科。整体而言，社会学科主要以社会实用与现实问题为研究导向，其知识生产方向与趋势受到外部市场与政策变化的影响，赋予了博士后学科工作典型的外部取向。② 在方法上，它普遍被视为"自然科学"化或与自然科学结盟的学科，正如 A39 博士后认为，"我们学科极为推崇科学方法与数字表达总结相关问题的规律性答

---

① 葛剑雄.人文学科的"科学"与"人文"[J].文史哲,2021(03):184—187 + 255.
② 顾建民.学科差异与学术评价[J].高等教育研究,2006(02):42—46.

案,通过团队合作分配彼此的角色与分工"。(A39－F－J－MA－D2－2－Y)由此可见,社科博士后是在团队分工与集体协作中分配彼此的角色身份与责任义务。

目前,社会科学全面理性化进程着实使其具备了与自然科学更多的共性,将博士后置于研究项目与团队之中进行学术竞赛,并与政府、市场保持紧密联系。这种关注人类行动、心理与社会结构特征与属性,并且寻求更加普遍归因的文化基因注定博士后较少受到历史的影响。[①] 不同于人文学科的历史与文化属性,社科博士后认为:"社会科学注重功利与实用的研究取向,决定了它对外部资金、政策介入、市场联系与社会参与具有较高程度的外部依赖"。(A40－M－T－SC－D1－3－N)因此,上述特征决定了该学科博士后身份建构并不是个人导向的,而是带有浓厚的集体取向,其成果呈现包括资政、社会服务、论文著作多种形式。

(四) 工程科学文化特征与博士后身份建构

工程科学与自然科学往往难以分割,前者是在后者基础上进行的实践应用,而后者是在前者应用的基础上进行创新与探索。[②] 从知识生产属性来看,"我们关注产业发展、工艺优化与产品生成,旨在为社会提供更为实用与边界的应用产品"(A21－M－T－SE－D3－3－N),这奠定了工程科学博士后学科工作的专业价值、技术效率与市场意义的知识导向。在此过程中,他们的研究目标受生产实践驱动与牵引,旨在解决产业生产技术中的一系列理论与实操问题。

---

① Watts D J. Common sense and sociological explanations [J]. *American Journal of Sociology*, 2014(2):313－351.
② 李培楠,包为民,姚伟. 工程科学发展战略问题与机制完善[J]. 中国科学院院刊,2022(03):317—325.

与此同时,又由于这一学科在实操技术方面具有保密性,也决定了知识成果往往以技术转让、专利形式出现。受学术资本主义的影响,工程科学博士后在灵活雇佣下往往过度参与市场实践,其不稳定的学科身份与职业认同更容易受到误导与扭曲。

当前,"国家所推动的集成电路、人工智能与生物制药等创新战略与'卡脖子技术'攻关大多集中在工程领域"(A32 - M - R - CE - D2 - 1 - Y),决定了工科知识生产更加偏向集体利益与市场价值,并通过团队攻关与协作才能顺利完成。[①] 对于部分工科博士后而言,学科工作较少受到历史影响,但是对政策、资金、场地等外部支持依赖性极强。由此,这也反映了工程科学博士后往往具有的强大实用价值使其资源地位更是高于其他学科,而其身份建构进程不仅受到内部科学共同体的影响,也取决于外部多元主体的参与程度。

三、 学科等级建构与博士后发展机会结构

学科等级是高等教育系统中隐形的分层结构,是学科资源、学科声誉、学科地位与学科权力综合型构而成。既有研究发现,在学科自组织系统中,等级建构遵循专门化标准尺度、规范化尺度、理论化尺度三类标准。[②] 根据三者划分类型的不同,不同学科在整个学术金字塔中占据着不同等级位置。由于学科发展受到外部力量的介入,政府、大学与社会等不同主体根据功能需求建构了与此相符的学科等级结构,同时对博士后的学术发展产生影响。

---

① 李志峰,高慧. 后学院科学时代大学科学研究的政策选择[J]. 中国高教研究,2014(08):61—66.
② 万力维. 大学学科等级制度的建构逻辑[J]. 高等教育研究,2006(06):40—45.

（一）以政策战略为焦点的学科等级结构

当前行政力量与政策战略在我国高等教育系统中占据着主导位置，其政策议程与战略目标决定了大学财政预算流向具体学科的方向与多寡，由此也从外在进一步形塑了学科的等级结构。以 1985 年国家试办博士后科研流动站为例，当时招收领域主要集中在基础学科与应用学科，并照此分配了完全不同的比例。其中，物理学在当时中美联合培养物理类研究生计划基础上获得了高达30％的招收比例，化学与生物均获 15％。① 直至今日，这一学科分配结构仍在各项博士后项目评选中有所反映。

可见，我国政治经济社会的发展过程，也强化了以政策战略为焦点的学科等级结构。A31 博士后表示，"当前国家政策战略主要在推动基础学科与应用学科建设，这些显学可以直接促进国家综合实力与经济发展，因此这些领域的博士后可以获得更多的资助与发展机会"。（A31－F－T－PO－D2－1－N）这正与伯顿·克拉克所提出的高等教育具备经济、政治与文化效用的划分相一致，意味着国家往往优先实现大学组织的经济与政治效用，这也决定了博士后人才发展的优先次序。因此，攻克关键核心技术与"卡脖子"的战略部署自然决定了资金、政策的学科流并形成与之关联的学科等级结构，赋予不同博士后的学术发展机会。

（二）以组织发展为中心的学科等级结构

大学作为独特的组织在历史积淀与时代发展中逐渐形成了学科特色以及围绕特色所建构的学科等级体系。特别是在"双一流"建设背景下，大学竞争归

---

① 中国博士后科学基金会. 制度成效[EB/OL]. （2022－9－12）[2022－9－15]. https://www. chinapostdoctor. org. cn /website /showtop_zgbshzd. html? categoryid = 47b71e2a-004e-4d2f-8603-227e8361b10b.

根到底是学科实力与学科精度的竞争,而任何高校均不可能平均主义式地支持所有学科发展。那么在资源差异与分类支持下,塑造了优先学科、重点学科、培育学科等级层次不一的学科体系结构,也决定了博士后内部机会获得的差异。A38博士后表示,"学校整体资源有限,必须通过学科等级划分才能优化学科结构……那么学校特色学科博士后往往留任的机会更大"。(A38－F－T－JC－D3－2－N)因此,以组织发展为中心的学科等级结构与博士后学术发展机会密切相关。

这种以组织发展为中心而形成的学科等级结构,同样带有学术分层与整体聚合的双重意义。一方面,不同学科博士后因学科资源与权力占有的不同而产生的层化与差异,这种分层在学术系统资源分配中显得尤为必要,但也加剧了博士后学术发展之间的公平问题。另一方面,学科的层化与分级利于组织机构进行整合与聚拢,并通过维系学科核心圈层的资源与权力,从而构建以此为特色的"整体性学科聚合体"。① 特别是在学科评估的强力介入下,学科层化与聚拢所形成的等级结构成为大学应对外部评估与问责的"必要手段",也形塑了高等教育机构内部不同学科博士后的发展机会结构。

(三) 以社会实用为导向的学科等级结构

公民社会同样基于利益观念、价值诉求与现实需要确定不同学科的等级秩序。如A09博士后所述,"像我们文科博士后的学术工作并不能直接产生经济价值,而外界也不理解这种学科为什么要招聘博士后,这一点也是我们苦恼与自嘲的地方"。(A09－F－R－PH－D1－2－N)在以实用为取向的社会结构中,诸多非实用性学科博士后往往被置于高校人才队伍的底层,或者沦为同一学科

---

① 李强. 中国当代社会分层[M]. 北京:生活·读书·新知三联书店,2019:102—105.

共同体内部的边缘角色,这一属性位置是由职业社会化程度与社会实用程度共同决定的。

以社会实用为导向的观念正在内化为大学的组织观念与学科行动,特别是在大学排行榜的驱使下,大学学科布局正在朝向社会实用方向倾斜。其中,以医学、人工智能、集成电路等紧缺学科正在成为高校学科布局调整的重要方向,而传统的人文社会科学则面临学科裁撤与被优化的危机。以社会实用为导向的学科等级反映了学科建设的功利化取向,这一趋势横亘在不同学科博士后学科工作之上并与部分学科文化之间形成直接的张力与矛盾。在学科等级背景下,博士后学科工作境遇与职业发展机会的结构性差异或许会转化为学科身份建构的结构性困境,影响不同学科博士后对于学术职业的差异化认同。

四、 学科知识交叉与博士后科研创新融合

自我国博士后制度创立以来,这一群体的跨学科流动就已经成为"防止近亲繁殖与推动交叉创新"的政策共识,不过跨学科的博士后群体随着技术革命与时代发展,不仅仅与行业、政府发生联系,更是渗透到公民社会中并成为"大学—行业—政府—公民社会"四位一体知识生产体系中的主体。[①] 事实上,跨学科工作已经变成博士后的应有之义,不仅由时代发展与技术革新所驱动,也成为当下高校治理学术近亲繁殖对博士后学术流动所做的制度规约。

---

① 黄瑶,马永红,王铭. 知识生产模式Ⅲ促进超学科快速发展的特征研究[J]. 清华大学教育研究,
2016(06):37—45.

（一）系统知识体系生成困境

当前学科交叉融合所形成的知识形式与内容较为多元，但面临着系统知识与理论体系生成的现实困境。具体而言，一是学科集成与学科交叉丰富了知识生产的内在维度与学科聚力，但是学科交叉融合与传统学科边界分化之间形成了天然的张力与矛盾，不利于博士后在跨学科流动时生产系统性知识。二是不同学科其实遵循不同范式与学科规则，博士后将不同学科带到同一知识域中进行融合，在学科高度分化对立的当下仍存有不小的挑战。三是学科知识只有经历专门化、规范化与理论化标准的检验才能被确立为广为接受的合法知识，但是长时段的学科交叉融合与临时性的学术流动之间构成了天然的矛盾，博士后既需要在短暂聘期内完成身份转型，又需要平衡多元异质的方法观念，委实面临难以整合的风险。

由此而言，博士后在学科交叉中的系统知识体系生成困境体现在学科特征、学科思维与学科知识三个维度。对此，处于学科交叉研究中的博士后评论，"你看现在新文科、新工科、新农科此起彼伏，但学科边界与学科壁垒很难打破，不同学术人员各自为政，很难产出系统性的知识"。（A10-F-R-PE-D1-2-N）因此，这在一定程度上反映了博士后跨学科流动与学术融合创新的内部矛盾。

（二）学科共同体凝聚力匮乏

在学术共同体方面，学科交叉使博士后与学科成员之间构成了异质性与多元化的学术网络，从不同学科层面提供专业支持。譬如以计算社会科学实验室为例，博士后普遍以围绕具体项目问题展开学术合作与学术交叉，在学术分工与数字协作进程中基于议题设计与知识建构生产出与项目预期相一致的知识成果。① 但是这种知识集群方式因为学科之间的松散耦合,会导致共同体内部博士后的流动性较大与凝聚力下降。这不仅仅表现在学科部落与问题领域中,更显现在"大学—政府—行业—公民社会"所建构的知识生态系统中,博士后难以获得合法的学科身份与学科归属感。

目前,国家正在大力推进交叉学科建制,建设更加多元化的交叉学科国家平台。创新交叉融合机制瞄准的其实是学术共同体融合问题,以及如何在既有学科建制下优化人员分工与协作,从而打破学科专业的边界壁垒。在学科交叉内部博士后学科凝聚力不强就在于,"学科交叉实验室使本就边缘的博士后身份进一步强化,加上扁平化管理与共同知识目标的缺乏,导致大家很难聚拢"。(A12 - M - R - FA - D1 - 2 - N)因此,这势必会给学科交叉系统中的博士后带来身份困惑。

(三) 学科交叉制度生态失衡

学科知识、成员交叉背后其实是学科制度与外部组织制度的互动过程。一方面,学科交叉内部制度不仅包含了学科知识的基本范式,还规定了博士后参与知识生产的方法基础与价值立场。另一方面,学科交叉外部制度其实可以理解为促进学科交叉知识成果生成的保障、评价与激励制度体系,这与宽广的组织制度环境息息相关。在推动学科知识交叉融合时其实有赖于内部制度生态与外部制度生态相协同,进而激发不同学科博士后在制度统一体中相互适应与协作。当外部学科制度不能有效支撑内部制度,往往导致博士后难以开展学科创新融合。

---

① 蒋贵友. 数字时代文科知识生产的运行机制——基于全球 26 个高校计算社会科学实验室的分析[J]. 比较教育研究,2023(01):44—53.

目前,国家推进的"有组织科研"正将作为高层次创新青年人才的博士后推到以国家战略与重点创新为中心的学科交叉融合领域①,"围绕国家安全、人工智能等新兴领域开展程度更深的交叉创新,吸引了一大批博士后研究人员开展层次丰富、形式多样的交叉研究"。(A21 - M - T - SE - D3 - 3 - N)这凸显了政府推动交叉创新研究的强大制度动力,但需要谨慎的是,这种强大制度动力能否与内在的学科知识规律形成统一,其实对博士后学术创新与学术发展影响较为深远。

第二节　学科特性对博士后学术职业认同的影响

作为特定领域知识生产的学科成员,上述变革趋势其实攸关博士后学术职业的认同建构。为了表征学科特性对博士后学术职业认同的影响,本研究基于受访博士后的访谈资料,通过开放式编码、主轴编码与选择性编码三级程序共获得 53 个初始概念与 14 个副范畴,最终将归纳为范式转型、文化差异、等级分类与交叉融合四个方面(见表 5 - 3)。

表 5 - 3　"学科特性对博士后学术职业认同的影响"主范畴提炼及其内涵界定

主范畴	副范畴	关系内涵
学科范式变革认同观念	创新政策导向	社会发展、国家战略与全球竞争引导学术职业认同方向
	方法技术导向	学科方法技术优势与效率追求影响学术职业的认同观念
	评价管理导向	数字化、行政化与功利化评价体系加剧学术职业认同冲突
	知识商品导向	项目管理、市场合作与知识商品化强化学术职业市场偏好

---

① 刘博超. "有组织科研"对高校意味着什么[N]. 光明日报,2022 - 09 - 20(014).

续　表

主范畴	副范畴	关 系 内 涵
学科文化推动认同分殊	绩效管理文化	绩效考核、周期限制、竞争悖论影响自科博士后学术职业认同
	普遍主义文化	学术自由、知识偏好和学术传统受到普遍评价机制挑战
	功利主义文化	工具理性、项目管理与社会实践影响社科博士后职业认同
	市场取向文化	市场导向、身份冲突与知识交易影响工科博士后职业认同
学科等级塑造认同层级	等级次序优先	战略方向、资源投入与队伍建设加速博学术职业差异认同
	等级强弱差异	学科实力、机会差异、身份认知影响使命、归属与价值认同
	等级功利目标	实用取向、优劣区分与声誉目标加剧学科认同的差异分化
学科交叉影响认同建构	知识合法危机	知识合法性与平台合法性影响博士后学科专业认同感
	学科信念共识	文化差异、交叉目标与交叉规范影响学科交叉的信念共识
	学科身份归属	框架限制、资源配置与建制边界影响学科身份归属认同

一、 学科范式变革博士后学术职业认同观念

如前所述,学科范式变革主要集中在学科知识体系、学科方法体系、学科评价体系与学科工作体系四个方面,并传递到博士后学术职业化过程中,从而改变其对学术职业精神与专业的认同程度,甚至重塑学术职业认同建构。

(一) 学科知识体系变革强化博士后学科创新的应用导向

目前,博士后学科知识生产愈来愈强调知识创新与社会发展、国家战略与全球竞争相适应的现实逻辑。A08 博士后对此表示,"国家对自然科学定位为重大基础研究创新,工程学科定位为解决'卡脖子'技术攻关,人文社会科学需要扎根中国大地与回应中国问题"(A08 - F - R - BA - D1 - 2 - Y),均深刻体现了目前博士后学科创新的应用导向。① 这种政策导向体现了国家意志在学科知

① 潘玥斐.“三大体系”建设引领哲学社会科学迈向未来[N]. 中国社会科学报,2019 - 02 - 22(001).

识生产的主导与渗透，通过资源分配、项目引导将博士后学术工作整合到国家知识创新战略进程。以国家"博新计划"为例，主要面向人工智能、量子科学、集成电路、脑科学、空天科技、深地深海等与国家发展的相关领域，也难免引发博士后产生为获稳定教职与项目资助而不得不"赶热点、追前沿"的研究偏好。

除此之外，博士后应用研究需要瞄准国家重大战略与前瞻性高新技术、现代产业技术，而人文社会科学需要回应国家需要与国际趋势的前瞻性研究。这种政策驱动的研究与以问题为导向的研究具有天然的差异，前者强调博士后为政治经济与社会发展服务的人才定位，符合我国集体主义与举国体制开展科研攻关的一贯逻辑，展现为国家"集中力量办大事"的制度效能。① 后者则凸显的是学者个人的学术偏好与问题导向，其在于满足个人层面的智识愉悦。因此，学科知识体系变革对博士后学术职业认同产生的影响在于宏观政策的知识导向逐渐替代问题导向的知识生产，而博士后学术工作只有迎合政策应用方向才能获得学科层面的认同强化，否则会面临职业边缘化的认同困境。

（二）学科方法体系变革促进博士后知识生产的技术取向

技术革命在推动学科方法体系变革的同时，其实也会影响博士后对学术职业的理解与诠释。当前人工智能与数字革命对所有学科的渗透与"入侵"，引发了众多学科方法的变革与知识创新。一方面，必须承认技术变革学科方法体系加速了既有研究问题解决的精准与有效。譬如，人文社科可在人工智能技术协同下跟踪千万级别人群的行动轨迹，而自然科学与工程科学借助数字技术实现方法升级也是不争的事实。在技术更新方法的进程中，不同博士后人员与学科成员的互动方式变得更加便捷，有助于凝聚学科共同体的共识与认同。

---

① 王向军. 新型举国体制的核心优势与时代意义[J]. 人民论坛，2021(27)：65—67.

但另一方面,既有学科朝着更加注重效率与理性的方向发展,继而导致不同学科方法体系变革普遍相信数字与技术的力量而悬置学科内部积淀的知识传统,最终导致方法体系与学科价值的二分。[①] 譬如,人文学科在技术革新的演变与转型中,关注知识生产效率、注重知识理性的学科目标已经引发了部分研究放弃了对道德、人性完善的价值思考。正如 A20 博士后所言,"目前,我们学科正在积极开展数字人文,其实出发点是好的,但是很多博后为了求快而走上了为方法而方法的路子,这一点是特别不可取的"。(A20 - F - R - DF - D2 - 1 - N)在技术理性支配下,人文学科需要与数字技术相融合已被社会广为接受,甚至可能导致学科知识沦为技术工具的附庸,并影响博士后对于学科方法与学科知识的认同。

(三)学科评价体系变革引发博士后学科工作的功利目标

面对组织情境的整体变革,学科评价体系也愈发数字化、行政化与功利化。首先,以量化考核为特征的普遍主义评价体系成为既有学科衡量博士后工作质量的通行法则,无视博士后尚处于职业准备期与身份建构阶段的既定事实,过早通过规训技术对其进行"催熟"。相较于注重团队分工、技术优化与成果批量生产的理工学科,以学科方法体系模糊、观念思潮混杂以及团队合作松散为特征的人文社会科学在一致化的评价体系中始终处于弱势。加之,博士后本就处于学术独立与学术依附的职业社会化过程中,一旦外部评价机制的规训和管制力度加强,那么便会引发博士后"为学术而学术"的工作动机。

其次,学科评价体系也在朝向国家政策、行业发展等具有重大社会价值的方向转变。目前,评价体系行政化转向放大了与集体技术攻关、国家战略方向

---

① 郁振华. 人类知识的默会维度[M]. 北京:北京大学出版社,2012:73.

相近的科研成果的价值,引发了"我们这种'个性化''小团队'和'无项目'的博士后又该怎么办呢,也需要得到支持与关注"(A40-M-T-SC-D1-3-N)的职业隐忧。因此,行政逻辑主导下的学科评价忽略了博士后群体内部的学科差异,进一步加速他们对"大项目""大团队""大工程"的行动依附程度。

再者,学科在历史积淀与差异发展中形成了特有的传统,并通过人才归队与集中攻关的策略打造学科梯度,从而形成系统性的集群优势与学科特色。对于"外来"博士后而言,"我的方向与博士后流动站、合作导师的方向天差地别,对此我也不得不妥协"(A21-M-T-SE-D3-3-N),延续学科传统与自主学科创新之间的张力或许会使其面临边缘化的境地。但对于"土著"博士后而言,"这一套已经比较熟悉了"(A15-M-R-CS-D3-1-N)。由此可知,学科评价体系无形中引导着博士后的学科创新方向,塑造与学科传统一致的学术职业认同观。

(四)学科工作体系变革激发博士后学术职业的市场偏好

在国家对高等教育经费削减与学科研究经费竞争加剧的当下,学科内部的工作体系愈发呈现出市场化行为倾向。第一,学科团队或首席教授会采用项目科研经费大规模招募博士后研究人员,以此更好地推进团队的项目进程并产出超额的学术绩效。在我国,"尽管博士后在全国博管办备案,但其资助来源差异同样决定了他们学术自主程度的不同,我属于导师项目资助的博士后,基本上要给合作导师'打工'"(A33-M-P-PE-D1-1-N)。由此而知,招募博士后已经成为学科工作体系内部的类市场化行为程序。

第二,美国与欧洲的学术生产模式截然不同,前者以学者个人为中心进行实验室管理,而后者更趋向于企业项目管理。我国的学术生产主要偏向美国实验室管理模式,理工学科仰赖实验室管理模式在知识商品化进程中将首席科学家塑造为学术资本家身份吸引更多市场资助,并通过大量雇佣非固定的博士后员工,回应外部市场问责与绩效管理目标,"如果没有足够的研究经费,那么实验室就会难以运行,因此 PI 聘请博士后是为了提高团队的学术生产力,同时降低劳动力成本"。(A43‐M‐R‐ES‐D1‐2‐Y)因此,博士后在外部资金支持下越来越重视市场价值,委实对其在学术职业准备期的身份建构产生负向影响。

第三,研究经费的市场竞争与激励规则强化了博士后学科知识商品化倾向。不论是理工学科还是人文社科,均被赋予学术创业与知识创收的学科任务。事实上,博士后的规模扩张与人才使用导向是学科受到外部激励驱动后的主动选择,以满足学术劳动力与知识成果兑换市场价值的用途。正如 A02 博士后所言,"由于合作导师与企业签有重大合作协议,我在进站时就被告知需要负责这一项目,由此导致我的工作主要面向市场而不是学术"。(A02‐F‐J‐CE‐D3‐2‐Y)因此,这种知识商品化倾向正在扭转博士后对于学术职业的理解。

二、 学科文化引发博士后学术职业认同冲突

高校学科内部具有不同的知识传统、知识特性与外部依赖特征,决定了不同学科知识生产及其文化具有极大的差异性,甚至学科之间具有不可通约性。在学术资本主义影响下,学科知识的价值尺度越来越注重效率与绩效导向,通过课题经费、专利转让与技术服务等指标衡量博士后的学科贡献。这种普遍的评价机制与学科知识的差异属性之间的矛盾,无形当中加剧了博士后学科创新的压力与无奈。因此,学科文化会加速博士后对学术职业的认同分化与冲突。

（一）自然科学博士后创新目标与绩效目标之间的矛盾

在学术资本主义影响下，全球博士后岗位的快速增长主要集中在自然科学领域，并逐渐成为学术组织提高学术生产力的手段与工具。① 面对学科创新与绩效任务的双重目标，自然科学博士后深受二者矛盾的困扰。一是自然科学博士后追求的创新目标与出站考核所强调的绩效贡献之间具有天然的矛盾。譬如，"说实话，博士后岗位的目标越来越模糊了，我们对于院系而言就是论文的生产机器，工资明码标价对应了考核指标"。（A07－F－R－LA－D1－2－N）这种绩效标准在于对博士后的学科工作进行监管，通过完成学科任务判断博士后聘期的创新成绩。

二是自然科学的学科特性决定了知识生产具有长周期、基础性与探索性特征，但这与项目制的"快节奏"形成截然不同的逻辑。实质上，A43 博士后认为"当前的评价体系特别不合理，博士后就两年时间，一方面要完成论文发表数量，另一方面还要申请国家级课题，片刻都不敢停歇"。（A43－M－R－ES－D1－2－Y）但随着高校管理主义的昌隆，以绩效为优先成为博士后学科工作的重要尺度，越来越多"短平快"的研究项目成为他们的主要选择。

三是困扰博士后职业晋升的并不是论文数量的多寡，而是学术项目的层级。前者对于博士后而言，并不存在次数限制且可以通过个体努力与团队支持获得。但"博新计划""青基"等国家项目具有周期性、稀缺性与竞争性特征而导致诸多博士后难以企及，由此成为博士后群体职业分层的依据。对于部分博士后而言，"我目前是第二站博后，想再试试国家课题，毕竟离开了现在的平台，更

① Zhang S, Wang Z, Zhao X, et al. Effects of institutional support on innovation and performance: roles of dysfunctional competition [J]. *Industrial Management & Data Systems*, 2017(1):50－67.

不好申请课题了"(A01 - M - J - MS - D3 - 3 - N),导致自然科学领域内没有"青基"的博士后或许为此不得不二次进站。这种结构化困境着实令其感受到学术职业并不是纯粹理想所建构的学术乌托邦,而是需要持续地向外证明并获得承认。

(二)人文学科博士后特色发展与普遍导向之间的冲突

人文学科并不具备自然学科的世界属性,更是因为在地化、历史性特征赋予了其极强的特色属性。近年来,我国也关注到了人文学科的特殊性事实,由此提出构建中国特色哲学社会科学的学术体系。[①] 但是由于人文学科内部包含的类别广而复杂,很难通过分类的标准去比较不同学科的成果功绩。加之外部评价"指挥棒"方向尚未完全转变,学科围绕学术论文、科研项目等普遍标准而建立的评价体系并未改变,由此导致了人文学科博士后特色发展与普遍导向之间的冲突。

具体而言,一是人文学科博士后在流动期间具有极强的学术自由属性,他们的知识创新更偏向于"创作"而非"生产";二是学科知识创新的非团队协作与个体灵感激发特征,决定了人文学科博士后知识创新的个人偏好;三是人文学科博士后所生产的知识并不完全由论文呈现,还包含了新闻、艺术等多种表现形式;四是这些知识具有所在学科极强的传统特征,并与文明、道德、历史等元素相联系。事实上,上述特征也会引发人文学科博士后对其职业身份的担忧:"我们属于边缘小众群体,全国设站单位比较少而且外部也不明白我们所进行的研究"(A28 - M - P - VM - D1 - 1 - N),以至于他们尚未得到充分关注。部分

[①] 王春燕.加快构建中国特色哲学社会科学"三大体系"[N].中国社会科学报,2019 - 05 - 09 (001).

院系仍采取更具普遍主义的评价体系衡量博士后的特色工作,由此导致评价失真的问题。

由此而言,人文学科博士后的学术工作在很大程度上受到学术自由、个体知识偏好、知识传播形式和教育传统的综合影响。譬如,"我们仍致力于艺术研究的传统价值观和公共利益,这是学科性质及其在历史积淀中所塑造的学术文化所决定的,不过量化考核方式特别不适合艺术学科,很多成果质量难以评判"。(A20-F-R-DF-D2-1-N)但当前普遍意义的评价机制并不利于博士后个体确立人文学科的学科知识认同,也难以在思想与精神认同层面进行价值判断,由此导致人文学科博士后对未来学术职业或许会产生认同危机。

(三) 社会科学博士后知识创新与功利取向之间的抵牾

社会科学更强调通过科学方法与理论关照现实问题并从中得到实践规律,注重团队协作进行知识生产创新,并将成果运用到社会生产实践。[1] 但随着国家逐渐将学术作为强国的"工程"时,社会科学围绕政策创新与社会发展的应用职能便被不断放大,导致博士后知识创新与功利取向之间的抵牾。

首先,当下社会科学以社会实用与政策关注为研究导向,具有工具理性的功利取向。目前,社科博士后在项目议题申报时需要强调研究的时效性与现实意义,否则难以在学术竞争中脱颖而出。其次,社会科学研究旨在通过项目制方式加快研究人员对相关问题形成快速的解决方案。由于博士后作为团队项目的执行者角色,他们往往依托团队项目申报具有从属性的研究课题,这样能够使研究经费快速滚动,并且通过一套成果完成多项课题的业绩任务。第三,

---

[1] 武宝瑞. 新文科建设需要解决好的三个前置性问题[J]. 上海交通大学学报(哲学社会科学版),2020(02):9—12.

社会科学知识依托实证资料可以实现批量化知识生产,使博士后越来越活跃在非学术领域。就目前而言,博士后在报纸建言献策、服务政策咨询与提供专业培训已经成为其工作的主要内容,"除了学术论文,政策报告是我工作的很大一块,由此导致我更多地关注政府所关心的问题,但是学校只考核我的学术论文,这里面就产生了很大的矛盾"(A11-F-T-PA-D1-2-N)。

综合而言,社会科学的实用功利取向使博士后普遍投身于非学术实践活动,并且在流动且不稳定的压力体制下更加强化了他们关注"短平快"研究的偏好。可想而知,社会科学博士后的学术个性、品位与创新意识或将被重新塑造,由此导致他们更关心学术"制造"而非学术创作。因此,知识创新与功利取向之间的抵牾使他们的身份认同出现差异,致使职业的"学术性"认同感缺失。

(四)工程科学博士后市场实践与学科探究之间的龃龉

在工程科学领域,学术创业与产业—学术的跨界合作有利于工程科学博士后专注于具有实际应用价值的研究,并帮助行业获得必要的知识和人力资本。但是,从学术资本主义所产生的影响来看,目前工程领域博士后延期出站、学术发展困境、劳动力剥削以及对商业利益文化的社会化问题异常凸显[①],成为访谈中博士后学术职业认同最低的学科群体。

首先,工程科学强调市场实践与应用研究的价值,分散了博士后对知识创新与科学探究的使命与责任,甚至在知识商品化进程中倒置了任务与使命的关系。其次,工程科学大多建基于自然科学知识并以技术生产作为学科研究目标,由此加剧了博士后专业实践者与学科研究者的角色认同冲突。第三,虽然

---

① Hayter C S, Nelson A J, Zayed S, et al. Conceptualizing academic entrepreneurship ecosystems: A review, analysis and extension of the literature [J]. *The Journal of Technology Transfer*, 2018(4):1039-1082.

工科学科评价体系仍是以国际发表与科研项目为主导，但是在学科规训和合作导师主导下，"我的工作主要围绕技术服务与社会生产问题展开，无法开展自己的学术研究"（A02-F-J-CE-D3-2-Y），从而导致博士后应用实践与学术探究之间的失衡。因此，上述问题整体上反映了工科博士后市场实践与科学探究之间的龃龉。

通常而言，博士后具有更高的"科学品味"。在学科层面，博士后岗位是通过专业知识和学术身份两个方面培养这种品味，使其能够强烈感受到学科归属并产生持续的认同。由于工程科学研究与技术、商业、市场的相关性较高，导致工程学科博士后在学术资本主义影响下面临身份物化与商品化的危机，从而干扰了他们的学术身份建构进程。数据显示，美国与比利时的工程科学博士后的离职率最高，有近三分之一会分流到非学术职位。[①] 尽管造成这一现状的原因非常复杂，但是值得注意的是，学术资本主义与知识商品化或许正在误导工科博士后的职业认同，将他们引向与市场更加密切的职业方向。

三、学科等级塑造博士后学术职业认同差异

如前所述，政策战略、组织发展与社会实用建构了学科等级结构，赋予了不同学科差异化的权力属性、资源配置与声望地位。这种外部权力、观念与制度所塑造的等级排序必然会影响博士后对学科知识、价值与意义的认同，而当学科"中心—边缘"结构更加牢固时，会进一步影响博士后学术职业的认同差异。因此，当前的学科等级结构与博士后学术职业认同之间存在密切关联。

---

① Andalib M A, Ghaffarzadegan N, Larson R C. The postdoc queue: A labour force in waiting [J]. *Systems Research and Behavioral Science*, 2018(6):675-686.

（一）学科等级的次序优先影响博士后职业回报认同

目前，以基础学科与应用学科为中心的学科等级正是国家创新战略所倡导的重要方向，其在适应政治经济发展过程中也强化了以政策战略为焦点的学科资源配置与人才支持力度。换言之，国家宏观政策决定了不同学科发展的优先次序，与政策中心相一致的学科将获得更多的机会与资源，而处于政策边缘或政策真空位置的学科则面临发展困顿的处境。毋庸置疑，这一学科发展的次序结构直接决定了博士后学术职业的机会获得与资源支持的优先程度。

从国家战略布局来看，当前关涉博士后发展的宏观政策形塑了自然科学与工程科学居于中心、人文社会科学分布四周的学科等级结构，并通过资源、权力与地位的差异化配置将学科间的等级悬殊拉得越来越大。首先，与国家创新战略与科技发展相关的学科博士后得以被吸纳到重大科研平台，并参与国家重大创新项目任务攻关，继而获得成为高校专职科研队伍后备人才的职业机会。反观人文社会科学博士后，大多是以个体为中心开展学科研究并且其所占据的学科资源不能与其他学科博士后相比较。其次，这种等级差异还体现在学科经费与资助范围方面。第三，博士后人才项目与创新团队建设计划在人文社会科学领域仍属空白。正如 A45 博士后表示，"当前国家层面的博士后人才项目与创新团队支持很少资助人文社会学科，总体上让我感觉文科就是比理科更差劲，很难有平等的发展机会与投入回报，导致我会对学科产生怀疑"。（A45 - M - T - GO - D3 - 2 - N）

由此可知，国家经济发展方针委实无形中对学科结构进行了等级布局，并影响博士后学术职业的回报认同。学科等级差异不仅通过资源分配、社会声望与学术地位影响博士后对于学术职业的整体理解，而且还通过政策引导与支持致使不同博士后对学术职业机会、资源与回报产生了差异性认同。特别是对于处于困顿之中的边缘学科博士后，或许会将学术职业认同差异上升为自我认同感的缺失。

（二）学科等级的强弱差异影响博士后学术专业认同

以组织发展为中心而形成的学科等级结构，同样带有学术分层与等级固化的双重意义。在"双一流"建设中，高校自然会推出强势学科加入这一场资源与身份的竞争，无形中反向推动了政府与高校对学科等级序列的塑造。[①] A33 博士后表示，"其实，当前学科等级是国家与社会一起推动的，学科评估与经费资源相挂钩，那么处于等级体系中的学科自然需要遵循这一规则，而我们博士后的科学研究、项目资助、晋升标准也必须与学科等级的强弱结构保持一致"。（A33-M-P-PE-D1-1-N）因此，强学科意味着强资源、强平台与强支撑，而学科的强弱差异委实为同一机构博士后群体分配了不同的职业发展机会与留任晋升门槛。

高校维持学科等级的强弱差异的背后是优绩逻辑，但同时需要看到强弱差别区分之后所产生的认同问题。首先，以学科实力建构的等级化学科体系不仅意味着不同学科博士后经费、资源分配的不均等，也涉及不同学科专业博士后发展背后非均等化的组织承认。其次，强弱差异的等级体系还内含学科层级之间的"鄙视链"与"中心—边缘"权力结构，表现在弱势学科博士后需要围绕高校强势学科服务，从而导致后者的专业积极性与认同感受到影响。再者，等级思维认知会不断塑造博士后的职业等级观念，甚至在等级认同建构中丢失对学科使命、归属与价值的认同与追求。譬如，A29 博士后所言，"我所在的学科在学校没什么影响力与存在感，平时学校组织的项目申请我们基本上也拿不到，院

---

① 栗晓红.国家权力、符号资本与中国高等教育的等级性和同质性——以新中国成立后的三次重点高校政策为例[J].北京大学教育评论，2018(02):134—150+190—191.

系基本上也给不了什么支持,导致博士后对学科也没什么认同感"。(A29 - M - J - AT - D2 - 1 - N)

总之,围绕组织发展而形成的等级化的学科体系并不是开放与自由的体系,且学科间缺乏必要的理解与互动,不利于不同学科博士后的学术合作与创新。甚至,愈加等级化的学科结构更会通过资源、身份与平台塑造博士后学术职业的认同等级,由此加速了强、弱学科博士后对学科专业认同的"马太效应"。

(三)学科等级的功利取向削弱博士后职业精神认同

目前,以三阶九等为框架的学科评估凭借"精准计算、分档呈现"原则将学科划入了不同等级。[①] 这些等级分层反映了社会功利取向,也即意味着不同等级位置的学科博士后资源声誉的多寡,享有更多的外部赞誉以及与社会互动的身份符号,而并未进入等级排序资格的学科博士后自然失去了社会的关注。

首先,以社会实用为导向的观念正在塑造另一种学科等级,与政府推动的学科等级排序具有天然的契合。通常而言,"那些实用学科的博士后在社会招聘、市场资助与学科认可方面都具有显著的机会优势"(A34 - F - P - PL - D1 - 2 - N),他们可以在市场、社会与学术之间来回转换与跨越。[②] 其次,由社会系统塑造的学科等级结构带有极强的功利色彩,通过观念认知、资源支持与外部承认等渠道逐渐渗透到博士后学术职业社会化进程中,反向推动博士后学术身份乃至学术职业的实用反思。社会化的学科等级排名犹如另一种身份符号,将功利思维注入学术评价与人才筛选中,继而催化了学科等级实力与博士后身份能力的隐性关联,甚至成为后者职业潜力的判断尺度。再者,处于劣势的学科

---

① 田延辉.第四轮学科评估的思考[N].光明日报,2016 - 11 - 22(014).

② 苑津山,林传舜.学科评估中的非预期效应及其规避——基于项目制视角的分析[J].教育发展研究,2022(05):22—29.

往往通过学科交叉或与社会市场"合流"以提高学科的社会声誉与观念等级,以至于博士后需要通过个体的努力不断迎合外部社会的发展目标。

由此而言,由社会系统塑造的学科等级结构强化了学科建设的功利取向,不仅会加剧博士后学科认同的差异分化,更会因为博士后追求"一流""实用"的理性行动影响他们对于传统学科使命、价值与责任的认同,以及对于学科定位认知与情感归属程度。因此,学科等级的功利取向与尚处于职业社会化阶段的博士后培养目标具有天然的矛盾,但当前者日渐昌隆时,会逐渐消解处于不稳定流动处境中的博士后学科精神使命的认同感,强化博士后学术职业的功利取向。

四、 学科交叉影响博士后学术职业认同建构

当前学科交叉在博士后工作流动中极其普遍,特别是博士后制度规定原则上不允许在原单位同一学科入站,那么为了继续留守原单位的博士后们只能选择跨学科流动。事实上,宏观政策与设站高校亦出台了多种措施鼓励博士后开展学科交叉融合,甚至诸多博士后科研流动站本身就具备学科交叉属性,其所创设的差异化的跨学科环境与合作网络能够进一步激发博士后的学术活力。但是学科交叉也带来了系统知识体系生成困境、学术共同体凝聚力匮乏与学科交叉制度生态失衡等问题,这均对博士后学术职业认同产生着潜移默化的影响。

(一)知识合法危机影响博士后学科专业认同

不可否认,学科交叉所生成的知识具有较强的创新性并能够回应当下许多重大、复杂的社会议题。甚至,当研究者遇到的诸多问题已经超越了单一学科

的边界时,必然会寻求综合与跨域的解决方案,而博士后岗位的创设一定意义上就为这种合作创新奠定了制度基础。[1] 但是,由于学科交叉融合所产生的系统知识的形式与内容较为多元,博士后在参与学科交叉融合的知识生产过程中仍然会面临学科边界融合、学科范式互通与学科知识整合的挑战。

在知识生产层面,如若学科交叉并不能生成系统性知识以及取得外部广泛的共识,那么以交叉为核心的博士后学科工作会面临知识生产的合法性危机。在哈贝马斯看来,这种危机是一种认同困境,而维系认同应该体现为相应主体对其的一致表达。[2] 就知识合法性而言,如若学科交叉知识的适应性与拓展性价值较低,那么博士后对学科交叉知识的认同感也会相应削减,学科交叉创新进程则难以为继,甚至导致博士后在学术职业社会化中的知识基础面临普遍质疑。在学科交叉层面,外界普遍看到了这种合作交叉所带来的创新形式与演进趋势,但却忽视了知识交叉过程的障碍与困境。正如A03博士后所言,“交叉方向是正确的,又缺乏过程管理与资源协调,导致很多学科交叉流于形式,我们其实对自己所做的研究都不太认同”。(A03-M-R-PE-D1-2-N)由于知识合法困境的存在,使博士后在知识互动与跨学科流动中缺少对专业知识甚至是学科的认同感。

博士后学术职业的根基在于高深知识,选择跨学科流动或进行学科交叉均是为了生成更加系统并能突破单一学科桎梏的创新知识体系,但是如若无法跨越学科交叉过程中的障碍与困境,不仅会带来其所在学科知识生产的合法性危机,而且会动摇其对学科专业乃至学术职业的认同。

---

① 张静一,刘梦. 凝聚、吸引、培养——论国家重点实验室人才培养[J]. 科研管理,2020(07):271—274.
② 哈贝马斯. 合法化危机[M]. 刘北成,曹卫东,译. 上海:上海人民出版社,2000:65.

（二）学科信念共识影响博士后职业精神认同

从社会整合本质的观点来看，传统社会向现代社会转变过程其实是机械整合向有机团结的过渡，以社会高度分化、成员分工协作为基础的依赖关系成为维持社会秩序的基础。[①] 就学科交叉而言，其本质特征同样是合作与分工，由此决定学科共同体内部结构是互补性而非同质化的，能为研究者提供相互合作与融合创新的可能。因此，有机的共同体协作会形成普遍化的学术责任、道德与信念共识，从而构筑学科交叉共同体内部的认同基础。

然而，从学科交叉共同体异质网络的既定事实出发，由于不同博士后跨域协作与学科边界壁垒的打破委实是不可避免的障碍，那么学科交叉内部遵循何种信念，何种共识指导学科成员团结协作成为共同体凝聚的首要问题。[②] 首先，博士后开展学科交叉的信念基础并不一致，特别是人文社会科学与自然科学博士后的学术合作难以增进彼此理解。其次，博士后开展学科交叉研究的基本目标比较模糊，关注学理的博士后"期待促进相关问题的理论研究"（A05 - M - R - BI - D1 - 2 - N），但是关注实践的博士后"偏好技术更新与市场应用"（A01 - M - J - MS - D3 - 3 - N），二者的目标往往是错位的。再者，博士后开展学科交叉研究的共有规范较难统一，以专业主义为准绳的博士后遵循学术自律与学科范式，但倾向管理制度的博士后则以评价考核、项目管理指标为行动指南。

由此而言，当上述多元问题共同发生时，博士后学术职业认同的价值基础将会受到影响。其中，当前学科交叉趋势对博士后学术职业带来了巨大挑战与冲击，也对其职业能力提出了更高的要求，但当博士后在临时的学术岗位上无法胜任当前的学科工作时，便会加剧其学术职业认同甚至是自我认同的危机。

---

① 埃米尔·涂尔干. 社会分工论[M]. 渠东，译. 北京：生活·读书·新知三联书店. 2000：110—112.

② Fontana M, Iori M, Sciabolazza V L, et al. The interdisciplinarity dilemma: public versus private interests [J]. *Research Policy*, 2022(7)：104553.

（三）学科身份归属影响博士后职业身份认同

众所周知，当下博士后跨学科合作与流动变得更加频繁，但每个学科所代表的"学术部落"都有属于自己的领地，由此导致很难用单一学科知识予以界定博士后的工作领域。[①] 甚至，他们的工作指向具体问题域而非某一学科，由此赋予了学术研究更强的交叉属性。但是大多数跨学科学术问题缺乏良好的组织支持机制与评价制度体系，容易引发学科交叉中成员身份的认同归属问题。

具体而言，一是当前高校学科知识生产均是在既有学科框架中进行，诸多学科交叉活动并未有明确的学科予以依托，导致诸多博士后自发的、超出学科边界之外的知识活动与学术成果或许面临不被承认的风险。二是取得合法身份的学科具有明确的组织建制与资源配置机制，其背后拥有经费、场所、人员等完整的要素。当前许多高校自设的交叉学科暂未列入国家"学科目录"，意味身处其中的博士后或许面临资源支持与合法身份承认的危机，譬如 A35 博士后表示，"我其实并不清楚应该归属哪个学科，也不了解应该承担的学科义务与使命"。（A35 - M - J - ME - D2 - 2 - N）三是即使学科交叉在高校取得合法建制与组织保障，其所建筑学科边界或许又会成为博士后学科交叉与创新的障碍，并演变为体制机制与灵活创新之间的矛盾，从而产生强势学科剥夺其他学科博士后学科身份的危机。

诚如上述分析，学科交叉成为变动不居的学术实践会滋生博士后学科身份归属问题。但吊诡的是，交叉学科在取得合法学科身份后又会因为学科体制的封闭，将博士后学科身份带入新的认同问题。[②] 尽管学科内部的复杂性不言而

---

① 托尼·比彻，保罗·特罗勒尔. 学术部落与学术领地：知识探索与学科文化[M]. 唐跃勤，等，译. 北京：北京大学出版社，2018：10.
② 刘海涛. 高等学校跨学科专业设置：逻辑、困境与对策[J]. 江苏高教，2018（02）：6—11.

喻,不过可以明确的是,当前博士后的学科身份归属不能因为学科交叉所模糊,也不能因为学科建制所限制,而是应该鼓励博士后积极开展学科交叉创新,在差异合作中找到学科身份归属与学术职业认同。

第三节　高校博士后应对学科变化的行动选择

身处学科场域的博士后对既有学科知识、范式与信念的理解形塑了特有的学科认同,这既构成了学术职业认同的重要基础,更决定了博士后行动选择的分殊。

一、学科视角下高校博士后行动选择类型

为了把握学术共同体内部不同系科的联系与区别,斯托克(D. E. Stokes)按照基础与应用二分原则将学科划分为皮特森、爱迪生、玻尔与巴斯德四个象限,分别代表个人偏好、应用、基础与综合四种不同研究类型(如图 5‒1)。① 尽管这一划分解释了基础研究和应用研究之间的相互联系,但是二分法过度强调自然科学,而忽视了人文社会科学的学科特性。

结合这一基础,本研究通过博士后学科行动目标与学科身份认同两个关键变量作为划分学科层面行动选择的关键依据。其中,学科行动目标是指博士后个体行动与学科发展目标是否一致,而学科身份认同是指个体对当前学科内涵

---

① Stokes D E. *Pasteur's Quadrant: Basic Science and Technological Innovation* [M]. Washington: Brookings Institution Press, 2011:97‒99.

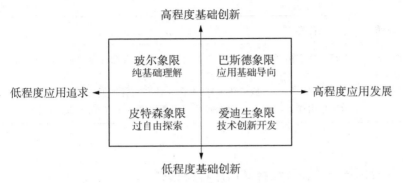

图 5-1　斯托克科学研究的象限模型

的知识、伦理与道德所构成的身份是否具有归属感与认同感。据此，根据博士后访谈资料进行三级编码，共获得 39 个初始概念、12 个副范畴，将学科层面的行动选择划分为综合导向、理论导向、应用导向与个体导向四种类型。（见表5-4）

表 5-4　"学科场域中博士后行动选择类型"主轴编码结果

主范畴	副范畴	关系内涵
综合导向的行动选择	一致—认同情形	认同学科身份并与学科目标一致构成"一致—认同"行动背景
	综合行动目标	关注应用服务与理论创新决定了博士后综合行动目标
	应用基础创新	基于应用问题驱动的基础研究与理论研究的行动选择
理论导向的行动选择	分歧—认同情形	认同学科身份但与学科目标冲突构成"分歧—认同"行动背景
	理论行动目标	学科使命、知识创新与学术传承构成理论导向的行动目标
	基础理论创新	基于学科内部问题与基础创新的理论导向行动选择
应用导向的行动选择	一致—冲突情形	学科目标一致但不认同学科身份构成"一致—冲突"行动背景
	市场应用目标	职业认知、市场需求与利益诉求构成了应用导向行动目标
	应用技术创新	基于市场服务与技术更新的应用导向的行动选择

主范畴	副范畴	关系内涵
个体导向的行动选择	分歧—冲突情形	不认同学科身份且与学科目标冲突构成"一致—冲突"行动背景
	个人偏好目标	原子化生存、个体化认知与独特偏好构成个体主义目标
	学术自由探索	基于学术偏好与知识探索的个人导向的行动选择

(一) 一致—认同：综合导向的行动选择

"一致—认同"表征为高校博士后对学科目标与学科身份认同的积极实践，指代博士后行动既与当前市场化、应用化的发展目标保持一致，也展现出对学科创新探究的认同感与归属感，故将这一类型定义为"综合导向的行动选择"。

首先，秉持"综合导向"的博士后研究人员高度认同当前的学科身份，他们尝试将现实问题与前沿议题扩展到基础理论创新层面，从而将基础理论与应用研究共置于学科身份的连续统一体中建构更加综合的学科认同观。可以说，由应用问题所激发的基础研究是"综合导向"博士后学科身份认同的显著体现。

其次，博士后个体行动目标与学科变革目标维持一致，表面他们既受到市场应用与社会实践问题的驱动，普遍参与学术界与产业界的知识合作，也追求基础科学、技术变革与社会创新在内的知识创新探索。譬如，A29 博士后表示，"用前沿的基础科学解决迫切的现实需求，其实也是在倒逼博士后努力把社会关键问题背后的理论原理搞清楚，这对于博士后而言意义重大"。（A29 - M - J - AT - D2 - 1 - N）因此，这类具有市场与应用偏好的博士后往往试图通过基础研究的科学见解转化为实际问题的现实方案，以实现当前学术创新与社会经济的双重目标。

再者,"综合导向"博士后的职业发展较为顺利,这既源于他们对基础研究与应用兴趣的追求,也在于其行动契合了学科评价与职业发展的各个面向。整体来看,博士后目标与身份的认同一致推动其能够适应学科变革的节奏与趋势,继而强化博士后学术职业的精神内核与认同感。[①] 反之,较高的学术职业认同又进一步强化了博士后"综合导向"的学科行动,二者循环往复影响。

(二) 分歧—认同:理论导向的行动选择

当博士后对学科身份持有较高的认同感与归属感,但个体目标坚持基础创新研究并与学科市场化、应用化方向产生价值分歧时,将此称之为"理论导向"的行动选择。这类博士后学科行动主要发生在距离市场与社会较远的研究领域,譬如天体物理学、生物学等纯粹的基础科学,也包含历史学、考古学等人文科学,这与玻尔象限的界定完全契合,主要指向的是纯粹探究与理论创新。

首先,秉持"理论导向"的博士后高度认同其所拥有的学科身份,将既有学科使命、知识创新与学术传承作为其学术职业的重要目标。在这类博士后看来,学术研究就是要把所在学科关注的底层原理搞清楚,如果没有建立牢固的地基,那么再多的应用研究与市场服务也只会变为"空中楼阁"。

其次,这类博士后并不深谙知识生产商品化与应用转型的规则,一方面源于其所处的学科位置距离应用服务较远,另一方面则是个体秉持学科目标使其更为关注知识创新的内部问题。他们所定义的学术职业是专注于以理论创新为导向的知识生产工作,期待在这段临时的学术流动中不断深入探索学科的底层原理并明确未来的职业方向,使后续研究迭代优化,同时牢牢地在学术圈立稳脚跟。以下博士后正是这一类型的代表:"我目前在开展动物细胞治疗靶点

---

① 徐东波.论博士后角色冲突:理论·诱因·调适[J].中国科技论坛,2019(11):164—171.

药物研发,可能要经过长周期,才能应用到人体上去做临床试验,整个路子是非常漫长的,但我觉得意义非常大"。(A22‑F‑R‑PS‑D1‑2‑N)

再者,"理论导向"比"综合导向""应用导向"博士后获得学术职业成功的可能性更低。数据证明,在知识生产和社会经济效益之间架起桥梁的学者们通常会获得更快的职业成功,而遵循"玻尔象限"的学者成长相对较慢。[①] 究其缘由,一方面博士后临时流动的短周期、强绩效原则与周期性长、机会成本更大的基础研究之间具有内在矛盾,另一方面在为期 2～3 年的博士后岗位中往往难以取得突破性成果。因此,迫于职业发展与临时流动压力,部分博士后也曾产生过转换学科方向的想法。

(三)一致—冲突:应用导向的行动选择

当博士后并不认同学科传统所提出的规范、信念与知识规范,且展现出对现实问题的关注时,他们会受到市场需求与商业利益的驱动而进行知识服务与应用研究,而非寻求知识生产创新的内部规律。这主要集中在工程技术学科以及与社会、市场与政府联系紧密的社会科学,这与爱迪生象限的学科研究方向较为一致,故此称之为"应用导向"的行动选择。

首先,秉持"应用导向"的博士后高度认可知识生产为市场利益与现实需要服务的目标,将实用价值与外部承认视作学术职业的意义来源。譬如,A30 博士后认为,"最终所有的研究价值都需要在应用上体现,因为我们农学跑基层比较多,能把这些东西能转成应用的话,那就是对国家建设与社会发展最大的贡献"。(A30‑M‑T‑ZT‑D1‑2‑N)在他们看来,学术职业的职责是为经济发

---

① Sautier M. Move or perish? Sticky mobilities in the Swiss academic context [J]. *Higher Education*, 2021(4):799‑822.

展与社会进步提供知识方案,并能够最大限度地与产业界、公民社会、政府进行合作创新。

其次,应用导向的博士后较不认同传统意义的学科身份,一方面在于其意识到并不具备开展学科理论创新的科研能力与思维,另一方面在与合作导师、产业界的合作中进一步感受到为社会经济问题提供解决方案的自我价值。特别是当下的学术创新已经呈现为多重主体的"螺旋耦合",促使"产业需要→应用研究→技术更新"已经成为知识合法的关键路径,由此推动这类偏好的博士后广泛参与到产学研合作、专利转让、横向研究中。值得注意的是,过度的知识商品化与学术资本化实践或许会改变博士后学术职业认知,将其推向非学术职业领域,使其行动偏离当前的学科与职业社会化轨道。

第三,由于"应用导向"博士后的学术贡献可能小于"综合导向"的博士后,由此导致他们的学术职业发展机会要比后者较差,但比专注于理论创新的博士后要好。当博士后的成功标准越来越取决于成果输出时,专注于理论创新的博士后由于研究周期太长而面临发展受阻,而专注于应用研究的博士后能够快速将研究与生产实践相结合,转化为技术成果与知识商品。正如 A28 博士后所言,"动物病毒学不像纯生命科学,而是基于病毒感染研发新的药物。因为理论研究周期太长了,很多药物开发需要不断试错,所以我们的工作大部分是企业与政府委托的,需要面向社会问题"。(A28 - M - P - VM - D1 - 1 - N)相较而言,实用价值是这类博士后建构学术职业身份的底层基础,也是他们实现职业认同的意义来源。

(四)分歧—冲突:个体导向的行动选择

除了上述三种类型行动外,访谈过程中还存在既不寻求理论创新突破也不考虑实际应用的博士后。他们对当前学科观念、范式与信念并不认同,亦担忧外部学科市场化与商业化所带来的风险,其研究纯属于"个体导向"的自由探索。

　　首先,秉持"个体导向"的博士后具有皮特森象限的自由探索偏好,较为拒斥学科规训所规定的知识路径,而是完全基于个体想法开展研究。[①] 这类博士后并不接受学科知识生产中的意识形态,也不认同学科建设政治化的倾向,未对当前学科范式、方法与信念所塑造的角色身份产生强烈的认同感与归属感。A40博士后形象描述了这一想法:"朴素地说,我感觉社会学学科目标大致分为两种:一种是国家叙事;另一种是以专业化的方式阐述具体问题。我不同于两者,旨在探索属于自己的路径,但我或许能感觉到这种探索的空间和可能性确实非常微小,这也是我自己痛苦的原因之一。"(A40 - M - T - SC - D1 - 3 - N)

　　其次,这类博士后的行动受到学科知识生产与个体认知的影响,导致其工作状态呈现为原子式的个体劳作而非团队化的集体分工。[②] 他们对于学术职业成功的理解既与知识创新的学科使命无关,也区别于知识应用服务的时代责任,而是完全取决于博士后个体的认知与动机。就A17博士后而言,"我其实不太清楚管理学其他博士后的发展定位是什么,也的确感到自己所做的似乎跟大家有相当大的差异,但这些都无关紧要,我比较看重这段临时工作背后的经历"。(A17 - F - R - LS - D1 - 4 - N)因此,这类博士后选择临时学术岗位与学科层面的责任与义务无关,如同学术系统中的"悬浮者"自由探索关切的知识问题。

　　再者,由于"个体导向"博士后的职业机会与学科贡献要远远小于其他类型博士后,导致他们在学术发展与评价中面临重重障碍。在他们看来,博士后的

[①] 徐示波,贾敬敦,仲伟俊.国家战略科技力量体系化研究[J].中国科技论坛,2022(03):1—8.
[②] 阎云翔.中国社会的个体化[M].陆洋,等,译.上海:上海译文出版社,2012:88—95.

学术身份界定使他们卷入到诸多没有关联的义务网络,特别是以资政、社会服务为核心的知识实践也与其意志相背离。当寻求社会实用的学科知识逐渐变得无所不包的时候,以个体为导向的博士后学科认同就会变得更加碎片化,导致他们并不清楚当前学科的中心任务,也不了解学术职业的底层逻辑。对于学科正在发生的变化,受访博士后表示当前一切具备自由探索与学术个性的研究不复存在,连同学科精神与学术职业都在时代变迁中逐渐褪色。

二、 学科视角下高校博士后行动选择逻辑

当前,学科范式的变革转型、学科文化的差异分殊、学科层次的等级建构与学科知识的交叉融合已经成为不可逆转之势。在微观层次,学科作为博士后培养与管理的末梢,一方面塑造了其工作的直接环境,另一方面也规定了知识生产创新的具体方向。因此,学科场域中博士后的行动选择也遵循学科制度逻辑,由此呈现以下几种情形(见表5-5)。

表5-5 学科场域中博士后行动选择、行动目标与制度逻辑

基本情形	行动策略	学科影响	制度逻辑	行动目标	学科认同
一致—认同	综合导向	规范性与文化—认知为主	适用性 正统性	基于应用的理论创新	强
分歧—认同	理论导向	文化—认知性为主	正统性	理论创新	较强
一致—冲突	应用导向	规制性为主	工具性	技术创新	适中
分歧—冲突	个体导向	文化—认知性为主	正统性	自由探索	弱

(一)"综合导向"博士后的行动选择逻辑

在"一致—认同"的情形下,综合行动导向的博士后受到学科规范性与文

化—认知性要素的影响,遵循正统性与适用性的制度逻辑。具体而言,博士后坚持学科应用技术推动基础研究与理论创新在于当前后学院科学时代的科研与产业之间边界变得愈加模糊,二者之间形成了直接的转化通道,并快速渗透与扩散在经济社会发展实践。同时,经济社会因科研与产业的融合与交叉而得到快速发展,反向刺激了博士后作为高层次人才参与国家重大科技战略的制度创新与人才布局。[①] 因此,综合导向的行动选择体现出博士后对于学科创新与知识应用融合的价值立场,这既符合当前学科变革的基本趋势,也与国家宏观科技政策相吻合,由此强化了这一群体对学科乃至学术职业的认同。

(二)"理论导向"博士后的行动选择逻辑

在"分歧—认同"的情形下,博士后将基础研究作为学科工作的正统性标准,其背后体现出学科制度的文化—认知要素对个体行动的影响。以理论导向为行动选择的博士后与 1945 年布什在《科学:无尽的前沿》[②]中所秉持的态度与立场一致,他们认为理论研究是一切应用研究的起点,是经济社会发展与社会秩序建构的基础。秉持基础理论创新认知的博士后,往往与市场发展、应用问题保持一定的距离,且在传统学术职业观的影响下,将基础理论研究的学科工作视为学术流动中的首要工作。譬如这类博士后便将应用研究从其工作中区分出去,并确保基础研究得以优先。但由于基础理论研究的长周期与探索属性,使短暂流动的博士后其实面临竞争创新与生存发展的双重压力,一方面两年为期的岗位聘期能否完成既定的原创任务仍具有不确定性,另一方面外部的绩效评价与出站考核决定他们的学科工作不能完全在"象牙塔"里自由探索。

① 徐光波,贾敬敦,仲伟俊.国家战略科技力量体系化研究[J].中国科技论坛,2022(03):1—8.
② 范内瓦·布什,拉什·D.霍尔特.科学:无尽的前沿[M].崔传刚,译.北京:中信出版社,2021:49—51.

因此,他们对学术职业身份整体较为认同,但在外部压力机制下难免呈现出左右摇摆的模糊态度。

(三)"应用导向"博士后的行动选择逻辑

在"一致—冲突"情形下,博士后将知识应用服务作为学术职业的出发点与落脚点,认为学术市场化与应用化的转型趋势契合全球科技发展与竞争的基本态势。在学术资本主义影响下,应用导向的博士后行动选择主要受学科制度的规制性要素影响,遵循工具理性的制度逻辑,并对学科创新展现出消极的义务。具体而言,秉持这一思维的博士后学科实践活动主要聚焦在技术创新、工程应用、政府资政与产业化开发等方面,并在学科团队与合作导师推动的技术创新与产品开发中扮演执行者角色。[①] 作为学科成员,博士后成为大学、企业与社会之间沟通的纽带,并逐渐塑造了他们基于应用问题的知识与市场的双重身份,一定程度冲淡了学科身份认同。因此,这类博士后对学科身份乃至学术职业身份的认同感知一般,他们更看重技术创新与成果革新所带来的利益与社会变革影响。

(四)"个体导向"博士后的行动选择逻辑

在"分歧—冲突"情形下,博士后既不认同当前学科应用的趋势,也不认同传统学科身份的研究路径;既不寻求学科理论知识的突破,也不考虑社会发展的应用革新,而是完全基于个体认识与偏好开展学术自由探索。这种"个体导向"的行动选择背后受到正统性制度逻辑的影响,导致博士后们将"闲逸的好奇"与"自由探索"视作学术职业的正统标准。在他们看来,自由探索期待非预

①　樊春良. 科技举国体制的历史演变与未来发展趋势[J]. 国家治理,2020(02):23—28.

期性成果打破常规,破旧立新,否定学科理论创新沿袭传统学科路线与方法。当然,这一理念已经成为现实,美国麻省理工学院 MIT 实验室与概念验证中心便是以皮特森自由探索为代表的学术机构,他们聘请了大量博士后参与其中。① 但是,秉持此类立场的博士后仍面临着传统学科建制管理与评价的挑战,他们知识追求目标与当前的趋势不相吻合,一定程度降低了他们对学术职业身份的认同感。

综合而言,博士后应对学科变化的行动选择展现了他们对学科身份的差异化理解与认同。无论是综合导向、理论导向、应用导向抑或个体导向,均是学科制度分别通过规制性、规范性与文化—认知性要素影响下的产物。就目前而言,高校学科范式变革、等级建构、交叉融合与文化差异的变化趋势已经促使博士后形成了不同的学科认同观,并藉由学科进一步影响博士后的学术职业认同建构,那么接下来需要厘清博士后个体认识到具体行动的过程机制。

三、 学科视角下博士后行动选择生成机制

博士后作为能动的学术个体,一方面在学科层面的行动选择理应聚焦个体对学科活动的基本理解;另一方面,学科的任务受到外部制度与文化情境的影响,由此决定了博士后学科行动的现实性、可转移性与组织性特征。基于不同博士后的个体叙事顺序进行整理,最终形成了个体激发、情景驱动与结构影响为一体的学科层面行动选择生成机制(见图 5-2)。

---

① 陈捷,肖小溪. 美国科赫研究所开展融合科学的实践与启示[J]. 中国科学院院刊,2020(01):27—33.

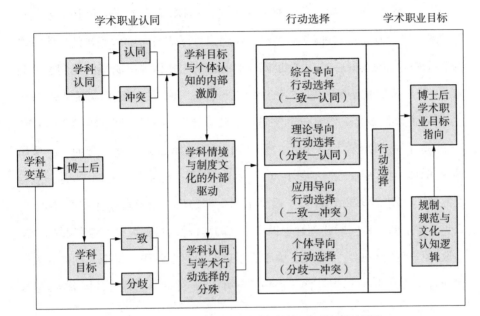

图 5-2　学科场域中博士后行动选择的过程机制与策略类型

（一）学科目标与博士后个体认知的内部激励

学科作为博士后学术训练与学术创新的基本单元,既为博士后从依附走向独立提供了完整的模仿路径,也增加了不同学科博士后的研究技能,为博士后学术职业社会化提供了学科目标方向。作为学科规训的对象,博士后长期受到既有学科信念、范式、伦理与道德的涵养、规范与约束,在"学科—个体"互动下将外部的学科目标、标准内化为自我学科身份的认知理解。对于博士后而言,学科认知程度反映了他们对于学科知识生产及其使命信仰的心理接受过程,具体表现为个体的学科信念与学科认知能力。基于认同理论的理解,博士后个体认知是形塑学科认同乃至学术职业认同的基础,由此成为激发与维持学术共同体一致性行动并实现学科共同目标的内部驱力。

当然,博士后作为初阶与临时的学术流动群体,最为关注的便是学术生存与发展问题。研究证明,博士后会积极地感知与评估通向学术职业的风险机遇以及可能面临的发展后果,由此说明他们的行动选择体现出明显的趋利避害倾向。① 譬如 A28 博士后所言,"为了在这个环境下生存下来,你就是要趋利避害,现在不能把它完全作为一个理想追求的目标"。(A28 - M - P - VM - D1 - 1 - N)基于这一原则,大部分受访博士后的行动选择主要为"综合导向"与"应用导向"两种类型,相反"理论导向"与"个体导向"的行动策略普遍偏少,这一点与当前博士后调查结果相吻合。② 由于不同个体的认知差异与职业动机,博士后聚焦于特定的学科问题并理性地提出个人的阶段性目标,可能与学科目标保持一致,但也可能与此背道而驰。由于有限理性的博士后往往将个人利益最大化作为行动选择的目标,但是博士后对于学术职业利益的理解与认同差异,呈现出完全不同的行为动机。

因此,博士后在学科层面的行动选择与其说是学科目标聚焦与推动的结果,毋宁说是博士后将学科目标内化为个体认知以后的内部激励产物。譬如,"选择博士后就是选择一种学术提高的方式,大家或多或少都会有一种学科使命。就拿我自己来说,现在这个领域还存在很多没有解决的问题,这也是我流动的原因"。(A37 - M - P - EC - D2 - 1 - N)通常而言,博士后的学术活力、认知与激情来源于学科目标与学科信念,据此形成了个体对于学科身份乃至学术职业身份的认同与归属,并转化为学术创新的内在动力。

---

① Elvidge L, Spencely C, Williams E. *What Every Postdoc Needs to Know* [M]. Singapore: World Scientific Publishing Company, 2017:34 - 36.

② Su X. The impacts of postdoctoral training on scientists' academic employment [J]. *The Journal of Higher Education*, 2013(2):239 - 265.

（二）学科情境与博士后制度文化的外部驱动

当然,学科目标仅能在博士后知识生产与学术创新中发挥引导功能,激发其学术实践与学科目标保持一致。但在具体的学科情境中政治化、市场化与应用化的范式变革以及学科等级、学科差异与学科交叉已经成为了既定事实①,这些趋势变化在无形中削减或强化了学科目标对博士后个体认知的内部激励程度,并成为博士后在学科层面行动的外部驱动力。

这种外部驱动作用主要分为制度引导与文化熏陶两个部分。在制度引导方面,主要包括博士后项目申报、等级评定与学术考核等,并基于博士后分类评价、战略导向与项目激励的原则引导博士后将个人目标聚焦于基础应用、战略研究与尖端技术创新等领域,从而将个体目标、学科使命与国家战略有机结合。不过,这种制度引导并不稳定地朝向同一个目标,它会因为国家战略与全球学术竞争的调整而发生变化。因此,在学术职业社会化与学科发展目标的情境下,博士后在学科层面的行动选择也可能呈现出阶段性、过程性与不稳定性特征,主要与制度的工具性逻辑与适当性逻辑产生的利益激励与制度规范作用有关。

在社会文化方面,主要表现为社会对博士后群体的价值期待以及学术文化环境影响两个方面。一方面,外部文化对博士后在学科层面的行动选择具有引导、规范与惩戒功能,引导其基于当前社会经济发展需要开展学术创新,而处于社会文化系统中的博士后所具有的学科认知与思维信仰一定程度也是外部投射的结果。另一方面,当前高校学术文化受到举国体制优势的影响而呈现出集体主义特征,特别是当前政策推动的"有组织科研"进一步强化了学术组织化、

---

① 章熙春,莫秋平,朱绍棠.基于注意力分配视角的科研人员行为选择研究[J].华南理工大学学报(社会科学版),2022(03):74—83.

团队化与战略化,这也意味着博士后作为初阶与临时的学术人员自然被纳入到科技创新人才建设的预备队伍。因此,当国家越来越强调博士后人才队伍的创新地位时,也在激发驱动博士后的行动选择方向。

(三)学科认同与博士后行动选择的差异分殊

学科组织既为博士后临时流动提供科研平台与合作团队,也承担着人才培养、发展与考核的职能。就目前而言,学科已然被置于高度复杂与多元的制度环境中,需要在政策、市场与学术多重力量交织下保持制度同形与组织同构才能汲取外部更多的资源,继而维系自身的存续发展。在整个系统中,不同学科不仅需要承接国家创新战略、高校发展规划与社会经济需求的目标与任务,而且需要通过学科规训、学科评价、学科权威与学科环境共同体激发与引导博士后的行动选择,进而满足外部政策市场的既定期待。① 一方面,当前学科内部业已形成的博士后管理规则制度,根据博士后的岗位性质、学术实践明确了具体的合作契约,从而规定了其学科创新工作的权利与义务。在这个过程,学科组织通过学术伦理、学术道德、学术发展与学术合作等手段引导其对学科达成共识与认同,将个人目标与学科目标进行捆绑并服务于学科建设。

但另一方面,制度所期待的认同与共识并不一定会成为博士后正式的行动规则。博士后所真正秉持的学科认同一定程度是学科目标、学科情境与合同契约共同形塑的产物。以上述行动为例,秉持"综合导向"学科行动选择的博士后将基于应用问题的基础创新作为个体目标,既能快速产出研究结果回应学术考

---

① 蒋贵友,郭志慧.博士后工作满意度及其影响因素的实证分析:基于《自然》全球博士后的调查数据[J].科技管理研究,2022(12):117—124.

核，又能与学科创新目标保持一致，这也说明具有较高学科认同的博士后受到外部激励与内部激发的共同影响，呈现为积极义务的行动选择。秉持"应用导向"学科行动选择的博士后将市场与社会需求作为个体目标，偏离了学科传统的既定目标，但是更契合了当前知识商品化的趋势，为他们从学术界流向产业界增加了机会，这是个人利益大于学科利益的结果。譬如，A13 博士后认为，"博士后利用两年时间去为学科创新打基础的想法已经很少了，基本是个体利益驱动的结果，期待通过临时流动获得论文课题与更好的教职"。（A13 - M - R - SC - D1 - 1 - N)

反观"理论导向"与"个体导向"博士后的行动选择，二者均是学科目标大于个体利益的产物。前者由于学科激励与岗位周期的限制，导致他们在基础理论创新领域可能难以为继，而后者由于脱离了具体的学科团队支撑，甚至可能面临过度自由探索的职业社会化困境。由此可见，这两类博士后的学科认同与正式制度或组织所期待的认同并不完全一致，甚至出现相互冲突的情形。因此，一旦博士后个体目标认知、学科情境驱动与学科身份认同呈现为不一致时，其在学科层面的行动选择则会呈现出较大的多元性与差异性。

值得讨论的是，知识商品化与学术资本化进程以牺牲公共利益为代价，驱动全球范围内的学科发展方向越来越与外部环境保持一致。根据斯劳特（S. Slaughter）等人的说法，创业利益已经取代了大学的公共责任，学科知识成为后工业经济中的一种商品。随着全球高校学科成果和知识服务受到外部市场的刺激，以营利为目标的组织动机愈加支配着大学的学科目标并重塑内部的学术劳动力结构。在学科转型中，尚处于学术职业社会化进程中的博士后越来越成为高等教育知识商品化中的临时雇员，他们被视作廉价的学术劳动力并得以被大量雇佣，一定程度淡化了博士后岗位的独特身份属性。就目前而言，博士后面临学术职业独立性目标与轨迹偏离的风险，其学科工作愈发体现为实现个体就业目标的等待准备属性。这些变化不同程度影响博士后对学术职业认同,引导与变更了他们的学科使命与创新方向。因此,学科虽作为博士后学术职业认同最为基础的意义来源,但或许正在塑造更为结构化的认同困境与身份异化危机。

第六章

高校博士后制度改革：基本立场与路径探索

学术生涯可以说是一种疯狂的冒险。①

——马克斯·韦伯

---

① 马克斯·韦伯.马克斯·韦伯全集(第17卷)以学术为业:1917、1919 以政治为业:1919 [M].吕叔君,译.北京:人民出版社,2021:83.

立足于文献梳理、制度分析与实证探索的基础上,本章试图在回应研究问题的同时对既有观点进行总结并予以讨论,继而在问题分析过程中形成对博士后学术职业认同更为系统化的对策建议。当然,当前研究不可能穷尽所涉议题的所有方面与细节,甚至在方法、思路与分析过程中还存在诸多漏洞。从结论与建议出发,更进一步反思博士后制度,以及当前研究力有不逮之处并初步构想后续与此议题相关的设想。

第一节　流动期的社会化：博士后学术职业认同与行动选择

本研究基于我国近四十年博士后制度改革实践,以学术职业认同与行动选择两个关键概念,分析高校博士后面对制度改革、组织情境与学科变革的现实图景,以期展现多元化与立体化的博士后学术职业社会化过程中的认同与行动状况。本研究采用实用取向的混合研究设计,在量化部分调查了 1 312 名高校博士后学术职业认同的现状,论证了制度改革、组织保障、学科支持因素与学术职业认同之间的影响关系;在质性部分选取 46 名身份各异、经历分殊的高校博士后作为访谈对象,深入回应三大因素对学术职业认同与行动选择的作用路径，继而尝试概括博士后学术职业认同与行动选择之间的内在关联。

一、 高校博士后学术职业社会化中的认同危机及其生成过程

本研究主要从精神认同、制度认同与回报认同三个方面考察了博士后学术职业的认同状况。数据显示，高校博士后学术职业回报认同实际评分为3.54，职业认同的总评分为3.89，这表明博士后学术职业回报认同感相对较低，整体学术职业认同感知水平不高。甚至，"双一流"建设下高校博士后职业边缘化与区隔化处境不断加深，导致学术临时工与边缘学术人等职业认同危机的频繁发生。究其缘由，这是博士后职业身份区隔的"隐形在场"、博士后个体身份的"区隔内化"与博士后职业认同的"危机显现"三个阶段予以生成的（如图6-1）。

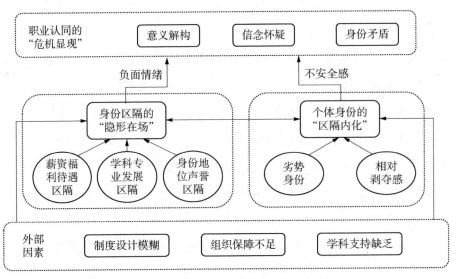

图6-1 博士后学术职业认同危机的生成过程

首先,博士后身份区隔的"隐形在场"。身份区隔是指以不同标准对共同体内部的个体身份予以区分并赋予不同的职业权利、责任与义务的过程,从而构成与维系等级化与差异化的身份系统与职业结构。① 与正式高校教师相比,博士后在学术职业系统中具有临时性、边缘性与过渡性特征,前者往往享有正式组织制度身份与具有保障性的晋升报酬机制,后者由于缺乏组织承认的身份符号而未能享受责权利相一致的待遇。基于访谈与数据调查可知,当前"双一流"建设下的高校博士后职业身份具有显性与隐性的双重区隔,具体表现在以下几个方面。一是工作福利保障的区隔。由问卷调查可知,高校博士后的薪酬福利认同均值仅为 3.33,其对高校制定的薪酬待遇标准与生活福利保障持认同满意的比例分别为 58.76% 与 58.54%,与高校教师有明显的差距;二是学科专业发展的区隔。由于博士后尚处于学术职业社会化阶段,需要通过学科与组织的专业支持与学科培训进一步提升其学术职业能力,但博士后的学科支持满意度为 68.87%,职业晋升发展满意度仅有 40.85%,与正式教师职业专业发展形成结构性差异;三是身份地位声誉的区隔。不少高校将博士后视为临时流动的雇员,并未将其纳入到专职教师科研队伍,由此导致他们对身份地位与职业声誉的认同度较低。因此,博士后身份区隔的"在场"渗透在其临时流动过程中的多个维度,形成了博士后与高校教师之间的群体区分与不平等的机会差异。

其次,博士后个体身份的"区隔内化"。在学术职业系统内部,尽管博士后是具有职业等待与流动性质的早期研究人员,但是学术工作中的身份区隔却使他们贴上了更为负面的符号标签,强化了他们作为边缘者与临时工的职业认知。事实上,当博士后愈加成为高校师资储备的"蓄水池"时,原则上将博士后纳入到师资聘约管理内部强化了身份的合法性,但持续化的不稳定状态与黯淡

---

① 蒋建国. 网络族群:自我认同、身份区隔与亚文化传播[J]. 南京社会科学,2013(02):97—103.

的职业前景才是摆在更多博士后面前的现实遭遇。"不晋升就淘汰"与博士后作为高层次领军人才培育的政策话语似乎掩盖了身份区隔的结构性平等问题，强化了博士后学术职业社会化过程中的个人归因。甚至，博士后的学术职业失败或逃离被社会话语塑造为个体能力与努力不佳的结果，而忽视了资源分配与机会差异背后的结构困境。在这一背景下，结构性差异与身份区隔得以合理化，而建立在身份界定而非能力贡献的待遇差别，或许才是博士后学术职业社会化中认同危机产生的根源。那么，相对弱势的处境驱使博士后以此作为处理自我与他者之间关系的准绳，并将外在的身份区隔内化为个体的认知观念。因此，处于流动之中的博士后的弱势身份与相对剥夺感阻碍了他们对学术职业的认同与憧憬。

第三，博士后职业认同的"危机显现"。当外在的身份区隔内化为职业认知时，博士后职业认同危机的外显与制度设计、社会承认紧密相关。一方面，国家博士后政策设计与高校制度实践之间存在矛盾。长期以来，宏观政策将博士后定义为高层次创新型人才并享受设站单位职工待遇，但高校更偏好将其作为提高科研绩效的临时科研人员，并未按照正式职工予以对待，由此导致博士后的身份定位往往具有模糊性。特别是学术劳动力市场的规模扩张，使这群流动的学术青年愈来愈成为等待教职的"博士候"，但在学术增长的压力体制下难免沦为"临时工"。长此以往，博士后将自我界定为临时性、流动性与不稳定性的个体，他们所处的制度与现实处境注定他们面临集体失语的状态。另一方面，社会系统对博士后的认知与承认往往亦带有消极影响。这种因缺乏被组织制度环境所认可的文化、身份与经济资本而感到被压迫、被剥削与被歧视的工作体验普遍存在于博士后学术流动的整个过程。他们不仅在职业声望、经济地位与学术权力方面处于劣势，还被外部就业市场与社会观念系统塑造为等待教职而非学术创新的集体形象，由此导致博士后转向"博士候"的污名化过程也招来了博士后个体与社会的双重质疑。因此,博士后在制度型构与社会认知中产生了对学术职业信念意义的怀疑,甚至在外部驱动与内部认知的强大冲突下,学术职业的意义系统被解构了,从而导致他们对学术职业的认同危机。

二、 高校博士后学术职业认同与行动选择受到多重逻辑影响

为了验证本研究提出的分析框架,基于量化数据证明了制度改革、组织保障、学科支持对博士后学术职业认同的影响路径,其中组织保障与学科支持在制度改革影响学术职业认同过程中发挥链式中介效应。从新制度主义"宏观—微观"视角分析,博士后在制度改革、组织情境与学科互动中衍生出个体认同、角色认同与集体认同,整体构成了博士后学术职业认同的重要基础,并决定了其行动方向。因此,高校博士后学术职业认同与行动选择受到多重逻辑影响,是制度型构、组织驱策、学科塑造的集中产物(见图6-2)。

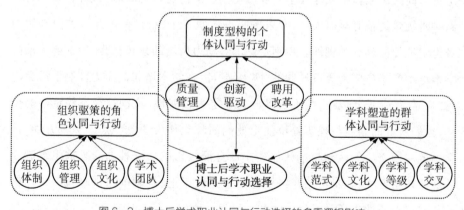

图6-2 博士后学术职业认同与行动选择的多重逻辑影响

一是制度型构的个体认同与行动。以绩效管理与创新驱动为取向的制度

改革给高校博士后学术职业社会化带来了重要影响。一方面，制度改革旨在塑造博士后对学术职业的认同，引导他们成为更有效率、创新与卓越的学术人才，但另一方面却开启了博士后的规模扩张、灵活雇佣与评估考核进程，忽略边缘、弱势博士后的职业发展，从而引发了博士后对未来学术职业的担忧。在新公共管理主义式的制度改革中，学术共同体治理难以与行政权力、市场力量取得全新的平衡，加之博士后本就处于学术系统的底层位置以及大学作为单位组织的历史惯性，使得他们的学术话语权与自主权相对较小。因此，制度改革中的博士后大多会选择顺应与生存导向的行动，以期获得制度认可的身份。

对临时流动的博士后群体而言，之所以积极顺应制度改革规则是因为有益于他们塑造学术系统中的个人认同。这一认同的形成需要博士后行动者在学术场域中通过积极的制度顺应行动与学术互动表现自我、寻找归属与获取制度承认，并将这一判断作用于自我认知层面。由此而言，与制度改革方向一致的行动选择为博士后提供了一个持续性正面评价以及获得正式教职身份的渠道，而临时流动的博士后能够通过"个体—制度"互动建构起更为积极的个人认同，这成为博士后学术职业认同与行动的重要前提。

二是组织驱策的角色认同与行动。近年来高校组织围绕博士后的管理体制、文化理念与评价方式在制度改革与市场渗透中发生了较大变化，由此给博士后学术职业认同带来了深刻影响。高校在"双一流"建设进程中的目标转向与市场化转型，越来越强调通过资源分配、评价考核与薪酬激励影响博士后学术职业认同的建构进程。但是，当作为单位组织的大学机构与博士后管理体制改革、学术自治传统进行合流时，一定程度造成了博士后学术身份与定位的模糊，引发博士后对组织认同与归属的危机。在管理主义的影响下，组织情境中的博士后大多会选择服务或妥协的行动策略与院校组织保持良好的依存关系，使自我能够在组织发展的过程中获得更多的学术资源与发展机会。

当然,博士后追求职业机会与学术生存的个体利益是其行动的目标,除了组织服务能够带来物质回报与发展机会外,他们更看重的是服务组织与学科过程中带来的能够承载身份尊严、能力与意义感等方面角色符号。这种角色回报也是一种潜在的报酬激励,它与组织承认、责任与外部尊重有关,是博士后"个体—组织"互动中体现角色意义与组织认可的价值范畴。这些恰恰是处于临时、流动阶段的博士后所欠缺的,他们将这种角色报酬与身份符号视作组织期待与自我身份相统一的表现,而角色认同正是代表了博士后将自我归属于高校内部角色成员的集中表现。因此,服务组织已然成为博士后获取角色认同的重要手段,而良好的角色身份认同也成为博士后学术职业认同与行动的中心枢纽。

三是学科塑造的群体认同与行动。在政策推动、市场渗透与技术发展的交织影响下,学科范式变革、文化差异、等级建构与交叉融合正成为影响博士后学术职业社会化进程不可忽视的因素。首先,制度改革与组织情境通过学科知识、方法、评价与工作体系将外部影响传递到博士后学科工作内部,从而影响博士后学术职业精神与专业认同进程,甚至在"个体—学科"互动中重塑学术职业观念认知。其次,博士后学科创新与绩效、特色与普遍、服务与探索以及实践与学理之间的矛盾,其实是制度运行中效率机制与合法性机制分野、工具理性与价值理性冲突的结果。与市场、政策与社会实用相近的学科博士后所收获的学术资源与外部支持远多于其他学科博士后。再者,博士后制度所鼓励的交叉合作虽有利于创设差异化的学术环境并激发博士后的学术活力,但也需要警惕学术共同体凝聚力匮乏所导致的博士后学术职业认同归属问题。由此而言,学科认同已经成为影响博士后学术职业归属感与认同感的重要维度。

学科共同体内含共同规范、使命并共享责任与信念,这些要素构筑了博士

后学术职业认同的基础，并作为具有强有力的意义工具影响着博士后的群体认同。在此意义上，学科层面的博士后群体认同往往是以共有的学科经历、责任使命与规范作为中介而形成的，其认同观念一旦达成，便会促使博士后采取与之相符的行动。在组织情境与政策市场影响下，学科塑造博士后群体的集体认同虽具有天然的差异，但理应推动博士后构建更为积极的学术职业认同与行动选择。

三、 高校博士后学术职业认同与行动选择之间存在循环互构

由上述结论可知，博士后学术职业认同并非反映在某一维度的固有特质，而是在"制度—组织—学科"不同认同层次相互作用与协商中得以建构与再建构的结果，**由此说明博士后学术职业认同具有建构性**。本研究分析发现，积极正向的博士后学术职业认同具有三重认同逻辑：一是面对制度改革的博士后个体旨在追寻自身存在的价值，通过回应制度要求建构个体认同；二是组织情境中的博士后在追寻外部激励中，通过获得组织承认实现角色认同；三是不同学科博士后经由特定的学科文化、责任与使命形构着学科共同体的群体认同。在不确定的学术职业社会化阶段，博士后在三重认同驱使下完成对学术职业认同的理解与建构，通过学术场域中的自我价值实现，最终促成知识创新公共利益的达成（见图6-3）。

值得注意的是，博士后学术职业认同具有能动性特征。作为临时流动的博士后并非被动接受制度改革与组织管理，而是在建构学术职业认同时对内外各种因素均做出权衡，据此决定自我的行动方向，从而获得更多的职业确定性。换言之，积极或消极的行动选择其实建构了与自我期待、价值观念与身份相一致的认同感与归属感。反之，博士后亦能主动地根据行动中所形成的认同观

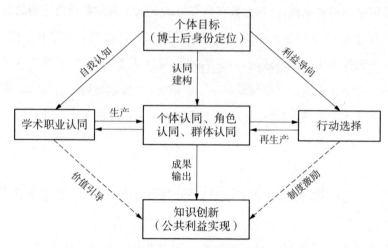

图 6-3 学术职业认同与行动选择循环互构机制

念,衡量当前行动选择对学术职业认同的意义与得失,继而决定后续围绕制度、组织与学科而展开的行动方向。**因此,博士后学术职业认同在学术实践中的生产与再生产是维系其行动选择持续的重要动力机制。**

事实上,博士后的行动选择并非单一认同主导下的产物,而是多重认同共同作用的结果,可以拆解为制度、组织与学科多个维度。一方面,博士后的制度应对、组织服务、学科行动与个体认同、组织认同、学科认同循环互构。具体而言,博士后或主动或被动的行动是个体与组织、学科互动协商并建立自我存在感与归属感的重要来源,从而建立一种行动中的认同。随后,博士后又在学术职业认同感的驱使下持续或加速其行动,在持续行动中完成学术职业认同的再生产,从而实现认同下的行动持续性。另一方面,基于学术职业认同的行动选择体现出行动下的认同与认同下的行动不断互构与叠加的循环机制。而博士后在学术职业认同感的推动下广泛服务组织、顺应制度的行动恰恰是学术职业认同生产与再生产的过程。因此,不论是博士后认同下的行动还是行动下的认同,二者其实互为因果关系,从而成为其在临时流动中维系职业认同的重要保障。

　　综合而言,**积极正向的学术职业认同与行动选择循环互构的关键动力是博士后个体自我价值与知识创新公共利益的实现**。在具体的学术场景下,博士后服务组织既是寻找组织归属感,也是为了获得更多的职业机会,从而在组织承认与评价中获取自我价值;在遵循学科发展趋势、学科范式并实现学科使命的共同体互动中,通过学科创新与社会服务实现更大的公共利益价值;在顺应制度改革要求的基础上实现学术发展与学术晋升再建了个人认同,在流动与不稳定的学术工作中证明自我价值。显而易见,博士后的学术职业认同在行动中的循环生产理应是自我价值在组织、学科与制度范畴内部不断建构的过程,其目标在于自我价值的达成并推动更大的公共利益目标实现。因此,正向积极的博士后学术职业认同与行动选择得以持续的根源在于通过自我价值达成公共利益以及公共价值证明自我价值两个方面,这成为促使博士后认同与行动循环互构的力量源泉。

四、 高校博士后制度理应超越工具理性并回归人的主体路径

　　博士后制度移植创立以来,已经从单一身份类型发展为多元身份林立的制度体系。基于认同视角对博士后的变迁演化轨迹分析认为,我国博士后制度历经了身份建构的初创起步、身份整合的试点改革与身份分化的全面发展三个阶段,目前正处于身份重组的创新探索阶段。目前,行政、学术与市场多重力量在大学场域中的交织与博弈,共同推动博士后制度从领军人才培养目标转向师资储备筛选目标,增添了博士后对当前处境与未来学术职业的担忧。

　　一方面,随着学术劳动力供求关系的变化,博士后逐渐成为高校教师聘任

的主要来源强化了"师资蓄水池"的人才定位,但会模糊其独有的身份特征。从政策演变来看,我国原人事部于 2006 年公布的《博士后工作"十一五"规划》就明确要求加大博士后事业的投入,并于 2015 年进行了博士后制度的全面深化改革。2020 年,科技部发文进一步扩大博士后招收数量,推动部分"双一流"高校新设博士后岗位超过原比例的 40%。① 2021 年,教育部有关司局表示博士后作为高层次人才引进的重要来源,可以发挥高校师资"蓄水池"功能。2022 年,教育部继续强调将进一步扩大博士后的招收规模,明确提出将其作为高校师资补充的重要来源。但是,博士后纳入到师资储备筛选管理真的是优先选择吗,是否会进一步导致制度并轨与身份契约关系的内在矛盾,并加速统一聘约管理与多元身份差异的冲突? 其实需要清醒地看到,早期博士后制度逻辑是将尚未学术职业社会化的青年学者视作未来学科领军人才,而当前制度改革趋势则在于将博士后塑造为师资聘任的储备力量。在这一背景下,"双一流"高校甚至通过名目多元与灵活聘用的人才计划淡化博士后的身份属性,将博士后身份定格为"师资生力军",但在制度运行中难免导致这一群体沦为"学术临时工"。② 因此,博士后制度与教师聘任制度并轨看似是博士后"再身份化",但实则也可能是"去身份化",会忽略博士后研究人员的独有权利,从而造成新的公平问题。

另一方面,**制度改革通过组织管理与学科规训继续强化了博士后岗位的工具理性取向,导致博士后在通向学术职业的过程中面临重重危机。**当前博士后制度改革所开启的质量管理、创新驱动与聘用改革进程驱动大学内部关于博士后的组织制度走向了管理主义与绩效主义的路径。在组织情境中,博士后是由市场合同所界说的充满不确定性的临时角色,是大学单位组织体制中可以被灵

---

① 熊丙奇. 如何解读博士后扩容[N]. 光明日报,2020 - 05 - 19(011).
② 李晶,李嘉慧."双一流"建设下的师资博士后:"青椒生力军"还是"学术临时工"[J]. 教育发展研究,2019(23):42—48.

活雇佣的边缘群体。他们虽然在人才培育与科研创新进程中扮演主力军作用，但其实也面临被工具化的风险。在学科场域中，基层院系雇佣博士后的动力更多来自市场合作与科研项目需要，而尚处于学术职业社会化进程中的博士后越来越成为高等教育知识商品化中的临时雇员，他们被视作廉价的学术劳动力并得以被大量雇佣，一定程度异化了博士后制度的人才培养功能。基于"效率机制"的需要，高校将博士后经历作为教师聘任的前提条件，并通过扩大博士后的规模体量，进而降低组织引才的风险。但在"效率机制"驱动下，高校扩招博士后及其相关的制度改革本身蕴含着极强的工具理性色彩，将博士后制度作为科研考核、人才筛选与淘汰程序的人才更新与流动手段，进而确保人才资源的积蓄与优化。除此之外，部分高校学科为了使该项制度达到效率最大化，无限制地扩大博士后进站规模的同时，其实并未明确设计博士后的职业通途，导致博士后面临来自制度改革、组织管理与学科变革所形成的结构性困境。

目前，我国学术劳动力市场变革推动博士后规模持续增长，已经成为广泛探讨的研究议题。尽管本研究从制度、组织与学科三个层面分析了高校博士后学术职业认同所面临的结构性危机，但如若深入到现代化的时代背景与博士后的具体工作中或许会体察到，作为临时流动的博士后研究人员所面临的真正危机，其实并不是学术资本主义与灵活雇佣所带来的职业认同问题，而是在学术依附与职业不稳定的过程中逐渐丧失了对道德义务、公共福祉与人类命运的独立思考。在学术职业社会化进程中，学术专业化、市场化、世俗化与商品化消解着博士后的职业理想、使命与责任，或许这才是这群尚未独立的学术新人面临的最大但又毫无察觉的认同危机。从韦伯对学术职业的论述出发，作为人才培养与人才使用为统一目的的博士后制度理应帮助这群年轻学者从无尽可能的学术世界中挖掘有待深入的学术议题并建构独立的学术身份，以此实现博士后作为个体与作为群体的具象的人的主体发展。① 对于他们而言，只有通向独立与人性的学术职业道路，临时流动的职业初始阶段才不再是一场具有温度差异的世俗生存与专业经营活动，也不是制度管理下的学术竞赛与职业晋升，而是拥有无限可能的知识探索与人性完善的智识快乐。由此，对博士后制度的设计探索以及由此展开的改革实践活动始终应该围绕教育对于人的价值进行思考，回归人的主体路径，将他们看作是学术实践中的独立个体，并为其学术职业进阶之路提供更加系统与可持续化的支持，通过更加健全的制度设计引导博士后成为完善、创新与独立的人，进而通过博士后作为独立主体的价值实现推动与此相关的外部社会的目标达成，并据此评估当前高校博士后制度的价值与意义。

综合而言，无论是物质回报、专业发展还是精神理想，高校博士后在通向学术职业的过程中必须建构一种具有共识的认同与价值，以此突破世俗化、商品化与边缘化的壁垒，重新找到这份临时流动工作与其所处学术环境乃至道德文明世界之间的伦理关系，在个体定位、组织协商与群体互动中找到通向人性的学术职业道路。唯有如此，博士后的学术职业认同才不是单一向度的、浅薄的物质或专业认同，而是一种将物质、专业与理想统整合一的意义追寻实践。

第二节　走向可持续发展：高校博士后制度改革的创新方向

不可否认，中国博士后制度在近四十年间培养了一批高层次人才，并逐渐

① 马克斯·韦伯,等.科学作为天职:韦伯与我们时代的命运[M].李康,译.李猛,编.北京:生活·读书·新知三联书店,2018:155.

发展成为有别于欧美且极具中国特色的人才培养与使用模式。根据博士后学术职业认同与行动选择的制度分析、实然调查与深度访谈研究，已经对当前这一群体学术职业认同的背景、图景与影响机制以及行动类型、逻辑机制进行了系统剖析。结论表明，当前高校博士后学术职业认同程度仍有进一步提升的空间，其行动选择仍有赖健全的组织保障与系统的学科支持予以培育与引导。因此，本研究以认同与创新为核心关切点，尝试提出基于此问题的制度完善建议。

一、 以身份识别为目标，探索一体贯通发展机制

虽然博士后在宏观层面已经清晰地被定位为高层次创新人才，且享有与教师等同的权利义务，但由于这一群体处于临时流动与短期聘任阶段，加之单位制度与聘任制改革影响，导致其身份定位较为模糊。事实上，与教师所处的中心位置相比，他们委实属于学术场域的"边缘群体"，这既源于高校培养目标不明确、管理制度不规范与质量评价不健全等原因①，更多还是博士后与教师身份之间所存在的身份区隔，由此导致博士后身份认同冲突问题。目前，尽管高校把博士后作为学术创新的主力军，期待其在学术项目、知识生产与社会服务过程中发挥重要功能，并遴选佼佼者补充到既有师资队伍。但吊诡的是，不少博士后认可"临时工"与"博士候"的身份定位，表明他们对学术职业的认同感其实并不高。

这种身份区隔给博士后学术发展所带来的负面影响，限制了其发挥科技创新主力军的作用。针对这一问题，高校需要逐渐探索博士后、专职科研人员与

---

① 袁婧，徐书婕. 高校博士后制度与专职科研队伍一体化建设探析[J]. 四川劳动保障，2021(07)：36—37.

师资队伍一体化建设进程。为此,本研究认为制度完善的核心在于精准识别博士后身份的权利义务,实现博士后群体的身份认同,通过一体、贯通与发展三大机制衔接,逐步打破其与正式教师之间的身份区隔问题。第一,构建博士后队伍与专职科研队伍、师资队伍一体化建设机制,精准识别博士后身份的独有特征并建立与此相关的责权利体系,规范博士后人才培养与使用的路径,解决好薪酬、身份与培养差异问题。第二,完善博士后人才培养与师资选聘的贯通机制,既要将博士后纳入师资选聘的蓄水池,也要在贯通中保障博士后人才的独有权利与流动优势。第三,探索博士后学术创新与职业晋升的发展机制,为博士后设置职称评定的单列指标与绿色通道,打破博士后人才队伍发展停滞的晋升问题。由此,三大机制旨在识别博士后独有的身份定位,强化其对学术职业的认同。

二、 以分类发展为前提,改革科研评价体系标准

随着博士后规模扩张不断加快,不同学科、等级、名目与身份类型的博士后充斥于高校内部。这其实给当前博士后工作评价带来两方面的难题,一方面是组织统一评价标准对博士后职业发展的误导,另一方面造成了博士后流动发展与制度设计不相吻合的管理困境。调查发现,工程科学博士后学术职业认同程度显著低于其他三个学科,且人文学科博士后认同程度高于自然科学,而科研型博士后学术职业认同的整体感知要高于项目博士后与联合培养博士后。究其缘由,组织管理、组织评价与学科知识生产阻碍了相关学科与身份类别博士后的学术职业认同,从而加剧了博士后学术职业管理中统一与多元、普遍与特色之间的矛盾。尽管目前部分高校已然认识到探索博士后分类发展的必要与紧迫,但是由于人才评价体系模糊、科研考核比重过大以及博士后岗位分类职

责不明,容易导致分类发展设计在强大的组织管理逻辑前难免被异化与变形。

缘此,改革博士后科研评价体系标准的前提在于精准设计并落实岗位分类发展目标(见图6-4),努力探索博士后人才的过程评价与增值评价体系。在学科分类发展方面,博士后科研评价体系要区分出不同学科知识生产创新的区别与特征,根据基础研究创新与应用研究创新的交叉维度设计与此相关的分类评价标准。譬如,偏重应用研究的学科博士后应重点考核社会服务效益与科技成果转化,偏重基础研究的学科博士后应重

图6-4 高校博士后分类发展中的三种标准

点考察原始创新的难度与周期,通过代表作评价支持博士后矢志不移坚持长周期的基础科学创新。在身份分类发展方面,同样也需要依据不同博士后身份定位进行分类设计。其中,师资博士后考核评价应将教学成效与科研成果置于人才评价的统一视域下进行考察;科研博士后考核评价应重点考察学术发表与项目立项情况;联合培养博士后考核评价要重点关注产学研结合与科技成果转化成效。简言之,上述思路具体还要结合高校博士后制度实施的具体情况予以完善,但可以肯定的是博士后分类发展已经成为高校制度改革的共识,在此过程务必根据学科发展与身份类型科学设计并精准施策。

三、 以学术创新为导向，明确各方权利义务边界

目前,无论是宏观政策还是高校制度均已意识到博士后在科技创新中所扮演的重要角色。譬如,"有组织科研"政策明确表示了博士后作为国家创新人才战略力量,理应被积极吸纳到国家创新战略重大攻关任务,为当前世界一流大

学建设与教育强国作出贡献。① 不过,本研究发现尽管当前博士后规模结构仍在增长,其内部的培养质量问题却少有关注。与此同时,高校保障博士后制度管理成效的常规做法便是加大对博士后的学术考核与评价,但却忽视了博士后制度的发展性功能,遮蔽了科研流动站与合作导师的权利义务界定。在此背景下,学科、合作导师灵活雇佣博士后导致他们面临学术劳动异化、学术依附、职业发展不畅等现实问题。究其缘由,博士后与流动站、合作导师之间存在的权力势差,导致高校博士后学术管理各主体责权利并不统一。

为此,高校推动博士后科研创新需要在加快学术评价体系改革的基础上,进一步明确设站院系、合作导师与博士后个体的权利义务(见图6-5)。第一,高校应该明确设站单位在博士后招收、在站管理、考核管理、保障支持与出站管理等环节的权利与义务,创新符合博士后学科特点与类型特征的管理服务制度,积极发挥院系的主体作用,建立以博士后科研计划书为核心内容的人才培养计划,使博士后了解个体与组织之间的身份关联与依存关系。第二,厘清博士后合作导师的权利与义务边界,特别是明确其与博士后合作研究的过程与角色,防止博士后合作导师在非学术领域滥用"合作"之名过度使用博士后群体,从而导致权利义务关系失衡以及学术生产劳动剥削问题。第三,科研合同书虽明确了博士后群体的相关权利义务,但是关于不同学科、身份博士后更为细致的规定仍比较模糊,尚需要进一步明确博士后的行动规范,系统性提供博士后进站工作、在站管理与出站考核的各项支持指南。因此,高校应以学术创新为基点,建构"设站单位—合作导师—博士后"三位一体权责体系,明确各方的主体义务与职责。

---

① 穆荣平,廖原,池康伟. 杰出科学家成长规律研究——以诺贝尔科学奖得主和中国科学院院士为例[J]. 科研管理,2022(10):160—171.

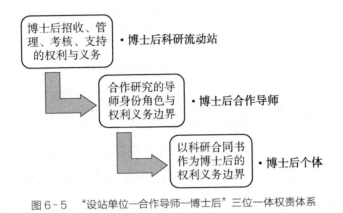

图6-5　"设站单位—合作导师—博士后"三位一体权责体系

四、 以交叉融合为核心，畅通学术研究合作渠道

当前，高等教育面向未来、面向科技创新与经济主战场的地位与作用不断凸显，并将服务国家战略需求与经济社会发展作为自身的目标与使命。在这一背景下，高校被期待发挥集体攻关创新体制优势，着力提升自主科研实力，开始加快"有组织"科研范式与模式变革，继而解决学术创新系统化布局与组织支撑作用欠缺的问题。在这一背景下，明确博士后重大项目攻关的参与路径与专职科研队伍成员的角色定位，有利于高校贯彻有组织科研并进行资源整合、学科交叉融合以及学科团队布局优化。[①] 对于博士后而言，跨学科流动与跨组织流动已经成为这一段临时工作的常态。尽管学科交叉重要性不言而喻，但是也易产生知识合法危机、信念共识矛盾与身份归属问题等次生问题，继而影响博士后学术职业的认同感与归属感。因此，在坚持博士后交叉合作研究的基础上，

---

① 陈佳蕊,李朝兴,李金惠.科研院所博士后科研工作站的发展对策——以广东省科学院为例[J].
科技创新发展战略研究,2022(05):10—16.

高校应有力解决博士后合作创新与交叉融合过程中可能出现的问题。

　　整体而言,推动博士后进行交叉合作,需要形成更高水平的人才服务与支持体系。首先,当前政府与高校均意识到吸纳博士后参与重大攻关任务既能发挥这一群体的创新能力,也能在项目实践中培养其团队领导与综合实力,为面向创新战略建设专职研究队伍。在此过程中,高校应将进行交叉合作的博士后作为专职科研力量予以重点支持,实施团队科研绩效与个人工作绩效的动态考核机制,避免博士后学术评价不合理问题。其次,高校应进一步明确博士后在交叉合作项目中的角色定位,并给予优秀博士后独立组建团队的渠道机会。为了防止博士后在大团队与大项目作业过程中的学术依附问题,高校有必要为其交叉合作工作畅通制度与机会渠道,允许博士后基于项目组建研究团队,建立交叉合作创新的容错机制,打破博士后创新探索的体制障碍。① 最后,建立不同学科博士后间的对话平台与合作机制,增进不同领域的知识互动与学术交流,通过建设博士后联谊会加强这一群体的聚合,继而打破学科等级、学科差异所带来的博士后学术职业认同差异问题,并为后续学科交叉融合奠定基础。

五、 以学科团队为载体,组建异质性学术共同体

　　尽管当前高校普遍将博士后归于学术团队进行管理支持,但是不同学科的博士后对于学术团队的需求并非等同于均质的。本研究在前文中论证了科层式学术团队、扁平式学术团队与开放式学术团队对博士后学术职业认同带来的影响,以及创新型、团队型、传统型与竞争型组织文化所塑造的认同差异,证明

---

① 曹凯,宿芬,孟祥利,李兰欣.试论博士后开展独立科学研究的能力和在科研工作中的定位[J].中国科学基金,2012(01):17—21.

了组织团队管理并非完全正向促进博士后的学术职业认同。当前,重大项目与创新团队的博士后人才集聚效应明显,继而可以培育国家所倡导的大项目、大团队与大成果,但是这种制度安排其实忽略了部分学科小团队作业、开放式探索的知识创新规律,一定程度造成了自主发展与管理规划之间的矛盾。反之,若无团队项目支持,博士后又可能产生自我身份归属与认同危机,从而导致消极的行动产生。因此,高校理应结合学科规律、创新差异有的放矢对学术团队进行异质性规划,确保博士后与团队之间能够实现有机匹配,而不是强制结合。

具体而言,一方面,高校应该藉由异质性学术共同体的组建消弭综合研究团队、基础研究团队、应用研究团队与自主探索团队之间的整合难问题。当前,高校学术团队管理的弊端在于难以对既有团队进行细分,由此导致博士后与团队之间的匹配问题。针对这一现象,或许可以组建相对异质性更强的学术共同体,尽可能地将不同领域的合作导师进行整合,共同合作培养与指导博士后。另一方面,高校要将院校特色、个体发展与学科规律置于学术共同体建设进程中,处理好长周期与短发展、个体利益与团队目标之间的关系,充分发挥异质性学术共同体的人才支撑作用,推动博士后学术发展创新。特别是通过异质性学术共同体培育支持博士后自主探索从 0 到 1 的原始创新领域,赋予博士后更多的学术自主空间,形成较为完备的博士后人才发展创新渠道。

六、 以项目驱动为抓手,打造多元覆盖资助制度

高校博士后学术资助其实较为单一,过程也充满了竞争与筛选,特别是这些项目资助关注学术绩效、朝向国家创新战略的攻坚方向,从而导致博士后"强者恒强、弱者恒弱"的马太效应。博士后科研项目驱动旨在实现效率与创新的统一,但是随着博士后规模与学科范围逐渐扩大,项目资助的公平性与补偿性

原则也应被纳入到项目资助规划进程中。换言之,博士后群体中的"她者"、边缘个体与从事冷门绝学等代表性不足的少数研究者都值得被政策制度所支持与关注。尽管性别在学术职业认同中的差异并不显著,但是研究证明女性、工作年限更长且跨国流动的博士后对学术工作的满意度更低。[①] 特别是女性博士后需要面对母职挑战与学术评价的双重压力,一旦她们暂时离开学术界便难以获得返回或持续发展的机会。为此,我国博士后科研资助的范围其实应该兼顾这些群体的现实需求,扩展博士后资助制度的公平性与补偿性功能。

基于上述分析,我国博士后资助制度应该朝着更加多元化、个性化方向发展,特别是以项目驱动为抓手,支持弱势群体的职业认同与成长。一方面,增加边缘化群体研究资助项目,支持他们可以平等地获得职业成功的机会。譬如,美国博士后协会所实施的 IMPACT 计划(见图 6-6),增加了边缘化的早期博士后群体获得培养技能、项目资助和职业发展机会,使其能够平等享有多样化资源。[②] 除此之外,日本文部省也为重返学术职业的女性博士后提供了单独的资助计划,帮助她们尽快适应学术职业环境的变化。[③] 另一方面,在既有项目资助基础上加强校级与省级层面的博士后项目支持,使科研资助能够在宏观、中观与微观层面尽可能地覆盖全部领域与全部群体,结成广泛多层、横纵交错的博士后科研资助网络,从而不让"一个博士后掉队"。值得注意的是,校级层面对大项目与大平台进行科研资助的同时,也要关注那些个体自由探索的无组织学术创新。因此,本研究期待政府与高校能够看到博士后中代表性不足群体的职业需要。

---

① Woolston C. Pay gap widens between female and male scientists in North America [J]. *Nature*, 2021(7847):677-678.

② NPA. The NPA IMPACT Fellowship Program [EB/OL]. (2022-10-19)[2022-11-26]. https://www.nationalpostdoc.org/page/IMPACTProgram.

③ 谭建川. 日本博士后制度的发展与问题研究[J]. 中国高教研究,2014(01):58—61.

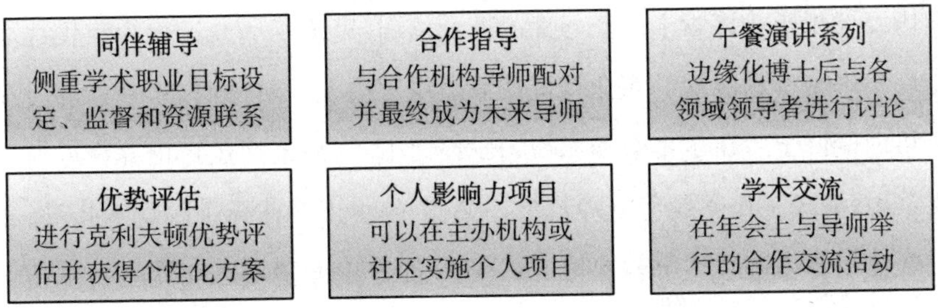

同伴辅导 侧重学术职业目标设定、监督和资源联系	合作指导 与合作机构导师配对并最终成为未来导师	午餐演讲系列 边缘化博士后与各领域领导者进行讨论
优势评估 进行克利夫顿优势评估并获得个性化方案	个人影响力项目 可以在主办机构或社区实施个人项目	学术交流 在年会上与导师举行的合作交流活动

图 6-6　美国博士后协会 IMPACT 计划的六大板块

七、 以职业培训为补充，创新人才培养内容体系

诚如访谈中一位博士后所言，从大学到院系似乎默认博士后会积极从事学术职业，那么对于那些学术失败或者逃离学术职业的博士后，我们的大学又可以做些什么呢？对于弱势、边缘的博士后们，又该如何通过制度重塑他们对学术职业的认同与信心呢？这些问题似乎离我们很近，因为每个人在其人生境遇中都会碰到程度不一的职业问题，但其实又离我们很远，远到当前院系、学科乃至合作导师一定程度忽视了博士后的职业培训，特别是非学术技能的培训供给。从全球学术劳动力市场的变化来看，博士后处于临时流动的周期越来越长，他们需要在多个学术岗位上轮转才能找到相对稳定的教职，那么在此过程中的学术谈判、合同议价甚至是职业转换的技能逐渐成为博士后学术阶梯攀爬中所应必备的知识。由此而言，面对这个不确定性的时代，既需要重新构想博士后经历的可能性，也需要为博士后创造更多拓展职业道路的机会。

以美国博士后协会智慧技能（smart skills）年度课程培训为例[①]，其包含了

[①] NPA. Smart skills [EB/OL]. (2022-10-20) [2022-11-26]. https://www.nationalpostdoc. org/page/SmartSkills.

从简历设计到职业探索十二个方面的职业培训（见图6-7），这也为我国建立与博士后学术工作相匹配的职业培训体系提供了启发。具体而言，一是通过简历设计培训使博士后在学术劳动力市场脱颖而出；二是谈判技巧培养帮助博士后建立共识、解决工作问题与管理危机冲突；三是善用合作导师的学术指导，让博士后个体在流动期间尽可能快速成长；四是职业生涯规划驱动博士后自信驾驭学术职业与人生旅程；五是帮助博士后围绕政府、企业等主体寻找基金资助机会的策略；六是维护博士后与支持性专业网络之间的联系，构建职业成功的网络；七是培养博士后解决共同体内部冲突与危机的协商技能；八是弱势群体发展策略指导，特别是为女性、国际博士后提供信息、资源与共同体支持；九是鼓励博士后面向不确定性进行职业探索；十是学术交流与项目竞争必备的演讲技能；十一是团队建设性沟通与协商策略培训；十二是倡导博士后个体勇敢发声，培养成为相关领域的思想领袖。综合而言，经过更加系统的创新人才培养内容体系培训，博士后的学术职业技能与非学术技能也将会得到进一步提升。

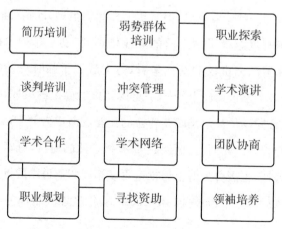

图6-7　美国博士后协会智慧技能课程培训体系

八、 以组织保障为依托，优化学术职业生态环境

本研究从组织、学科、制度等方面针对当前博士后学术职业社会化过程中的认同与行动偏差问题提出了完善建议，但若想零星的制度改革形成整全的系统合力，关键在于强有力的组织领导核心对博士后人才培养与工作管理进行保障。当前，高校博士后事务管理的组织机构大多设置在人事处或人力资源处，较少设置在研究生院。但是，除了部分一流大学外，大多数高校其实并未设置独立的管理机构，而是将博士后事务挂靠在人才办、综合办等第三级管理机构。加之博士后管理本就属于高校行政职能范畴，其关注的是管理效率与人才使用效益，由此导致博士后考核评价管理昌隆而人才培养式微的问题。[①] 除此之外，这些高校的博士后管理制度其实并不健全，也易导致博士后身份定位模糊与质量保障问题，从而恶化博士后学术职业社会化的生态系统。

综上所述，高校需要理顺博士后管理与人力资源之间的内在关系，精准定位其在科技创新战略中的位置，基于博士后规模增长趋势与制度体系发展设置常态化的博士后管理办公室。具体机构职能主要体现在：其一，组建高校博士后管理委员会及其常设办事机构，由学校校长或相关校领导负全责整合人事处、科技处等行政部门与教学研究单位力量，为博士后工作保障提供强大组织基础；其二，科学规划高校博士后队伍建设与管理体系，防止博士后规模招收过度或不及的问题，为学校师资队伍与专职科研队伍建设提供合理的人才储备基础；其三，健全当前博士后人才培养、使用、考核与评价的制度体系，并与学校人

---

① 朱雯，秦炜炜. 美国博士后发展的政策、实践与经验——基于全美博士后协会 2017 年调查报告的
　　分析[J]. 黑龙江高教研究, 2021(12)：67—72.

才引进、教师聘任、年度考核以及绩效奖励等制度进行联动，从而避免身份区隔问题，为博士后学术职业社会化营造良好的制度环境；其四，承接上级政府的博士后政策并指导监督内部博士后科研流动站建设，制定科学合理的工作考评体系，健全"流动站—合作导师—博士后"三位一体的责任体系；其五，整合校内外教育资源，提供博士后常态化、差异化的技能培训，创新博士后人才培养教育体系。整体而言，设置独立管理机构的目的并不在于强化对博士后的日常约束，而是通过组织保障进一步加大对博士后的职业支持，从而在组织、学科与制度等各个层面为其提供具有归属感与认同感的学术创新环境。

第三节　未竟的学术工作：当前研究不足与展望

面对博士后制度这一宏大议题，本研究从认同与行动的侧面揭开了这群边缘研究人员的学术职业状态，不过限于研究问题、方法与能力，在研究深度与理论反思常常力有不逮，未能做到真正的"以小见大"。回顾整个研究设计、调查与论证过程，连接彼时与此时的想法，再对研究过程进行反思，以期找到本研究的不足之处与明确未来持续奋勉的方向。

一、　当前研究的疏漏与不足

一是研究的价值基点应进一步聚焦。本研究仅从制度、组织与学科分析了博士后学术职业认同的影响路径与行动选择，但未深入回应时代变迁背景下的学术职业应该坚守的价值基点，从而无法通过博士后学术职业认同与行动选择这一话题回应更为宏大的价值立场问题。众所周知，韦伯早在 20 世纪初就对学术作为天职进行了振聋发聩的呼喊与反思，这一批判即使放在学术职业专业化、市场化的当下仍然受用。尽管本研究努力刻画了博士后面对制度改革、组织情境与学科变革所遇到的认同与行动困境，但是这些终究是外化于现实的危机，仅是学术职业专业化、市场化的时代缩影，需要进一步揭开这些困境外衣。如若真正深入到博士后个体的学术世界与思想内核，或许会发现，他们在这个时代面临的真正危机并不是制度异化、管理失衡或是市场渗透，而是在学术专业精进的过程中仅关注于越来越小的研究事物，从而在学术规训与职业规范中丧失掉了对于人性乃至意义世界的发掘。[①] 或许，他们的学术职业发展尽头终将会成为相关领域高度专业的学者，但属于博士后所应肩负的时代责任与学术理想会随着学术职业专业化的加快而逐渐消解与退场。综上而言，本研究很遗憾并没有通过数据与访谈对这一隐匿其中的认同困境进行挖掘，导致结论分析缺乏深刻性。

二是研究的方法体系应进一步整合。为了更加全面地呈现高校博士后学术职业认同的现实图景，本研究采取实用主义取向的混合研究方法中的解释性序列设计，也即通过先量化调查、后质性分析的顺序拆解与论证研究问题。在量化研究阶段，本研究仅从现状描述、差异分析与结构方程模型得出了高校博士后学术职业认同的现状与影响路径，并未基于数据进行更多的探索。特别是在进行文献梳理与编制问卷之前未进行预访谈，缺乏与学术职业认同的个体因素分析。在质性研究阶段，为了进一步论证学术职业认同与行动选择的关系，一定程度忽视了与量化研究结论的对话，导致两部分存在连贯问题。此外，研究访谈过程中针对学术职业认同的精神维度很难用具象化的专业问题予以提问，而针对博士后基于日常的经验叙事进行抽象与范畴化阶段，对于研究者而

---

① 马克斯·韦伯. 学术与政治[M]. 钱永祥, 译. 上海: 上海三联书店, 2019: 169—170.

言均是不小的挑战。尽管在研究过程中已经意识到了上述相关问题,但由于混合研究设计对研究者的理论素养与方法思维的能力要求比较高,且两种方法之间的差异较大,本研究在对部分细节的挖掘与相关群体的访谈与调查分析还有待进一步深入与加强。

三是研究的样本选取应进一步科学。由于我国高校博士后主要集聚在"双一流"大学,本研究通过访问高校各院系门户网站搜集博士后邮箱与最大便利抽样的方式最终获取了 1 312 个有效样本。但是这一抽样手段带有很强的随机性与群体偏差,譬如排名越高、科研实力越强的高校对博士后的信息更加公开透明,由此导致主要样本集中在一流大学,而一流学科建设高校与普通高校的实际样本并不多。在学科方面,本研究所调查的学科博士后主要集中理学、工学等领域,尽管符合当前高校博士后学科规模结构特征,但是对于进一步研究人文社会科学博士后的整体状貌与特殊性仍显得代表性不足。在身份类型方面,本研究样本主要集中在科研博士后,而师资博士后与项目博士后等类型也并不多,在量化研究进行论证时要注意可推广性。由于博士后仍属于学术系统的临时与边缘群体,其相关信息是研究者个人能力所无法获取的,由此决定了本研究未能采取更加科学的分层抽样,根据各层次、类型博士后有针对性回收问卷。在质性部分,博士后样本选取类型比较多元,但是没有将地域、性别等个体因素综合考虑,在后续研究与抽样访谈时需要进一步完善。

二、 博士后研究的进一步展望

基于上述研究不足,本研究结合现实问题与自身偏好提出后续研究展望。

第一,博士后作为博士教育与正式教职之间的过渡岗位,其学术职业认同既受到过往经历、个体认知的浸染,也取决于职业发展与工作前景的感召,未来可以从生命历程视角进一步聚焦分析。由于博士后学术职业认同是在与组织、学科、重要个人在互动协商过程中建构的,具有建构性与动态性两个重要特征,由此也决定了认同建构与行动选择在不同阶段或许具有动态差异,可以深入到博士后的具体工作阶段,比较分析不同博士后学术职业认同与行动选择差异背后的真实原因,采用叙事研究或人种志的方法对这一群体内部进行历时性分析,从而更加生动与鲜活地展现处于临时流动群体的学术生活。

　　第二,职业认同是决定身份建构或职业承诺的重要前提,本研究仅仅展现了博士后学术职业认同的基本状态与影响因素,并未就博士后退站、认同冲突或者放弃学术职业等问题进行深入分析。这些问题的探究是否也能通过"制度—组织—学科"的分析框架得出结论,是否可以沿着"宏观—微观"视角与"群体认同—角色认同—个体认同"逻辑的整体脉络进行梳理,仍有待后续研究验证。除了上述问题外,譬如工程学科博士后学术职业认同更低是否与实验室管理、学术资本主义之间具有结构关系,师资博士后学术职业认同建构过程与其他博士后是否趋同,这些问题均有赖后续研究的深入,以期与国际理论观点对话。

　　第三,当前高校博士后被视为"师资储备池",其工作主要包含学术研究与社会服务,较少参与教学、行政等事务。那么,高校博士后组织服务工作与学科工作往往是一体的,由此导致学科认同与组织认同之间具有模糊性。尽管当前诸多研究表明了组织与学科分别对学术职业认同产生了影响,但是研究者认为二者之间的重叠与边界仍有待深入分析。除此之外,本研究缺乏博士后教学工作的讨论,未来可以进一步分析这类临时的教学、科研活动如何塑造其合法性/规划性认同,又或者如何通过学术职业认同实现自我价值与公共利益等问题。

参考文献

［1］埃里克·H·埃里克森.同一性:青少年认同机制[M].孙明之,译.北京:中央编译出版社,2018.

［2］埃米尔·涂尔干.社会分工论[M].渠东,译.北京:生活·读书·新知三联书店,2013.

［3］安德鲁·阿伯特.职业系统:论专业技能的劳动分工[M].李荣山,译.北京:商务印书馆,2016.

［4］安东尼·吉登斯.现代性与自我认同:晚期现代中的自我与社会[M].夏璐,译.北京:中国人民大学出版社,2016.

［5］本报评论员.充分发挥新型举国体制优势[N].科技日报,2022-11-02(001).

［6］伯顿·克拉克.高等教育系统:学术组织的跨国研究[M].王承绪,等,译.杭州:杭州大学出版社,1994.

［7］布莱登·坎特维尔,伊尔·科皮伦.全球化时代的学术资本主义[M].殷朝晖,译.北京:中国社会科学出版社,2018.

［8］布鲁贝克.高等教育哲学[M].郑继伟,等,译.杭州:浙江教育出版社,1987.

［9］C.P.斯诺.两种文化[M].纪树立,译.北京:生活·读书·新知三联书店,1994.

［10］蔡曙山.论技术行为、科学理性与人文精神——哈贝马斯的意识形态理论批判[J].中国社会科学,2002(02):77-86+206-207.

［11］曹凯,宿芬,孟祥利,李兰欣.试论博士后开展独立科学研究的能力和在科研工作中的定位[J].中国科学基金,2012(01):17-21.

［12］查尔斯·泰勒.自我的根源:现代认同的形成[M].韩震,译.南京:译林出版社,2008.

［13］陈佳蕊,李朝兴,李金惠.科研院所博士后科研工作站的发展对策——以广东省科学院为例[J].科技创新发展战略研究,2022(05):10-16.

［14］陈捷,肖小溪.美国科赫研究所开展融合科学的实践与启示[J].中国科学院院刊,2020(01):27-33.

［15］陈玥,张峰铭.导师支持、工作满意度与博士后职业前景——基于Nature2020全球博士后调查数据的中介效应分析[J].中国高教研究,2022(08):90-96.

［16］道格拉斯·C.诺思.经济史中的结构与变迁[M].杭行,译.上海:

上海人民出版社,1994.

[17] 道格拉斯·C.诺思. 制度、制度变迁与经济绩效[M]. 杭行,译. 上海:格致出版社,2014.

[18] 樊春良.科技举国体制的历史演变与未来发展趋势[J]. 国家治理,2020(02):23-28.

[19] 范内瓦·布什,拉什·D.霍尔特. 科学:无尽的前沿[M]. 崔传刚,译. 北京:中信出版社,2021.

[20] 费希特. 论学者的使命、人的使命[M]. 梁志学,沈真,译. 北京:商务印书馆,1984.

[21] 冯支越. 中国博士后制度改革创新的实证研究[M]. 北京:北京大学出版社,2013.

[22] 弗朗西斯·福山. 历史的终结与最后的人[M]. 陈高华,译. 桂林:广西师范大学出版社,2014.

[23] 弗洛伊德. 精神分析引论新编[M]. 高觉敷,译. 北京:商务印书馆.1987.

[24] 高建东. 培养抑或用工:我国高校博士后制度的现实与反思[J]. 河北师范大学学报(教育科学版),2020(04):109-117.

[25] 高进. 高校科研团队中博士后群体心理冲突与协调[J]. 教育与现代化,2010(04):67-71.

[26] 高阳. 科技强国梦,乘风破浪时[N]. 中国组织人事报,2021-11-10(001).

[27] 葛剑雄. 人文学科的"科学"与"人文"[J]. 文史哲,2021(03):184-187+255.

[28] 顾建民. 学科差异与学术评价[J]. 高等教育研究,2006(02):42-46.

[29] 郭丽君,等. 地方高校教师教学发展支持研究[M]. 北京:经济管理出版社,2020.

[30] 郭丽君,蒋贵友. 高校教学同行评议的制度化困境研究——新制度主义视角的分析[J]. 湖南师范大学教育科学学报,2019(03):100-104.

[31] 郭丽君,蒋贵友. 合法性机制视角下的我国院校研究动因分析[J]. 高教探索,2018(05):5-9.

[32] 郭瑞迎,牛梦虎. 西方博士后职业发展的境遇与启示[J]. 中国高教研究,2018(08):94-99.

[33] 国务院办公厅. 关于改革完善博士后制度的意见[EB/OL]. (2015-11-30)[2022-09-26]. http://www.gov.cn/zhengce/content/2015-12/03/content_10380.htm.

[34] 哈贝马斯. 合法化危机[M]. 刘北成,曹卫东,译. 上海:上海人民出版社,2000.

[35] 哈里特·朱克曼. 科学界的精英[M]. 周叶谦,冯世则,译. 北京:商务印书馆,1979.

[36] 汉娜·阿伦特. 人的境况[M]. 王寅丽,译. 上海:上海人民出版社,2017.

[37] 汉斯·约阿斯,沃尔夫冈·克诺伯. 社会理论二十讲[M]. 郑作彧,译. 上海:上海人民出版社,2021.

[38] 胡钦晓. 大学多样资本:基本类型、相互转换及意义[J]. 南京师大学报(社会科学版),2018(05):14-23.

[39] 黄文武. 大学教师"非升即走"制度安排的利弊分析[J]. 江苏高教,2020(06):89-96.

[40] 黄亚婷. 聘任制改革背景下我国大学教师的学术身份建构:两所研究型大学的个案研究[M]. 杭州:浙江大学出版社,2019.

［41］黄瑶,马永红,王铭.知识生产模式Ⅲ促进超学科快速发展的特征研究［J］.清华大学教育研究,2016(06):37-45.

［42］黄永春,邹晨,叶子.长三角人才集聚的非均衡格局与一体化协同发展机制［J］.江海学刊,2021(02):240-248+255.

［43］蒋芳.博士后变"博士候",根在"破五唯"不到位［N］.新华每日电讯,2022-02-23(007).

［44］蒋贵友,郭志懋.博士后工作满意度及其影响因素的实证分析:基于《自然》全球博士后的调查数据［J］.科技管理研究,2022(12):117-124.

［45］蒋贵友,荀渊.突破身份藩篱:高校博士后制度的变迁演化与路径创新［J］.研究生教育研究,2024(03):54-61.

［46］蒋贵友.全球博士后学术发展困境的现实表征与生成机理［J］.比较教育研究,2022(03):69-77.

［47］蒋贵友.数字时代文科知识生产的运行机制——基于全球26个高校计算社会科学实验室的分析［J］.比较教育研究,2023(01):44-53.

［48］蒋贵友.一流大学规划中的社会参与治理及其现实困境［J］.中国高校科技,2021(10):21-26.

［49］蒋建国.网络族群:自我认同、身份区隔与亚文化传播［J］.南京社会科学,2013(02):97-103.

［50］教育部.关于加强高校有组织科研,推动高水平自立自强的若干意见［EB/OL］.(2022-08-29)［2022-09-27］.http://moe.gov.cn/jyb_xwfb/gzdt_gzdt/s5987/202208/t20220829_656091.html.

［51］杰罗姆·凯根.三种文化:21世纪的自然科学、社会科学和人文学科［M］.王加丰,宋严萍,译.上海:格致出版社,2011.

［52］金·S.卡梅隆,罗伯特·E.奎因.组织文化诊断与变革［M］.谢晓龙,译.北京:中国人民大学出版社,2006.

［53］金明珠,樊富珉.高校新教师的职业适应与职业认同研究［J］.清华大学教育研究,2017(03):113-117.

［54］凯瑟琳·马歇尔,格雷琴·B.罗斯曼.设计质性研究:有效研究计划的全程指导(第5版)［M］.何江穗,译,重庆:重庆大学出版社,2015.

［55］克雷斯尔.定性、定量与混合研究的路径［M］.崔延强,译.重庆:重庆大学出版社,2007.

［56］李春玲.当代中国社会的声望分层——职业声望与社会经济地位指数测量［J］.社会学研究,2005(02):74-102+244.

［57］李福华,姚云,吴敏.中美博士后教育发展的比较与启示——基于北京大学和哈佛大学的调查［J］.教育研究,2014(12):143-148.

［58］李福华.从单位制到项目制:我国高等教育重点建设的战略转型［J］.高等教育研究,2014(02):33-40.

［59］李晶,李嘉慧."双一流"建设下的师资博士后:"青椒生力军"还是"学术临时工"［J］.教育发展研究,2019(23):42-48.

［60］李兰芬.国家认同视域下的公民道德建设［J］.中国社会科学,2014(12):4 - 21 + 205.

［61］李琳琳.时不我待:中国大学教师学术工作的时间观研究［J］.北京大学教育评论, 2017(01):107 - 119 + 190.

［62］李路路,李汉林.中国的单位组织:资源、权力与交换(修订版)［M］.北京:生活·读 书·新知三联书店,2019.

［63］李培楠,包为民,姚伟.工程科学发展战略问题与机制完善［J］.中国科学院院刊, 2022(03):317 - 325.

［64］李强.当代中国社会分层［M］.北京:生活·读书·新知三联书店,2019.

［65］李正,吴钰滢,焦磊.我国博士后人才培养政策的变迁逻辑及其展望——基于历史 制度主义的视角［J］.研究生教育研究,2021(04):78 - 84.

［66］李志峰,高慧.后学院科学时代大学科学研究的政策选择［J］.中国高教研究,2014 (08):61 - 66.

［67］栗晓红.国家权力、符号资本与中国高等教育的等级性和同质性——以新中国成立 后的三次重点高校政策为例［J］.北京大学教育评论,2018(02):134 - 150 + 190 - 191.

［68］连宏萍,王梦雨,郭文馨.博士后如何选择职业?——基于扎根理论的北京社科博 士后择业影响机制探究［J］.东岳论丛,2021(04):36 - 45.

［69］廉思.工蜂:大学青年教师生存实录［M］.北京:中信出版社,2012.

［70］梁会青,李佳丽.组织系统对博士后学术职业认同的影响研究——基于 Nature 2020 年全球博士后调查的实证分析［J］.江苏高教,2022(02):82 - 92.

［71］林小英,薛颖.大学人事制度改革的宏观逻辑和教师学术工作的微观行动:审计文 化与学术文化的较量［J］.华东师范大学学报(教育科学版),2020(04):40 - 61.

［72］刘宝存,袁利平.博士后制度的国际比较［M］.北京:党建读物出版社,2016.

［73］刘博超.“有组织科研”对高校意味着什么［N］.光明日报,2022 - 09 - 20(014).

［74］刘海涛.高等学校跨学科专业设置:逻辑、困境与对策［J］.江苏高教,2018(02): 6 - 11.

［75］刘径言.学校文化的测量与诊断——优质学校比较的视角［J］.教育科学,2013 (04):35 - 39.

［76］刘琳.大学教师“近亲繁殖”会抑制学术生产力吗——以东西部两所“双一流”建设 高校 H 学科为例［J］.中国高教研究,2019(12):76 - 83.

［77］刘瑜.可能性的艺术:比较政治学 30 讲［M］.桂林:广西师范大学出版社,2022.

［78］卢盈.学术系统的“差序格局”及其治理［J］.江苏高教,2022(02):13 - 20.

［79］马克斯·韦伯,等.科学作为天职:韦伯与我们时代的命运［M］.李康,译.李猛,编. 北京:生活·读书·新知三联书店,2018.

［80］马克斯·韦伯.经济与社会(第 1 卷)［M］.阎克文,译.上海:上海人民出版社, 2010.

［81］马克斯·韦伯.马克斯·韦伯全集(第 17 卷)以学术为业:1917、1919 以政治为业: 1919 ［M］.吕叔君,译.北京:人民出版社,2021.

［82］马克斯·韦伯. 学术与政治［M］. 钱永祥，等，译. 上海：上海三联书店，2019.

［83］迈克尔·A·豪格，多米尼克·阿布拉姆斯. 社会认同过程［M］. 高明华，译. 北京：中国人民大学出版社，2011.

［84］曼纽尔·卡斯特. 认同的力量［M］. 夏铸九，等，译. 北京：社会科学文献出版社，2003.

［85］曼瑟尔·奥尔森. 集体行动的逻辑［M］. 陈郁，等，译. 上海：上海人民出版社，2014.

［86］梅拉尼·莫特纳，等. 质性研究的伦理［M］. 丁三东，王岫庐，译. 重庆：重庆大学出版社，2008.

［87］孟祥夫. 完善博士后制度，培养更多高水平人才［N］. 人民日报，2015 - 12 - 04（012）.

［88］米歇尔·福柯. 规训与惩罚［M］. 刘北成，杨远婴，译. 北京：生活·读书·新知三联书店，2012.

［89］苗大雷，王修晓. 项目制替代单位制了吗？——当代中国国家治理体制的比较研究［J］. 社会学评论，2021（04）：5 - 25.

［90］穆荣平，廖原，池康伟. 杰出科学家成长规律研究——以诺贝尔科学奖得主和中国科学院院士为例［J］. 科研管理，2022（10）：160 - 171.

［91］牛风蕊，张紫薇. 中国博士后制度演进中的路径依赖及其突破——基于新制度经济学理论的分析视角［J］. 高校教育管理，2018（01）：20 - 26.

［92］欧文·戈夫曼. 日常生活中的自我呈现［M］. 黄爱华，冯钢，译. 杭州：浙江人民出版社，1989.

［93］潘玥斐. "三大体系"建设引领哲学社会科学迈向未来［N］. 中国社会科学报，2019 - 02 - 22（001）.

［94］皮埃尔·布尔迪厄. 国家精英：名牌大学与群体精神［M］. 杨亚平，译. 北京：商务印书馆，2018.

［95］齐格蒙特·鲍曼，蒂姆·梅. 社会学之思（第 3 版）［M］. 李康，译. 上海：上海文艺出版社，2020：18 - 21.

［96］乔治·赫伯特·米德. 心灵、自我和社会［M］. 霍桂桓，译. 南京：译林出版社，2014.

［97］邱玥. 中国博士后制度 30 年，谱写人才强国新篇章［N］. 光明日报，2015 - 12 - 04（006）.

［98］人社部留学人员与专家服务中心. 各年度博士后研究人员进站人数统计［EB/OL］.（2020 - 09 - 10）［2022 - 05 - 26］. https://www. chinapostdoctor. org. cn/website/showinfo_tjfb. html? infoid = c47ccd64-4de3-4f2f-92fb-f05b1b223bd5.

［99］R. K. 默顿. 科学社会学（下册）［M］. 鲁旭东，林聚任，译. 北京：商务印书馆，2013.

［100］任可欣，余秀兰. 生存抑或发展：高校评聘制度改革背景下青年教师的学术行动选择［J］. 中国青年研究，2021（08）：58 - 66 + 102.

［101］沈文钦，谢心怡，郭二榕. 学术劳动力市场变革及其对博士生教育的影响［J］. 教育研究，2022（05）：70 - 82.

[102] 沈文钦,许丹东.优秀的冒险者:中国博士后的职业选择与职业路径分析[J].中国高教研究,2021(05):70-78.

[103] 斯蒂芬·J.鲍尔.教育改革:批判和后结构主义的视角[M].侯定凯,译.上海:华东师范大学出版社,2002.

[104] 斯图亚特·霍尔,保罗·杜盖伊.文化身份问题研究[M].庞璃,译.开封:河南大学出版社,2010.

[105] 宋怡明.被统治的艺术[M].钟逸明,译.北京:中国华侨出版社,2019.

[106] 塔尔科特·帕森斯.社会行动的结构[M].张明德,等,译.南京:译林出版社,2008.

[107] 谭建川.日本博士后制度的发展与问题研究[J].中国高教研究,2014(01):58-61.

[108] 唐纳德·肯尼迪.学术责任[M].阎凤桥,等,译.北京:新华出版社,2002.

[109] 田延辉.第四轮学科评估的思考[N].光明日报,2016-11-22(014).

[110] 托马斯·库恩.科学革命的结构[M].金吾伦,胡新和,译.北京:北京大学出版社,2003.

[111] 托尼·比彻,保罗·特罗勒尔.学术部落及其领地:当代学术界生态揭秘(第二版)[M].唐跃勤,等,译.北京:北京大学出版社,2015.

[112] W.理查德·斯科特.制度与组织:思想观念、利益偏好与身份认同(第4版)[M].姚伟,译.北京:中国人民大学出版社,2020.

[113] 万力维.大学学科等级制度的建构逻辑[J].高等教育研究,2006(06):40-45.

[114] 汪传艳,任超.我国博士后人才培养:问题与展望[J].科技管理研究,2016(16):144-149.

[115] 王春燕.加快构建中国特色哲学社会科学"三大体系"[N].中国社会科学报,2019-05-09(001).

[116] 王建民.中国博士后制度的现状与创新[J].高等教育研究,2001(03):20-24.

[117] 王莉红,魏农建,许彦妮.竞争导向与组织创造力的曲线关系——有机结构与适应性文化的权变视角[J].科学学与科学技术管理,2016(08):126-137.

[118] 王青,庞海芍.情感文明:"非升即走"制度下高校青年教师的叙事探究[J].当代青年研究,2022(05):92-99.

[119] 王水雄."非升即走"凭什么有效——兼与张维迎教授的博弈框架商榷[J].探索与争鸣,2021(09):89-99+178-179.

[120] 王思懿.科研主力军还是学术临时工:瑞士博士后多重角色冲突与发展困境[J].比较教育研究,2022(02):33-41.

[121] 王向军.新型举国体制的核心优势与时代意义[J].人民论坛,2021(27):65-67.

[122] 王修来.中国博士后发展报告(2019)[M].南京:江苏人民出版社,2020.

[123] 威廉·克拉克.象牙塔的变迁:学术卡里斯玛与研究性大学的起源[M].徐震宇,译.北京:商务印书馆,2013.

[124] 温才妃.博士后扩招,"想说爱你不容易"[N].中国科学报,2020-04-21(005).

[125] 文兵.劳动与工作,可以是"政治的"吗?——阿伦特《人的境况》批判解读[J].教

学与研究,2017(06):93-97.

[126] 吴国盛.科学精神的起源[J].科学与社会,2011(01):94-103.

[127] 吴叶柳.打造博士后成才"助推器"[N].中国组织人事报,2018-07-11(003).

[128] 武宝瑞.新文科建设需要解决好的三个前置性问题[J].上海交通大学学报(哲学社会科学版),2020(02):9-12.

[129] 项飙.全球"猎身":世界信息产业和印度的技术劳工[M].王迪,译.北京:北京大学出版社,2012.

[130] 肖灿.导师支持对博士后学术职业选择的影响研究——基于2020年Nature全球博士后调查的实证分析[J].高教探索,2021(11):51-59.

[131] 熊丙奇.如何解读博士后扩容[N].光明日报,2020-05-19(011).

[132] 熊华军,丁艳.中世纪大学学术职业的变化[J].大学教育科学,2011(02):69-74.

[133] 熊进,林陈原野.高等教育项目运作的制度化:多重逻辑的诠释[J].江苏高教,2021(12):32-39.

[134] 徐东波.论博士后角色冲突:理论·诱因·调适[J].中国科技论坛,2019(11):164-171.

[135] 徐示波,贾敬敦,仲伟俊.国家战略科技力量体系化研究[J].中国科技论坛,2022(03):1-8.

[136] 许士荣.我国高校师资博士后政策的十年回顾与展望[J].高校教育管理,2015(04):120-124.

[137] 许士荣.新时期我国省级博士后政策改革的特点与趋势[J].中国高等教育,2021(19):56-58.

[138] 许士荣.中国博士后政策分析[M].杭州:浙江大学出版社,2016.

[139] 荀渊,刘信阳.从高度集中到放管结合:高等教育变革之路[M].上海:华东师范大学出版社,2018.

[140] 荀渊.关于柏林大学创建与洪堡教育观念的历史叙事[J].华东师范大学学报(教育科学版),2021(07):62-71.

[141] 阎光才,闵韡.高校教师的职业压力、倦怠与学术热情[J].高等教育研究,2020(09):65-76.

[142] 阎光才.高校教师聘任制度改革的轨迹、问题与未来去向[J].中国高教研究,2019(10):1-9+19.

[143] 阎光才.学术等级系统与锦标赛制[J].北京大学教育评论,2012(03):8-23+187.

[144] 阎云翔.中国社会的个体化[M].陆洋,等,译.上海:上海译文出版社,2012.

[145] 颜玉凡,叶南客.认同与参与——城市居民的社区公共文化生活逻辑研究[J].社会学研究,2019(02):147-170+245.

[146] 晏成步.大学教师学术职业转型:基于知识资本的审视[J].教育研究,2018(05):148-153.

[147] 姚建华,苏熠慧.回归劳动:全球经济中不稳定的劳工[M].北京:社会科学文献出版社,2019.

[148] 姚云,曹昭乐,唐艺卿.中国博士后制度 30 年发展与未来改革[J].教育研究,2017 (09):76－82.

[149] 姚云.美国博士后制度的特点及其启示[J].教育研究,2009(12):85－90.

[150] 尤尔根·哈贝马斯.交往行为理论(第 1 卷)[M].曹卫东,译.上海:上海人民出版 社,2018.

[151] 郁振华.人类知识的默会维度[M].北京:北京大学出版社,2012.

[152] 袁婧,徐书婕.高校博士后制度与专职科研队伍一体化建设探析[J].四川劳动保 障,2021(07):36－37.

[153] 苑津山,林传舜.学科评估中的非预期效应及其规避——基于项目制视角的分析 [J].教育发展研究,2022(05):22－29.

[154] 约翰·斯道雷.文化理论与大众文化导论(第七版)[M].常江,译.北京:北京大学 出版社,2019.

[155] 约瑟夫·本-戴维.科学家在社会中的角色[M].刘晓,译.北京:生活·读书·新 知三联书店,2020.

[156] 张洪.灵活雇佣与学术资本主义——在美中国高技术移民的依附性困境研究[J]. 社会学研究,2019(06):41－64＋243.

[157] 张静一,刘梦.凝聚、吸引、培养——论国家重点实验室人才培养[J].科研管理, 2020(07):271－274.

[158] 张应强,张浩正.人类市场化治理到准市场化治理:我国高等教育治理变革的方向 [J].高等教育研究,2018(06):3－19.

[159] 张英丽,沈红.学术职业:概念界定中的困境[J].江苏高教,2007(05):26－28.

[160] 张永宏.组织社会学的新制度主义学派[M].上海:上海人民出版社,2007.

[161] 章熙春,莫秋平,朱绍棠.基于注意力分配视角的科研人员行为选择研究[J].华南 理工大学学报(社会科学版),2022(03):74－83.

[162] 赵兵.我国累计招收博士后二十八万余人[N].人民日报,2021－12－19(001).

[163] 赵慧,吴立保.资金支持如何影响博士后的学术职业发展——基于 Nature 全球博 士后调查数据的实证分析[J].研究生教育研究,2022(03):8－16.

[164] 郑飞.学术为业何以可能——论韦伯对现代学术体系的反思[J].学术研究,2021 (03):22－27＋177.

[165] 中国博士后科学基金会.制度成效[EB/OL].(2022－9－12)[2022－9－15]. https://www.chinapostdoctor.org.cn/website/showtop_zgbshzd.html?categoryid= 47b71e2a-004e-4d2f-8603-227e8361b10b.

[166] 周黎安.转型中的地方政府:官员激励与治理[M].上海:格致出版社,2008.

[167] 周雪光.从"官吏分途"到"层级分流":帝国逻辑下的中国官僚人事制度[J].社会, 2016(01):1－33.

[168] 周雪光.从"黄宗羲定律"到帝国的逻辑:中国国家治理逻辑的历史线索[J].开放 时代,2014(04):108－132＋7－8.

[169] 周雪光.中国国家治理的制度逻辑[M].北京:生活·读书·新知三联书店,2017.

[170] 周雪光.组织社会学十讲[M].北京:社会科学文献出版社,2003.

[171] 周亚越. 行政问责制研究[M]. 北京:中国检察出版社,2006.

[172] 朱丽叶·M. 科宾,安塞尔姆·L. 施特劳斯. 质性研究的基础:形成扎根理论的程序与方法[M]. 朱光明,译,重庆:重庆大学出版社,2015.

[173] 朱雯,秦炜炜. 美国博士后发展的政策、实践与经验——基于全美博士后协会 2017 年调查报告的分析[J]. 黑龙江高教研究,2021(12):67-72.

[174] 朱玉成. 高校教师非升即走的制度误用及纠偏[J]. 中国高教研究,2021(12):64-69.

[175] 庄子健,潘晨光. 中国博士后:1985-2005 [M]. 北京:经济管理出版社,2006.

[176] Altbach P G. Patterns in higher education development: Toward the year 2000 [J]. *The Review of Higher Education*, 1991(3):293-315.

[177] Ålund M, Emery N, Jarrett B J M, et al. Academic ecosystems must evolve to support a sustainable postdoc workforce [J]. *Nature Ecology & Evolution*, 2020 (6):777-781.

[178] Andalib M A, Ghaffarzadegan N, Larson R C. The postdoc queue: A labour force in waiting [J]. *Systems Research and Behavioral Science*, 2018(6):675-686.

[179] Arthur M B, Khapova S N, Wilderom C P M. Career success in a boundaryless career world [J]. *Journal of Organizational Behavior: The International Journal of Industrial, Occupational and Organizational Psychology and Behavior*, 2005(2):177-202.

[180] Baumrind D. New directions in socialization research [J]. *American Psychologist*, 1980(7):639.

[181] Brosi P, Welpe I M. Employer branding for Universities: what attracts international postdocs? [J]. *Journal of Business Economics*, 2015(7):817-850.

[182] Camacho S, Rhoads R A. Breaking the silence: The unionization of postdoctoral workers at the University of California [J]. *The Journal of Higher Education*, 2015(2):295-325.

[183] Cantwell B, Lee J. Unseen workers in the academic factory: Perceptions of neoracism among international postdocs in the United States and the United Kingdom [J]. *Harvard Educational Review*, 2010(4):490-517.

[184] Cantwell B, Taylor B J. Rise of the science and engineering postdoctorate and the restructuring of academic research [J]. *The Journal of Higher Education*, 2015 (5):667-696.

[185] Cantwell B. Academic in-sourcing: International postdoctoral employment and new modes of academic production [J]. *Journal of Higher Education Policy and Management*, 2011(2):101-114.

[186] Castells M. Globalisation, identity and the state [J]. *Social Dynamics*, 2000(1):5-17.

[187] Clark, Burton R. *The Academic profession: national, disciplinary, and institutional settings* [M]. University of California Press, 1987.

[188] Cliff T. Institutional Articulation: Governance Between Family and State in Rural China [J]. *American Behavioral Scientist*, 2022(2):197 – 212.

[189] Davis, G. F, et al. *Social movements and organization theory* [M]. Cambridge: Cambridge University Press, 2005.

[190] DiMaggio P J, Powell W W. The iron cage revisited: Institutional isomorphism and collective rationality in organizational fields [J]. *American sociological review*, 1983(3):147 – 160.

[191] Dorenkamp I, Weiß E E. What makes them leave? A path model of postdocs' intentions to leave academia [J]. *Higher Education*, 2018(5):747 – 767.

[192] Drury J. The role of social identity processes in mass emergency behaviour: An integrative review [J]. *European Review of Social Psychology*, 2018 (1): 38 – 81.

[193] Elvidge L, Spencely C, Williams E. *What Every Postdoc Needs to Know* [M]. Singapore: World Scientific Publishing Company, 2017.

[194] Ferguson K, Huang B, Beckman L, et al. National Postdoctoral Association institutional policy report 2014 [R]. Rockville: National Postdoctoral Association, 2014:77.

[195] Fontana M, Iori M, Sciabolazza V L, et al. The interdisciplinarity dilemma: public versus private interests [J]. *Research Policy*, 2022(7):104553.

[196] Glaser B G, Strauss A L. *The Discovery of Grounded Theory: Strategies for Qualitative Research* [M]. New York: Routledge, 2017.

[197] Glaser B G. Variations in the Importance of Recognition in Scientists' Careers [J]. *Social Problems*, 1963(3):268 – 276.

[198] Gloria C T, Steinhardt M A. The direct and mediating roles of positive emotions on work engagement among postdoctoral fellows [J]. *Studies in Higher Education*, 2017(12):2216 – 2228.

[199] Hayter C S, Nelson A J, Zayed S, et al. Conceptualizing academic entrepreneurship ecosystems: A review, analysis and extension of the literature [J]. *The Journal of Technology Transfer*, 2018(4):1039 – 1082.

[200] Hogg M A, Terry D J. *Social Identity Processes in Organizational contexts* [M]. London: Psychology Press, 2014:89.

[201] Israel M, Hay I. *Research Ethics for Social Scientists* [M]. New York: Sage, 2006.

[202] Jaeger A J, Mitchall A, O'Meara K A, et al. Push and pull: The influence of race/ethnicity on agency in doctoral student career advancement [J]. *Journal of Diversity in Higher Education*, 2017(3):232.

[203] Jaeger, A. J., Dinin, A. J. *The Postdoc Landscape: The Invisible Scholars* [M]. London: Academic Press, 2017.

[204] Johnson D R. The boundary work of commercialists in academe: Implications for

postdoctoral training [J]. *The Journal of Higher Education*, 2018(4):503 - 526.

[205] Jones S R, Torres V, Arminio J. *Negotiating the Complexities of Qualitative Research in Higher Education: Fundamental Elements and Issues* [M]. New York: Routledge, 2013.

[206] Kaplan S. A model of person-environment compatibility [J]. *Environment and Behavior*, 1983(3):311 - 332.

[207] Keeling M J, Danon L, Vernon M C, et al. Individual identity and movement networks for disease metapopulations [J]. *Proceedings of the National Academy of Sciences*, 2010(19):8866 - 8870.

[208] Lodish H F. Accommodating family life: mentoring future female faculty members [J]. *Trends in Cell Biology*, 2015(3):109 - 111.

[209] Lörz M, Mühleck K. Gender differences in higher education from a life course perspective: transitions and social inequality between enrolment and first post-doc position [J]. *Higher Education*, 2019(3):381 - 402.

[210] Macfarlane B. The neoliberal academic: Illustrating shifting academic norms in an age of hyper-performativity [J]. *Educational Philosophy and Theory*, 2021(5): 459 - 468.

[211] Mcalpine L, Emmiolu E. Navigating careers: Perceptions of sciences doctoral students, post-PhD researchers and pretenure academics [J]. *Studies in Higher Education*, 2014(10):1 - 16.

[212] Merton R K. *Social Theory and Social Structure* [M]. New York: Free Press, 1968.

[213] Miller S E. A conceptual framework for the professional socialization of social workers [J]. *Journal of Human Behavior in the Social Environment*, 2010(7): 924 - 938.

[214] Myer R A, Moore H B. Crisis in context theory: An ecological model [J]. *Journal of Counseling & Development*, 2006(2):139 - 147.

[215] NPA. Smart skills [EB/OL]. (2022 - 10 - 20) [2022 - 11 - 26]. https://www.nationalpostdoc.org/page/SmartSkills.

[216] NPA. The NPA IMPACT Fellowship Program [EB/OL]. (2022 - 10 - 19) [2022 - 11 - 26]. https://www.nationalpostdoc.org/page/IMPACTProgram.

[217] Parsons T E, Shils E A. *Toward a General Theory of Action* [M]. Cambridge: Harvard University Press, 1951.

[218] Renn R W, Vandenberg R J. The critical psychological states: An underrepresented component in job characteristics model research [J]. *Journal of Management*, 1995 (2):279 - 303.

[219] Saltmarsh S, Swirski T. 'Pawns and prawns': international academics' observations on their transition to working in an Australian university [J]. *Journal of Higher Education Policy and Management*, 2010(3):291 - 301.

[220] Sandel M J. *Democracy's Discontent: America in Search of a Public Philosophy* [M]. Boston: Harvard university press, 1998.

[221] Sautier M. Move or perish? Sticky mobilities in the Swiss academic context [J]. *Higher Education*, 2021(4):799 - 822.

[222] Standing G. Labour market policies, poverty and insecurity [J]. *International Journal of Social Welfare*, 2011(3):260 - 269.

[223] Stokes D E. *Pasteur's Quadrant: Basic Science and Technological Innovation* [M]. Washington: Brookings Institution Press, 2011:90 - 92.

[224] Stokes D E. *Pasteur's Quadrant: Basic Science and Technological Innovation* [M]. Washington: Brookings Institution Press, 2011.

[225] Strang D, Soule S A. Diffusion in organizations and social movements: From hybrid corn to poison pills [J]. *Annual Review of Sociology*, 1998 (24): 265 - 290.

[226] Stryker S. Identity theory and personality theory: Mutual relevance [J]. *Journal of Personality*, 2007(6):1083 - 1102.

[227] Su X. The impacts of postdoctoral training on scientists' academic employment [J]. *The Journal of Higher Education*, 2013(2):239 - 265.

[228] Taylor, C. *Sources of the Self: The Making of the Modern Identity* [M]. Harvard University Press, 1989.

[229] Thibaut J W, Kelley H H. *The Social Psychology of Groups* [M]. London: Routledge, 2017:109.

[230] Tucker K. Unraveling coloniality in international relations: Knowledge, relationality, and strategies for engagement [J]. *International Political Sociology*, 2018 (3): 215 - 232.

[231] Vekkaila J, Virtanen V, Taina J, et al. The function of social support in engaging and disengaging experiences among post PhD researchers in STEM disciplines [J]. *Studies in Higher Education*, 2018(8):1439 - 1453.

[232] Walder A G. *Communist Neo-traditionalism: Work and Authority in Chinese Industry* [M]. Berkeley: Univ of California Press, 1986.

[233] Watson T J. Managing identity: Identity work, personal predicaments and structural circumstances [J]. *Organization*, 2008(1):121 - 143.

[234] Watts D J. Common sense and sociological explanations [J]. *American Journal of Sociology*, 2014(2):313 - 351.

[235] Weidman J C, Stein E L. Socialization of doctoral students to academic norms [J]. *Research in higher education*, 2003(6):641 - 656.

[236] Weidman J C, Twale D J, Stein E L. *Socialization of Graduate and Professional Students in Higher Education: A Perilous Passage?* [M]. San Francisco: Jossey-Bass, 2001:38.

[237] Woolston C. Pay gap widens between female and male scientists in North America

［J］. *Nature*, 2021(7847):677 - 678.

［238］ Woolston C. Postdoc survey reveals disenchantment with working life ［J］. *Nature*, 2020(7834):505 - 509.

［239］ Woolston C. Stagnating salaries present hurdles to career satisfaction ［EB/OL］. (2021 - 11 - 16)［2022 - 9 - 15］. https://www.nature.com/articles/d41586-021-03041-0.

［240］ Woolston C. Why a postdoc might not advance your career ［J］. *Nature*, 2019 (7737):125 - 127.

［241］ Yang G Q. China needs better postdoctoral policy ［J］. *Science*, 2021(6534): 1116.

［242］ Young, R.A., Domene, J.F., & Valach, L. *Counseling and Action: Toward Life-enhancing Work, Relationships, and Identity* ［M］. New York: Springer, 2014.

［243］ Zajda, J. *Globalisation, Ideology and Neo-liberal Higher Education Reforms* ［M］. Dordrecht: Springer, 2020.

［244］ Zhang S, Wang Z, Zhao X, et al. Effects of institutional support on innovation and performance: roles of dysfunctional competition ［J］. *Industrial Management & Data Systems*, 2017(1):50 - 67.

高校博士后学术职业认同影响因素调查问卷

尊敬的老师：

您好！十分感谢您参与本次问卷调查。本调查是"高校博士后学术职业认同与行动选择"课题的重要组成部分,旨在了解高校博士后学术职业认同的基本情况及其影响机制。本调查共设 20 道题,所涉题项并无优劣、对错之分,请如实填写即可,所采集数据仅限研究使用并匿名处理,严格遵守法律法规与学术伦理。再次感谢您的支持!

"高校博士后学术职业认同与行动选择"课题组

1. 您所在高校类别:A. 普通高校　B. 一流学科建设高校 C. 一流大学建设高校

2. 您所属学科类别:文、史、哲、艺、教、管、经、法、工、理、农、医、交叉学科

3. 您的性别:A. 男性　B. 女性

4. 您的博士后经历次数:A. 一次　B. 两次

5. 您的博士后身份类别:A. 学术博士后　B. 师资博士后 C. 项目博士后　D. 其他

6. 您的博士后工作年份:A. 第一年　B. 第二年　C. 第三年　D. 第四至六年

7. 您博士毕业院校为:A. 境外高校　B. 境内(含港澳台)

高校

8. 您博士毕业与博士后工作是否为同一院校？ A. 是　 B. 否

9. 您的婚恋状况：A. 已婚已育　 B. 已婚未育　 C. 未婚单身　 D. 未婚非单身

10. 您选择博士后岗位的原因：A. 难以获得合适教职　 B. 内部科研兴趣驱动　 C. 延续学术研究需要　 D. 提升综合竞争实力　 E. 满足重要他人期望　 F. 获得更好职业待遇　 G. 其他_____（请填写）

11. 在站期间，您主持的科研项目数量为：A. 0 项　 B. 1—2 项　 C. 3—4 项　 D. 4 项以上

12. 在站期间，您以第一作者（含导师一作、本人二作）或通讯作者发表_____篇 SCI/EI/ISTP 论文，_____篇 SSCI/AHCI 论文，_____篇 CSSCI（含扩展版）论文，已获得授权专利_____项。

13. 出站以后，您可能会选择进入的就业单位是：A. 高等学府　 B. 科研机构　 C. 企业　 D. 自主创业　 E. 党政机关　 F. 其他事业单位

14. 关于组织保障方面，您是否同意以下说法：

题项	非常不符合	比较不符合	一般	比较符合	非常符合
所在单位对博士后管理制度体系设计比较完善					
所在单位为博士后提供了合理的薪酬待遇标准					
所在单位为博士后提供了良好的生活福利保障					
所在单位为博士后提供了有利的学术工作条件					
所在单位为博士后设计了清晰的晋升发展路径					

15. 关于学科支持方面，您是否同意以下说法：

题项	非常不符合	比较不符合	一般	比较符合	非常符合
学科院系支持博士后独立自主开展学术研究					
学科院系拥有完备的实验设施与工作平台					
学科团队为博士后提供了研究资源与经费支持					
研究团队能够提供良好的工作氛围与合作支持					
合作导师能够给予充分的学术指导与合作机会					
合作导师能够给予人文关怀与心理指导					

16. 关于制度改革方面，您是否同意以下说法：

题项	非常不符合	比较不符合	一般	比较符合	非常符合
博士后制度改革对当前学术身份定位清晰					
博士后制度改革对工作发展前景明确					
博士后制度促进了学术与生活之间的平衡					
博士后制度改革促进了学术独立与学术创新					
我认为自己能胜任制度改革所规定的任务要求					

17. 关于博士后学术职业精神认同的自我评价，您是否同意以下说法：

题项	非常不符合	比较不符合	一般	比较符合	非常符合
我认为自己属于博士后学术群体中的一员					
我了解作为博士后研究人员的学术责任					
我认为有责任与义务进行学术探索与知识服务					
我会履行博士后学术人员的学术责任与职业操守					
我了解所属学科博士后工作的学术使命					
我认为从事博士后工作能够实现我的人生价值					
我会践行学术使命对博士后所提出的要求与规范					

18. 关于博士后学术工作制度认同的自我评价，您是否同意以下说法：

题项	非常不符合	比较不符合	一般	比较符合	非常符合
我了解博士后出站所应达到的业务要求					
我认为目前博士后出站要求是合理的					
我会主动认真按照要求完成出站任务					
我了解博士后在站期间的各项工作内容					
我认为当前各项工作安排能够顺利开展					
我会按时完成博士后工作范畴内各项学术任务					
我了解博士后研究工作的评价标准与考核内容					
我认为学术考核评价机制能促进我的学术工作					

19. 关于博士后学术职业回报认同的自我评价，您是否同意以下说法：

题项	非常不符合	比较不符合	一般	比较符合	非常符合
我认为当前的工资薪酬与福利待遇整体较好					
我会愿意向他人推荐博士后工作					
我了解博士后研究人员所具有的学术声望					
我会很乐意向他人提及我从事博士后学术工作					
我了解博士后研究人员的职业地位					
我认为博士后是学术职业阶梯中重要阶段之一					

20. **非常希望**您可以接受我们关于博士后学术职业主题的研究访谈，您的参与将对此项研究**至关重要**。若您愿意接受访谈，请添加我的微信号。

/ 附录 2 /

高校博士后学术职业认同与行动选择访谈提纲

访谈时间：		编号：		记录员：	
流动经历：		性别：		所在高校：	
所在院系：		年龄：		所属学科：	
在站时间：		开始时间：		结束时间：	

第一部分　博士后职业选择

1. 您博士毕业后为什么选择博士后工作？

2. 您目前受聘的博士后类型是什么，它与其他类型有什么差异？

3. 您认为博士后经历在整个学术职业生涯中起到怎样的作用？

4. 博士后进站后，当前的工作情况是否达到了您的预期，为什么？

第二部分　博士后制度感知

1. 请您大致介绍一下所在单位的入站、在站与出站的管理流程。

2. 您对当前国家或高校制定的博士后管理制度（职位聘任、学术培养、考核评价与薪酬奖励）感到满意吗？是否可以大致介绍一下相关制度？

3. 在站期间，您主要负责哪些方面的学术工作？

第三部分　博士后工作感知

1. 您在博士后阶段更认同自己属于哪一类角色？您如何评价当前这份博士后工作？

2. 比较进站前后，您对学术职业的理解与认同是否存在差异？

3. 这些差异对您的学术工作产生了什么影响？您采取了哪些行动策略应对这些差异与变化？

第四部分　博士后组织保障

1. 您认为高校对博士后的角色定位是什么？您在组织中的定位又是什么？

2. 结合薪酬、福利、资源等情况，您在哪些方面感受更多的组织归属感？

3. 您的出站要求与评价标准是什么，您是如何回应这些工作任务？

4. 您认为组织在博士后工作中发挥什么作用？您如何处理个人与组织之间的关系？

5. 您所持有的组织认同观是什么？这种认同于您而言意味着什么？

第五部分　博士后学科支持

1. 合作导师在您的工作中扮演什么角色，你们如何开展学术合作？您认为理想的合作关系是什么？

2. 您是否需要加入科研团队并开展团队分配的学术任务？所在学科团队提供了怎样的学术支持，又提出了哪些具体要求？

3. 当前的学术团队或合作导师对博士后管理支持存在什么问题？

4. 您认为过往的学术经历为您塑造了怎样的学科认同观？

5. 当前的学科文化、知识生产与评价管理方式对学科认同产生怎样的影响？您如何看待与理解你所持有的学科认同？

第六部分　博士后自我评价

1. 您认为当前博士后工作的就业前景如何？

2. 博士后出站后,您是否能留任目前的单位? 如果不能,您会继续选择学术职业还是转向其他工作? 这一选择出于什么考虑?

3. 您认为当前博士后管理制度还存在哪些问题? 又需要政府/高校/学科团队提供哪些支持与帮助?